中证中小投资者服务中心
CHINA SECURITIES
INVESTOR SERVICES CENTER

投资者

第 27 辑
（2025 年 2 月）

卢文道　主编

上海交通大学出版社
SHANGHAI JIAO TONG UNIVERSITY PRESS

图书在版编目（CIP）数据

投资者. 第 27 辑／卢文道主编. -- 上海：上海交
通大学出版社，2025. 2. -- ISBN 978-7-313-32499-3

Ⅰ. F832. 48；D922. 280. 4

中国国家版本馆 CIP 数据核字第 20252GY315 号

投资者（第 27 辑）
TOUZIZHE（DI27JI）

主　　编：卢文道

出版发行：上海交通大学出版社　　　　　　　　　　地　　址：上海市番禺路 951 号

邮政编码：200030　　　　　　　　　　　　　　　　电　　话：021 - 64071208

印　　制：常熟市文化印刷有限公司　　　　　　　　经　　销：全国新华书店

开　　本：787 mm×1092 mm　1/16　　　　　　　　印　　张：14.5

字　　数：248 千字

版　　次：2025 年 2 月第 1 版　　　　　　　　　　印　　次：2025 年 2 月第 1 次印刷

书　　号：ISBN 978 - 7 - 313 - 32499 - 3

定　　价：78.00 元

卷首语

为了进一步加深对资本市场投资者保护热点、难点问题的研究与探讨,提升研究的广度与深度,中证中小投资者服务中心(以下简称中证投服中心)面向社会各界长期征稿,共同探讨。本辑共设 5 个栏目,收录专家学者、市场实务人士等的 12 篇文章,与读者共享。

【政策解读】收录 3 篇文章

叶林的《新公司法对上市公司的影响:实践难题与理论透视》一文认为,新公司法的实施将对上市公司产生深远的影响。在理念上,新公司法实现了对 ESG 的能动回应,这将作用在上市公司的信息披露、融资和董监高行为之上。在治理结构方面,新公司法引入了审计委员会制度,确立了"默认的二元制"和"可选择的一元制"的公司机关设置模式,这将增加公司的选择与决策成本,《上市公司章程指引》需同步进行完善。在公司融资中,授权资本制的引入化解了股份公司融资期限错配的问题,但同时应警示其作为并购工具的风险;不真正无面额股制度改变了计量单位,将货币符号从股票中剥离而去,但在选择制下公司转换的动机可能较低;此外,类别股制度由试点跃入法律、公司债券规则的完善等将促进上市公司积极发展。针对董事责任,新公司法引入事实董事和影子董事制度,以实质董事之约束来实现对控股股东和实际控制人的有效规制,同时还新增了董事对第三人责任制度,应当区分直接损害与间接损害、设置董事赔偿限度、区分董事履职具体场景等来适用该规则。

李曙光的《切实保护 加强协调 为上市公司重整提供司法保障》一文论述了《关于切实审理好上市公司破产重整案件工作座谈会纪要》(以下简称《纪要》)出台的意义与价值,介绍了《纪要》的主要特点与亮点,认为《纪要》对我国上市公司重整实践经验进行了总结、升华与吸纳,有许多制度创新与突破,值得在企业破产法修改中予以借鉴,在司法实践中按照《纪要》的精神继续发展完善。

董晨、杨丰强、张莉莹的《A 股上市公司市值管理与政策建议》一文认为,2024 年11 月 15 日发布实施的《上市公司监管指引第 10 号——市值管理》是"924"一揽子增量政策的重要组成部分,具有划时代意义,是政策组合拳中第一次推出成体系成建制的自下而上的增量政策,在上市公司主体以具体行动参与中国经济企稳回升中发挥关键作用,有效改变当下可能存在的"上热中温下冷"的经济发展结构性矛盾。文章提出要借鉴各方经验教训,不断根据实际情况讨论完善市值管理政策环境,让资本市场和上市公司以更完美的姿态在维护宏观经济稳健运行、支持实体经济高质量发展、推动科技创新创业、守护居民财富保值增值中发挥更加重要的基础性作用。

【理论探究】收录 3 篇文章

赵吟课题组的《投保机构特别股东代位诉讼制度之构想》一文认为,证券法第 94条第 3 款为投保机构特别股东代位诉讼制度奠定了法律基础,但该制度在实践运行中仍有诸多细节问题亟待理论和实践回应。首先,投保机构特别股东代位诉讼满足公益诉讼的客观范畴与主观范畴,在属性定位上应属于民事公益诉讼。其次,对于投保机构特别股东代位诉讼面临的诉讼证明困难、诉讼费用高昂等困境,可以通过探索与检察机关开展合作、豁免投保机构行使查阅权的持股比例和持股期限、调适诉讼费用交纳规则等路径予以疏通化解。最后,特别股东代位诉讼与 2023 年新修订的公司法中部分新增内容需做进一步协调。其一,明晰公司采取"董事会—审计委员会"单层治理结构时,履行前置程序仍应适用"交叉请求"规则;其二,明确赋予投保机构提起双重股东代位诉讼的原告资格,豁免其持股比例和持股期限要求。

王宏宇的《行政处罚经验数据分析:利用未公开信息交易行为的行政处罚难点研讨》一文通过统计分析 2019 年至 2024 年 6 月末证监会对利用未公开信息交易行为的行政处罚案例,探讨了执法过程中遇到的难点问题。研究发现,尽管执法力度加强,包括法律法规适用、账户控制关系认定、趋同交易标准、违法所得计算等新问题不断出现。文章归纳了利用未公开信息交易行为的行政处罚案例违法行为的主要特点。同时,文章着重分析了当事人提出的申辩意见及证监会的复核回复。文章提出制定交易类案件的行政处罚实施细则、建立证券账户控制关系认定指引、明确未公开信息的认定标准、准确界定交易主体以及综合认定趋同交易和违法所得等意见建议。

刘俊余、陈开立的《公开征集股东权利制度的检视与优化》一文认为,新证券法实施以来,我国公开征集股东权利制度初步构建,但市场实践发现制度的具体执行与原定设计目标之间呈现出一定的偏差,面临着制度成效显现不足、市场参与主体积极性有待提高、信息披露机制存在改进提升空间等问题。因此,应当从优化公开征集股东权利配套规则、发挥投保机构及证券服务机构示范引领作用、完善股东激励机制设计及强化公开征集制度监管四个方面加强建设,充分激发公开征集股东权利制度保障中小投资者权益、推动公司治理优化的作用。

【市场实务】收录3篇文章

连环、陈惠惠、李亚鹏的《中证资本市场法律服务中心纠纷化解实证分析——基于调解"大数据"的分析与思考》一文以中证资本市场法律服务中心成立五年来的纠纷调解"大数据"为基础,从资本市场纠纷调解的来源、类型、特征入手,分析资本市场纠纷化解工作的痛点、难点问题,并结合当前实际情况提出了意见、建议,以期更好发挥中证资本市场法律服务中心在投资者保护中的专业作用。

张保生、李瑞轩、杨苏豫的《论债券虚假陈述案件中专业机构投资者权益保护的合理边界》一文指出,区别于股票虚假陈述案件,债券虚假陈述案件的原告多为专业机构投资者。各地法院在认定专业机构投资者的权益保护范围时,态度普遍较为审慎。以虚假陈述、损失范围、因果关系为核心要件,相关判例基本构筑了关于合理确定专业机构投资者权益保护边界的裁判思路。但在具体问题的认定上,司法实践中的意见仍有分歧。如果回归债券虚假陈述责任的侵权责任本质、司法解释的立法目的,重视并切实发挥专业机构投资者在资本市场的资源配置中的重要功能,则应进一步精细化审查有关交易因果关系等构成要件,将并非基于价值发现而作出投资决策的专业机构投资者排除在赔偿范围以外,充分发挥司法裁判引导职能,培育资本市场买方专业力量的规范运营与发展壮大。

张虞茗的《投资者保护视角下证券纠纷调解制度研究》一文认为,证券纠纷调解制度是我国证券市场"多元化纠纷解决机制"的关键组成部分,亦是替代性纠纷解决措施的主要工具之一。过去的十年间,在新旧"国九条"等资本市场政策的引领下,证券纠纷调解制度在规则体系的建立和实践案例的应用方面都成果斐然。然而,目前我国纠纷调解制度仍受困于调解组织力量薄弱、诉调衔接机制不畅等现实问题,无法发挥其定位预期中高效、及时定分止争的理想效能。为此,在后续的制度建设中,除了加强规则的体系性与可操作性,还须继续完善各纠纷解决机制的衔接通路,加大对调解组织的成本投入,提升调解人员专业素养,并引入证券申诉专员制度对现行调解机制形成补充,持续优化证券纠纷调解制度。

【案例探析】收录 2 篇文章

何海锋、何运晨、关震的《私募基金股权回购纠纷的主要实务争议观察》一文对私募基金股权回购纠纷中的主要争议问题进行了研究梳理。在合同效力上,对赌主体、股债定性以及未经国资审批原则上均不影响合同效力,股权回购合同原则上作有效认定。在回购权的行使上,其行使条件一般包含上市型、业绩型和违约型;回购条件可能因相对人预期违约而提前成就;若基金管理人不履行回购义务的,投资人可行使代位权而代为主张。此外,投资人是否参与目标公司经营、目标公司是否破产以及后轮投资人未及时行使回购权均对回购权行使有一定影响。就回购权的性质而言,其存在请求权和形成权的争议,这会对行使期限产生影响。回购价款则可能会受制于民间借贷的利率上限。在回购义务的承担上,当事人应清楚约定回购义务的连带责任,实务中并不一概认定配偶应负连带责任。

朱列玉、郭晓颖、谭琇文的《ST 摩登案例评析:控股股东资金占用引发投保机构代位诉讼的多维审视与省思》一文聚焦于中证中小投资者服务中心有限责任公司代摩登大道时尚集团股份有限公司(简称 ST 摩登公司)诉其控股股东广州瑞丰集团股份有限公司(简称瑞丰集团)及董监高损害公司利益纠纷案。文中详述了瑞丰集团占用 ST 摩登公司资金的违规手段及信息披露违规情形,剖析了诉讼进程中起诉资格、诉讼与破产程序交错、侵权之债与合同之债辨析等焦点问题,探讨了投保机构面临的诉讼费用、律师费处理等维权成本困境及解决路径,并对强化监管、赋能投保机构等立体化追责前景予以展望,旨在为完善我国投资者保护体系、优化资本市场生态环境提供实践经验与理论思考。

【域外视野】收录 1 篇文章

伍坚、杨亦好翻译的《市场操纵新论》一文讲述了美国糟糕的金融现实、危险的新市场操纵模式以及制定务实政策的必要性,以更好地应对日益增长的操纵金融市场的威胁。首先,文章概述了近期新金融技术的兴起和监管情况。文章对 2010 年的"闪电崩盘"(Flash Crash)和迈克尔·刘易斯(Michael Lewis)所著的《高频交易员》

(Flash Boys)进行了仔细研究。接下来,文章对不断变化的市场操纵格局进行了调查。文章指出了传统的操纵方法,如"囤积居奇"(cornering)、"抢先交易"(front running)和"拉高抛售"(pumping-and-dumping),以及新的操纵方法,如"幌骗交易"(spoofing)、"试单"(pinging)和"大规模错误信息"(mass misinformation)。它解释了利用电子网络、社交媒体和人工智能等现代技术的新型网络市场操纵方案比传统方案更具危害性。然后,文章探讨了为什么这种新的市场操纵模式会给监管机构带来严峻的挑战。最后,它提出了三个务实性的建议,通过提高中介机构的诚信度、加强金融网络安全和简化投资策略来应对控制论市场操纵的新威胁。最终,这篇文章为重新思考和开展市场监管、市场运作和市场操纵问题提供了一个新颖且完善的框架。由于文章篇幅原因分为上下 2 篇呈现,本辑收录了下篇。

目　　录

CONTENTS

政策解读

新公司法对上市公司的影响：实践难题与理论透视

叶　林*

摘要：新公司法的实施将对上市公司产生深远的影响。在理念上，新公司法实现了对ESG的能动回应，这将作用在上市公司的信息披露、融资和董监高行为之上。在治理结构方面，新公司法引入了审计委员会制度，确立了"默认的二元制"和"可选择的一元制"的公司机关设置模式，这将增加公司的选择与决策成本，《上市公司章程指引》需同步进行完善。在公司融资中，授权资本制的引入化解了股份公司融资期限错配的问题，但同时应警示其作为并购工具的风险；不真正无面额股制度改变了计量单位，将货币符号从股票中剥离而去，但在选择制下公司转换的动机可能较低；此外，类别股制度由试点跃入法律、公司债券规则的完善等将促进上市公司积极发展。针对董事责任，新公司法引入事实董事和影子董事制度，以实质董事之约束来实现对控股股东和实际控制人的有效规制，同时还新增了董事对第三人责任制度，应当区分直接损害与间接损害、设置董事赔偿限度、区分董事履职具体场景等来适用该规则。

关键词：新公司法　ESG　公司治理　公司融资　董事责任

一、引　　言

2023年12月29日，第十四届全国人民代表大会常务委员会第七次会议对《中华人民共和国公司法（2018修正）》（以下简称旧公司法）进行修订。本次修订涉及公司法理念、公司治理制度、公司资本制度、董监高的责任等方面，"是对公司法的全面修订"①。随着《中华人民共和国公司法（2023修订）》（以下简称新公司法）的实施，各

---

*　中国人民大学法学院教授。
①　王翔：《新〈公司法〉时代背景与内容解读》，载《中国法律评论》2024年第2期。

类公司势必会在上述方面受到深远的影响。

上市公司是股份公司的特殊类型,除适用股份公司一般规定(法定代表人、担保和投资、组织机构)以及公司的一般规定(出资、股份)外,还应当适用新公司法"第五章 股份有限公司的设立和组织机构""第五节 上市公司组织机构的特别规定"(重大资产交易、独立董事、审计委员会、信息披露等)的特殊规定。在本轮公司法修订中,有关上市公司的规范亦进行了系统性变革。新公司法将对上市公司产生何种作用,其对上市公司带来了何种挑战,上市公司如何在新法下规范地开展运营等,有待于理论界的回答。本文将结合立法变迁,就新公司法对上市公司的四个主要影响领域展开剖析。

二、公司法理念的更新:对 ESG 理念的能动回应

(一) 作为公司本质属性的"资本性"

就公司的本质属性而言,学界历来存在着人合性与资合性的争议。讨论主要围绕着人合性与资合性的"全有全无式"和"兼而有之式"展开。如通说主张,有限责任公司是典型的人合兼资合公司,股份有限公司是典型的资合公司。①

但笔者认为,在本质上,自 1993 年至今的公司法,均反映的是公司的"资本性"。尽管学者认为有限责任公司带有一定的人合性特征,但无论是旧公司法中关于股东会决议时"一股一票"的表决权比例分配,还是《中华人民共和国民法典》(以下简称民法典)与公司法内对公司营利性的强调,均表明了人合性并不是与资合性并驾齐驱的特征,不应被升格至与资合性并列的高度之上。区分人合与资合的唯一标准在于公司的信用基础,就此而言,有限责任公司与股份有限公司不存在任何区别。与其用人合性一词描述有限责任公司,毋宁使用封闭性这一术语,毕竟后者更能反映股东之间的人身信赖关系。总的来看,"资本性"才是公司的本质属性,亦是我们观察新公司法、讨论 ESG 理念时分析的起点。

(二) 从"社会责任"发展而来的"ESG 规范群"

自 20 世纪 50 年代起,域外公司法学界便开始将社会责任纳入公司治理范畴讨论。学者主张企业在追求利润最大化的同时应对利益相关者承担相应责任,进而发

---

① 参见郑云瑞:《公司法学》,北京大学出版社 2016 年版,第 40 页;施天涛:《公司法论》(第 3 版),北京大学出版社 2014 年版,第 68 页;赵旭东主编:《公司法学》(第 4 版),高等教育出版社 2015 年版,第 54 页。

展出了团队生产理论、利益相关者理论等等。① 我国公司法学界对社会责任的讨论起步较晚，②但立法却先行先试：2005 年公司法修订时新增了第 5 条的社会责任条款。该条要求："公司从事经营活动，必须遵守法律、行政法规，遵守社会公德、商业道德，诚实守信，接受政府和社会公众的监督，承担社会责任。"

不过，长久以来，关于社会责任概念和范围的理解模糊不清。抽象化概念的优点在于，因其可以采取宽泛多样化的解释，所以该条款能在公司法内寻得栖身空间。但这也带来了一些争议，比如社会责任始终存在着究竟是法律责任还是道德责任的探讨。③ 在普遍认可公司应受制于社会责任约束的背景下，再加之受到近年来浩浩荡荡的"ESG（Environmental，Social and Governance）运动"的影响，④新公司法最终辅之以 ESG 这一具象化的视角来对社会责任条款进行设置，形成了小规模的"ESG 规范群"。

所谓 ESG，即环境、社会和公司治理。公司法学者提倡这一理念，旨在从环境、社会和公司治理三个维度评估企业经营的可持续性与对社会价值观念的影响。秉持 ESG 视角可以发现，在新公司法中，无论是第 1 条的对"职工和债权人的合法权益"的保护，还是第 19 条要求的"公司从事经营活动，应当遵守法律法规，遵守社会公德、商业道德，诚实守信，接受政府和社会公众的监督"，抑或是第 20 条强调的公司"应当充分考虑公司职工、消费者等""利益相关者的利益以及生态环境保护等社会公共利益，承担社会责任"、国家鼓励公司"公布社会责任报告"等等，其均是 ESG 理念在新公司法中的具体化。此外，新公司法第 177 条对国家出资公司的企业合规进行规范。其要求"国家出资公司应当依法建立健全内部监督管理和风险控制制度，加强内部合规管理"，这更是 ESG 中的"治理"对公司提出的规范化要求。企业合规既要求企业遵守法律规定，也要求其遵循法律之外的良好的商业做法。

---

① See Margaret M. Blair & Lynn A. Stout, Team Production in Business Organizations：An Introduction, 24 Journal of Corporation Law 743, 745 - 746(1999)；See Ludian A. Bebchuk &. Roberto Tallarita, The Illasory Promise of Stakeholder Goernance, 106 Cornell Law Review 91, 108 - 110(2020)；Bridoux F, Stoelhorst J W. Stakeholder Governance：Solving the Collective Action Problems in Joint Value Creation, 47 Academy of Management Review 214, 214 - 236(2022).

② 国内法学界较早讨论企业社会责任的文献，参见范健、蒋大兴：《触及法学本原的思考——公司法学的方法论及其他问题》，载《南京大学法律评论》1998 年第 1 期；朱慈蕴：《公司法人格否认法理与公司的社会责任》，载《法学研究》1998 年第 5 期；孙鹏程、沈华勤：《论公司捐赠中的社会责任——以现行法为基础的制度设计》，载《法学》2003 年第 4 期。

③ 参见朱慈蕴：《公司的社会责任：游走于法律责任与道德准则之间》，载《中外法学》2008 年第 1 期；蒋建湘：《企业社会责任的法律化》，载《中国法学》2010 年第 5 期；周林彬、何朝丹：《试论"超越法律"的企业社会责任》，载《现代法学》2008 年第 2 期。

④ 参见朱慈蕴、吕成龙：《ESG 的兴起与现代公司法的能动回应》，载《中外法学》2022 年第 5 期。

（三）ESG 理念对上市公司的影响

在 ESG 体系中，主要存在如下五类主体：国际组织、第三方评级机构、监管机构、企业和 ESG 投资机构。它们相互作用，共同推动着企业对 ESG 理念的落实。其中，国际组织负责提出和推广 ESG 理念和原则；第三方评级机构研究并制定有关 ESG 的具体标准体系，ESG 评价体系的核心则聚焦于企业的承诺、业绩、商业模式和结构如何与可持续发展目标相一致；[1]监管机构负责规范并监管 ESG 信息披露；企业则按照具体的监管要求进行相关的信息披露，遵循 ESG 理念开展经营业务；ESG 投资机构则结合评级机构对企业进行的评估而展开投资。对于上市公司来说，监管机构的信息披露要求和投资机构的绿色投资偏好，无疑会传导式地影响公司经营。

1. ESG 信息的披露：强制与自愿双轨制

2022 年 5 月 27 日，国务院国资委发布《提高央企控股上市公司质量工作方案》，要求央企完善 ESG 工作机制，提升 ESG 绩效，推动更多央企控股上市公司披露 ESG 专项报告，力争到 2023 年相关专项报告披露"全覆盖"。

2024 年 4 月 12 日，上海证券交易所、深圳证券交易所、北京证券交易所同时发布《上市公司自律监管指引——可持续发展报告（试行）》（分别为第 14 号、第 17 号和第 11 号）。该监管指引已于 2024 年 5 月 1 日起正式实施。根据监管指引的具体要求，上证 180、科创 50、深证 100、创业板指数的样本公司，以及境内外同时上市的 457 家公司，被纳入了 ESG 信息强制披露名单。至于其他上市公司，虽其未被要求强制披露 ESG 报告，但证券交易所采取积极鼓励的姿态。由此，关于上市公司的 ESG 信息披露，我国在监管层面目前形成了"特定上市公司的强制信息披露"与"一般上市公司的自愿信息披露"这一"双轨制"模式。

在 ESG 信息的强制披露中，笔者以《上海证券交易所上市公司自律监管指引第 14 号——可持续发展报告（试行）》（以下简称"《上交所指引第 14 号》"）为例来展开分析。其一，强制信息披露的目的。根据《上交所指引第 14 号》第 2 条可知，强制信息披露的目的在于敦促上市公司"将可持续发展理念融入公司发展战略、经营管理活动中，持续加强生态环境保护、履行社会责任、健全公司治理，不断提升公司治理能力、竞争能力、创新能力、抗风险能力和回报能力，促进自身和经济社会的可持续发展，逐步强化对经济、社会和环境的正面影响"。其二，《上市公司可持续发展报告》

---

① 操群、许骞：《金融"环境、社会和治理"（ESG）体系构建研究》，载《金融监管研究》2019 年第 4 期。

或者《上市公司环境、社会和公司治理报告》的性质。《上交所指引第 14 号》第 60 条规定,"根据本所相关规定应当披露社会责任报告的上市公司,按照本指引规定披露或自愿披露《可持续发展报告》的,无须再披露社会责任报告。"据此可知,《可持续发展报告》在性质上与"社会责任报告"呈现出替代关系。其三,违反披露规定的监管处分。根据《上交所指引第 14 号》第 61 条可知,若披露主体违反指引规定,证券交易所有权根据具体情况采取自律监管措施或者予以纪律处分。最后,违反披露规定是否会导致虚假陈述。笔者认为,ESG 信息披露虚假陈述的判断仍应回归至证券虚假陈述认定的一般逻辑上去,如在交易因果关系的判定上考量"价格敏感性标准"和"理性投资者标准"。循此,ESG 信息的不实披露,未必一定会诱发虚假陈述的法律责任。

2. ESG 融资的实施:绿色金融的实现机制

如前述,企业进行 ESG 信息的披露,投资机构依据企业的信披和 ESG 评价体系来筛选或评估其各种基金和投资组合中的公司。资金由此流动至公司,对 ESG 理念的贯彻因此实现了对企业的"正回馈"。而在上市公司融资中,由于绿色金融政策的存在,这一传导机制表现得更为明显。

2024 年 3 月,人民银行等七部门发布《关于进一步强化金融支持绿色低碳发展的指导意见》。该意见第 9 条强调了要"加大绿色信贷支持力度。在依法合规、风险可控和商业可持续的前提下,鼓励金融机构利用绿色金融标准或转型金融标准,加大对能源、工业、交通、建筑等领域绿色发展和低碳转型的信贷支持力度,优化绿色信贷流程、产品和服务"。第 10 条则要求:"丰富相关货币政策工具。用好碳减排支持工具,向符合条件的金融机构提供低成本资金,支持金融机构向具有显著碳减排效益的重点项目提供优惠利率融资。推动中央银行资产配置绿色化,逐步将可持续性纳入外汇储备长期经营管理目标,继续投资绿色债券。"这意味着,金融管理部门将从提供低成本资金和加大考核评价力度等方面进一步强化金融机构向绿色低碳领域配置资源的动力和能力。而绿色金融主要通过机构投资者的绿色投资来实现的,由此,对于遵守 ESG 理念的上市公司来说,其更有可能以更低的成本获取到融资(见图 1)。

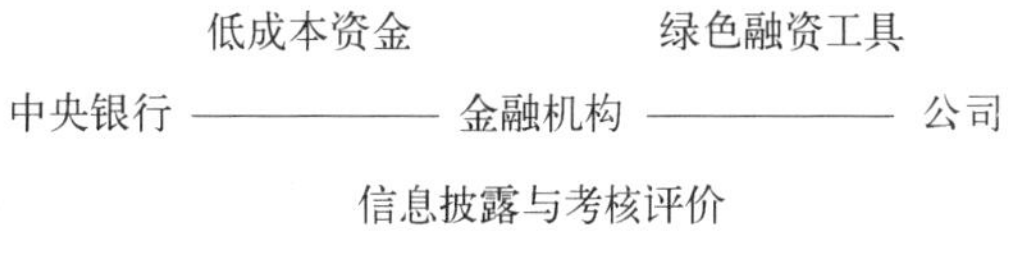

图 1　绿色金融的实现机制

(四)ESG 理念对董监高行为的影响

1. 妥善管理投资者关系的要求

2022 年证监会发布的《上市公司投资者关系管理工作指引》对上市公司的投资

者关系管理工作进行了规范。第 3 条规定："投资者关系管理是指上市公司通过便利股东权利行使、信息披露、互动交流和诉求处理等工作,加强与投资者及潜在投资者之间的沟通,增进投资者对上市公司的了解和认同,以提升上市公司治理水平和企业整体价值,实现尊重投资者、回报投资者、保护投资者目的的相关活动。"据此,上市公司在经营决策时应注重考虑投资者的利益,加强与投资者的沟通。例如,食品类上市公司在选任外部董事时,可以考虑选任具有消费者背景的人,这不仅有助于改进完善其产品,更可能对市场产生积极的示范作用——"消费者感觉到自己被关心了,所以对产品的接受度更高。"这亦是 ESG 理念的要求。

2. 更灵活的信义义务违反判断

在考量利益相关者后,上市公司董监高在决策时更应妥善处理长期利益与短期利益的关系,耐心地对待企业的长期利益。例如,上市公司分红是市场价值投资生态的重要基础,投资者往往会选择具有稳定业绩、财务状况良好和公司治理优秀的企业进行投资,若上市公司连续多年不分红,则是一种片面地重视短期利益而忽视长期利益的做法。这忽略了二级市场股民的利益,不仅会抑制投资者的投资热情,更与 ESG 理念相悖。

在兼顾长期利益与短期利益的基础上,关于董事违反忠实义务和勤勉义务的判断应当采取更灵活的标准。尤其是在违反勤勉义务的判定上,新公司法第 180 条第 2 款规定的"执行职务应当为公司的最大利益尽到管理者通常应有的合理注意",为董监高行为的豁免及 ESG 理念的介入留下了广阔的空间。在董监高维护长期利益而导致短期利益受损的情况下,关于信义义务违反之判定尤其应当谨慎。

3. 董事对合规义务的遵守

公司合规的基本含义在于,"公司的所有内外部行为除必须符合法律、法规、国际条约和规范性文件的规定外,还要符合商业行为准则、商业惯例、公司章程、内部规章的要求和公序良俗的要求。"[1]这一词最初主要用于商业银行,后来扩张至金融机构,目前似乎再度扩张至各类大型商业组织,并以国有企业、上市公司为主要对象。理论界和实务界之所以关注公司合规问题,多是由于公司合规状况堪忧而董事合规义务缺失。[2] ESG 理念恰恰关注公司的内部治理结构完善,合规义务由此在这一理念的影响下被推至台前。合规义务进入董事义务的可能路径有二:路径一是扩张既有的忠

---

① 赵万一:《合规制度的公司法设计及其实现路径》,载《中国法学》2020 年第 2 期。
② 参见汪青松、宋朗:《合规义务进入董事义务体系的公司法路径》,载《北方法学》2021 年第 4 期。

实义务和勤勉义务的二元信义义务结构,如扩张解释勤勉义务的内涵;路径二则是使其独立于信义义务。[①] 而在董事义务严格化的发展趋势下,公司法很有可能习惯性地采取实质化董事合规义务、继续强化董事合规责任的改革路径。未来,可以考虑在承认董事负有积极合规义务的基础上,采取一种兼顾法律责任和声誉处罚功能的合规义务认定标准。[②]

三、公司治理结构的优化:以审计委员会为讨论重心

新公司法在公司治理模式上进行了重大优化,包括但不限于对法定代表人法律地位的明确、对审计委员会的全面引入、对规模较小和人数较少的公司治理架构的简化等等。对于上市公司来说,审计委员会以立法的方式引入可谓是公司治理中最为重要的改变。审计委员会的引入之所以在本轮公司法修订中引起热议,主要是因为监事会在实践中的表现堪称失败,饱受理论界和实务界的诟病。[③]这体现在监事的独立性和工作能力多有欠缺、监督流于形式且监督效能弱化、激励机制不完善而监事缺乏监督动力等等。新公司法尝试对公司治理结构进行优化以济其穷。

(一)公司机关设置中一元制与二元制的选择

通说将旧公司法下董事会与监事会并立的公司治理模式称为"双层制",而将新公司法中审计委员会的引入视为"单层制"公司治理结构的转变。[④] 但笔者认为,这一说法不甚准确。一方面,在监事会与审计委员会的立法选择的描述上,应当适用"公司机关的设置"而非"公司治理模式",后者为管理学术语,不应被直接套用至法学中;另一方面,应当使用"一元制"与"二元制"的术语,而"单层制"与"双层制"的用法属于描述错误。在德国法中,董事会被下设在监事会之下,二者之间呈现出层级关系,尚可被称为"双层";但在我国旧公司法下,董事会与监事会为并列关系,并无层级之别,以"双层制"来指代此种公司机关设置模式,实难谓合理。

---

① 参见汪青松、宋朗:《合规义务进入董事义务体系的公司法路径》,载《北方法学》2021 年第 4 期。

② 参见楼秋然:《董事合规义务:责任限缩与助推型公司法规则的构建》,载《法学研究》2024 年第 3 期。

③ 参见郭雳:《中国式监事会:安于何处,去向何方?——国际比较视野下的再审思》,载《比较法研究》2016 年第 2 期;赵旭东:《中国公司治理制度的困境与出路》,载《现代法学》2021 年第 2 期;朱慈蕴、林凯:《公司制度趋同理论检视下的中国公司治理评析》,载《法学研究》2013 年第 5 期。

④ 参见林一英:《公司监督机构的立法完善:超越单层制与双层制》,载《法学杂志》2022 年第 43 卷第 4 期。

循此,旧公司法中的公司机关设置为平行式二元制结构,而新公司法中的可被总结为:二元制是默认模式,一元制是可选择模式。具体分析如下:首先看有限责任公司。新公司法第 69 条规定:"有限责任公司可以按照公司章程的规定在董事会中设置由董事组成的审计委员会,行使本法规定的监事会的职权,不设监事会或者监事。公司董事会成员中的职工代表可以成为审计委员会成员。"该条表明,立法者将有限责任公司设置监事会作为默认状态,仍假定有限责任公司设置监事会。若其不设置,则需设置审计委员会。其次是股份有限公司。新公司法第 121 条第 1 款与第 69 条采取了不存在实质性差异的语词表述,故而,对股份有限公司来说,二元制仍是默认模式。最后看上市公司。新公司法第 137 条使用的语词表述为"上市公司在董事会中设置审计委员会的,董事会对下列事项作出决议前应当经审计委员会全体成员过半数通过"。这亦表明,立法者将设置审计委员会作为例外模式予以规范。只有在其为非默认模式时,才需要对职权进行特殊规范。从该条文义出发,上市公司至少存在两种选择:一种是保留监事会而不设置审计委员会,另一种是设置审计委员会而不设监事会。至于未来上市公司应如何选择,有待于证监会对《上市公司章程指引》的完善。可以预见的是,若证监会以规章或指引的方式要求所有上市公司均设置审计委员会,则新公司法第 137 条中的"的"字将成为具文。

（二）审计委员会成员的产生

新公司法虽然规定了公司自主选择设置审计委员会,但并未提供审计委员会设置与运行的具体方案,尤其是,审计委员会成员应该如何产生,目前并无法律条文的直接规定,这需要进一步解释。

新公司法第 144 条第 3 款规定:"公司发行本条第一款第二项规定的类别股的,对于监事或者审计委员会成员的选举和更换,类别股与普通股每一股的表决权数相同。"由此可知,既然在审计委员会成员的选举和更换中涉及类别股与普通股的表决,那么审计委员会成员就应当是由股东会选举产生的。但问题在于,此种方案在实践运行中会存在时间差的问题。根据新公司法第 69 条和第 121 条的规定,审计委员会由董事组成,这就意味着,在"股东会选举董事组成董事会"与"股东会在董事中选举审计委员会成员组成审计委员会"之间必定存在着时间差。只有当股东会先选任出董事后,才能再进行审计委员会成员的选举,这其中又不免要经过股东的提名程序等。所以,另一种方案是,将选举审计委员会成员的权力交给董事会。但这不免会陷入董事会选举自己的监督者,进而造成"自己监督自己"的怪圈。两害相权取其轻,在这两种方案之间,交由股东会选举应当更为合适。对于上市公司来说,《上市公司章程指引》应当会提供问题的解决方案;但对于非上市公司来说,其不得不自行设定与审计委员会相关的具体规则,这势必会提升其选择与决策成本,并可能制约审计委员会监督职能的有效发挥。①

(三) 新旧公司法下审计委员会职权的区别

在我国法内,审计委员会制度并非本次公司法修订的独创。实际上,我国早在21世纪初便在上市公司和国有企业中引入这一制度。对于上市公司来说,2002年,证监会在发布的《上市公司治理准则》中提出,上市公司董事会可以设立审计委员会,主要由独立董事组成。2018年修订《上市公司治理准则》时,条文表述由"可以设立"被修改为"应当设立"。2023年7月28日,《上市公司独立董事管理办法》更是进一步规定了,审计委员会成员应当为不在上市公司担任高级管理人员的董事,其中独立董事应当过半数,并由独立董事中会计专业人士担任召集人。对于国有企业来说,2004年发布的《中央企业内部审计管理暂行办法》规定,国有控股公司和国有独资公司,应当在董事会下设立独立的审计委员会。2017年公布的《国务院办公厅关于进一步完善国有企业法人治理结构的指导意见》进一步要求,董事会应当设立提名委员会、薪酬与考核委员会、审计委员会等专门委员会,并进一步要求薪酬与考核委员会、审计委员会应由外部董事组成。

2018年修订的《上市公司治理准则》第38条对旧公司法下上市公司审计委员会的主要职责进行了列举性规定。总结而言,原审计委员会主要享有辅助决策、咨询和内部检查三项职权。所谓辅助决策是指,董事会在做出有关财务会计、关联交易、对外投资等强专业性的决策时,可以事先听取审计委员会的专业判断,董事会在审计委员会专业意见的基础上再做出决策。旧公司法第38条第1项的"提议聘请或者更换外部审计机构"便是辅助决策职权的体现。这一职权一方面体现的是审计委员会成员专业技能的充分发挥,另一方面也反映的是董事内部间的信赖,在董事之间并不是甲监督乙的逻辑。咨询与决策迥然有别,审计委员会可以对公司内部事项出主意、想办法,但并不参与最终投票与决定。至于内部检查,则表现为审计委员会对公司内部事务的批判和审核,如旧公司法第38条第3项的"审核公司的财务信息及其披露"。

---

① 参见叶林、张冉:《董事会审计委员会的组建和运行规则》,载《扬州大学学报(人文社会科学版)》2024年第3期。

新公司法第 69 条和第 121 条均规定了审计委员会"行使本法规定的监事会的职权"。这意味着,除了辅助董事会决策外,审计委员会取得了监督,甚至是独立决策的职权。监督职权具体表现在审计委员会对公司财务的检查、对董事和高级管理人员执行职务的行为进行监督、对董事会决议事项提出质询等等。独立决策则体现在新公司法第 137 条。根据这一规范可知,若上市公司在董事会中设置审计委员会的,对于聘用或解聘承办公司审计业务的会计师事务所、聘任或解聘财务负责人、披露财务会计报告等事项,董事会在作出决议前应当先经审计委员会全体成员过半数通过。由于审计委员会与董事会人员组成高度重合、利益具有一致性,并且审计委员会更具有专业知识和技能,所以经过审计委员会审议通过的决议,大概率亦会被股东会通过。这意味着,审计委员会在特定事项上取得了实质的决策权。

(四) 三类公司中审计委员会规模的差异

尽管有限责任公司、股份有限公司和上市公司的审计委员会均可能"行使本法规定的监事会的职权",但三者的规模可能会稍有差异。

对于有限责任公司来说,其可以同时不设置监事会、监事和审计委员会。由于新公司法第 83 条的规定可知,规模较小或者股东人数较少的有限责任公司,经全体股东一致同意,可以不设监事。鉴于监事会与审计委员会的职权在新公司法下具有实质替代性,所以基于对该条文的类推解释可知,此类公司亦可在全体股东一致同意的情况下不设置审计委员会。据此,结合新公司法第 75 条可知,对于有限责任公司而言,其极简型的公司机关配置是: 仅存在一个股东且该股东兼任公司的法定代表人,不存在董事、监事、经理与审计委员会。

对于股份有限公司来说,根据新公司法第 121 条的规定,其审计委员会成员为三名以上,过半数的成员不能在公司担任除董事以外的其他职务,且不得与公司存在任何可能影响其独立客观判断的关系。而公司董事会成员中的职工代表,可以担任审计委员会成员。

对于上市公司来说,如前文所述,其除了需要遵循股份有限公司的一般规定外,亦受制于证监会和交易所制定的各种监管规则。总结来看,上市公司在选任审计委员会成员时应遵循如下要求: 首先,过半数的审计委员会成员应当由独立董事担任;其次,审计委员会召集人负责主持审计委员会工作,其应当是具备财会相关专业经验的独立董事;最后,所有审计委员会成员不仅应当独立于上市公司的日常经营管理事务,更应当具备胜任工作职责的专业知识和工作经验。

四、公司融资制度的完善：授权资本制、无面额股与类别股的引入

一般而言,公司融资主要有股权融资和债权融资两种方式。对于上市公司来说,前者表现为上市公司以发行股票的方式来筹集资金;后者则可能有借款(如商业银行借款、民间借贷、银团借款)及发行债券等多种方式。新公司法在上市公司中引入了授权资本制、新增了无面额股和类别股制度、完善了公司债券的发行体系等,这将对上市公司融资产生深远影响。

（一）授权资本制的引入

1. 公司资本形成的两种模式

公司资本的形成究竟应该采取何种模式,一直是困扰立法者和学界的难点问题。历次公司法修订均或多或少地围绕公司资本形成模式进行调整。

学理上一般将公司资本形成模式区分为"法定资本制"和"授权资本制"两种。前者是指,在公司设立时,章程中必须确定资本总额,并且需要一次性发行、全部认足。若后续需增加资本,必须经股东会决议,变更章程中记载的资本总额,并进行变更登记。而在出资的缴纳上,严格的法定资本制要求一次性全部实缴,相对宽松的法定资本制则允许分期缴纳。此外,严格的法定资本制还可能存在最低资本额的限制。授权资本制则是指,除设立时已发行资本外,可以通过公司章程或股东会决议授权董事会发行公司资本总额的剩余部分或进行增资发行。一般来说,对于授权的限制有两种模式:一种模式是,公司设立时在章程中确定公司资本总额或股份总数,股东只需认购部分出资或股份,公司即可成立,剩余未发行部分授权董事会在一定期限内发行;另一种模式是,公司设立时进行资本或股份的首批发行,同时授权董事会在一定期限内,在已发行资本或股份的一定比例或倍数范围内进行增资发行。[①]

2. 授权资本制的利弊分析

法定资本制的弊端在于:一方面,其可能增加设立公司的难度,造成资本浪费;另一方面,该制度项下,公司在资本形成上的灵活度不足,即使是采取注册资本分期

[①] 参见沈朝晖:《授权股份制的体系构造——兼评 2021 年〈公司法〉(修订草案)相关规定》,载《当代法学》2022 年第 2 期。

缴纳的方式,出资缴纳的进度可能也难与公司对资金的需求相吻合。[①] 而授权资本制恰恰可以降低公司设立的难度、避免资本浪费,同时提升公司融资的灵活性。并且,由董事会结合公司经营情况而做出的决策更具有专业性和科学性,可能更适应资本市场的发展需要。所以,为了彻底解决股份公司融资期限错配的问题,[②]新公司法在第 152 条和第 153 条引入了授权资本制。

当然,授权资本制并非不存在任何弊端。由于这一制度在实质上意味着新股发行权的部分移转,这可能会加剧股东与董事之间以及不同股东之间的利益冲突。比如,若董事会进行价格不公允的不正当发行,则可能原股东利益受损;董事会若发行比例过高,则可能会导致原股东股权被稀释,进而大规模改变原公司治理结构。此外,授权资本制亦是一个十分有力的"并购工具",目标公司需警惕收购方与目标公司董事会的串通,收购方可能通过定向发行而入股的方式实施上市公司收购。[③]

3. 我国授权资本制的制度构造

正是基于对授权资本制可能存在的弊端之顾虑,我国尽管在 2005 年修订公司法时便高度关注过这一制度,但其直到本轮修订其才姗姗来迟,并且根据新公司法第 152 条和第 153 条的规定,董事会的权力被施加了授权期限、授权比例、出资形式及表决比例的限制。具体来说,在授权期限上,股东会或公司章程授权董事会发行新股的最长期限为 3 年,此举有助于防止董事会因长期享有新股发行权而损害股东利益。在授权比例上,董事会发行新股的数额不得超过公司已发行股份的 50%,这可以有效避免对公司股权架构的大幅冲击。在发行对价上,若股东以非货币财产出资的,应当经股东会决议,这有助于避免不公平定价而带来的对原股东利益的损害。在表决比例上,根据第 153 条的规定,董事会决议应当经全体董事三分之二以上通过。

(二)无面额股制度的新增

1. 无面额股制度引入的动因

依据应否在股份的通常含义中剥离出货币符号为标准,可将股份分为有面额股

---

① 参见冯果:《论授权资本制下认缴制的去与留》,载《政法论坛》2022 年第 40 卷第 6 期。

② 参见沈朝晖:《重塑法定资本制——从完全认缴到限期认缴的动态系统调适》,载《中国法律评论》2024 年第 2 期。

③ 作为并购工具的授权资本制兼具"收购"与"反收购"双重功能。比如在公司面临敌意收购时,获得授权发行新股的董事会可以决议直接向"白衣骑士"等善意投资人定向增发新股,以达到稀释收购人持股比例的目的。这可以实现对公司利益的间接维护,颇类似于美国法项下的"毒丸计划"(Poison Pill)。参见傅穹:《敌意收购的法律立场》,载《中国法学》2017 年第 3 期;沈朝晖:《授权股份制的体系构造——兼评 2021 年〈公司法〉(修订草案)相关规定》,载《当代法学》2022 年第 2 期。

和无面额股。① 当股票的货币符号和资本单位符号相结合或者仅有货币符号时,股份为面额股;而当股票仅记载股份数量或仅为资本构成单位时,才是真正意义上的无面额股。② 传统观点认为,面额股在债权人保护、维护股东平等和招徕投资者这三个方面发挥着重要作用。但在"资产信用"观念下,此三者被一一解构。

就债权人保护功能而言,面额股只是一种记载形式,不能当然反映公司运行中的实际财务状况,其只是提供了一个辅助债权人了解信息的工具,将债权人利益保障寄托于注册资本上,可能只是"资本信用"观念下的一厢情愿;而股票究竟是溢价发行还是折价发行,其计量单位为何,并不是债权人所关心的,债权人关注的重点是公司通过发行股份收到了多少实际资本;面额股并不会导致股东随意支付对价,导致公司资本不足。就维护股东平等功能而言,实际上,关于"平等"针对的只能是同种类、同批次的股份,对于不同时期进入公司的股东,其支付的对价可能是完全不同的。至于招徕投资者功能,我国股票已采无纸化发行,股票面值已经不再具有流通转让的参考价值,资本市场上股票的市场交易价格经常与股票的基本面额背离,投资者的共识是股票的价值反映为股票的市值而非面值。③

相比之下,无面额股制度可以避免票面金额带来的价格误导,有利于创始股东掌握控制权,便于股票的细分与合并,其不存在折价发行的问题,可以解决市价低于面额之公司筹资难题等等。④ 所以,新公司法第 142 条对该制度予以引入,形成了不真正无面额股制度。

2. 我国不真正无面额股的制度构造

面额股制度不仅关涉公司股份的设置,更与注册资本、资本公积金等制度动态勾连,在公司资本制度下呈现出"牵一发而动全身"之态,因此,对我国无面额股的制度构造及规范关联进行梳理,方能更准确地把握其对上市公司的影响。

首先是选择规则。新公司法第 142 条第 1 款赋予了公司在发行股份时对面额股和无面额股的选择权。这种并行式的模式的优点在于,其满足了公司的需求,更容易

---

① 参见叶林、张冉:《无面额股时代公司资本制度的体系性调适》,载《国家检察官学院学报》2023 年第 6 期。
② 参见叶林:《公司法研究》,中国人民大学出版社 2008 年版,第 252 页。
③ 参见叶林、张冉:《无面额股规则的创新与守成:不真正无面额股——〈公司法(修订草案二次审议稿)〉规则评述》,载《证券法苑》2022 年第 3 期;朱慈蕴、梁泽宇:《无面额股制度引入我国公司法路径研究》,载《扬州大学学报(人文社会科学版)》2021 年第 2 期。
④ 参见叶林、张冉:《无面额股规则的创新与守成:不真正无面额股——〈公司法(修订草案二次审议稿)〉规则评述》,载《证券法苑》2022 年第 3 期;朱慈蕴、梁泽宇:《无面额股制度引入我国公司法路径研究》,载《扬州大学学报(人文社会科学版)》2021 年第 2 期。

为实务界所接受，对既有制度的冲击较小。但面额股与无面额股毕竟是两套完全不同的规则，并行制可能会极大地增加实践中的实行成本，比如新公司法第 148 条禁止面额股的折价发行，而无面额股没有票面金额，自然无从适用禁止折价发行的规定，其发行价格是否公允应当交由股东会或董事会决议确定。所以，新公司法第 142 条第 1 款明确了公司只能在二者之间择一选择，这有利于投资者更准确地判断公司价值，对公司股东实现平等保护。

其次是转换规则。根据新公司法第 142 条第 2 款的规定，公司可以根据公司章程的规定将已发行的面额股全部转换为无面额股或者将无面额股全部转换为面额股。但可以预见的是，在当前的选择制下，公司改为无面额股的迫切性较低。原因在于，股份转换不仅牵涉股东权利的调整，还涉及股份发行规则，转换程序较为复杂且转换成本高。将面额股转化为无面额，意味着公司必须注销原来的面额股，并向全体股东换发新的无面额股股票。这既可能是原有股票张数的简单换发，也可能是伴随着资本公积金转增股份。一方面，未经法定程序，不得通过转换方式减少注册资本，但可能需要调整公司的资本公积金，而采取转增股份的方式，虽然不会对公司股本结构和负债等产生影响，但会改变公司股份数量；另一方面，可能要采用无面额股股份的合并或者分拆等技术，以确保"票面金额/每股×股份总数≥公司注册资本"。相比之下，面额股规则虽然保守，但对公司来说更为熟悉、更具有安定性和稳定性、可预期性也更强，再加之无面额股的规则供给不足等等，所以，既存公司未必会做出转换的选择。公司即使做出选择，也可能会在公司章程内进行新的约定，从而往往会创设出第三类型规定。这种规定又可能会带来新的问题和冲突。①

最后是无面额股下的会计规则。无面额股下，所有者投入的资本被计入"注册资本"和"资本公积金"的模式被打破，注册资本的含义发生变化。根据新公司法第 142 条第 3 款的规定，采用无面额股的，应当将发行股份所得股款的二分之一以上计入注册资本。这意味着公司有权决定是否设置资本公积金科目，由此，公司登记中便可能存在两种不同意义的注册资本：其一，公司将全部发行收入计入注册资本，即股款＝注册资本；其二，公司将二分之一以上的股款计入注册资本，剩余部分列入资本公积金，即股款＝注册资本＋资本公积金（股款减去注册资本的

---

① 参见叶林、张冉：《无面额股规则的创新与守成：不真正无面额股——〈公司法（修订草案二次审议稿）〉规则评述》，载《证券法苑》2022 年第 3 期。

余额）。① 此外，资本公积金被用来弥补亏损在新公司法下成为可能，但需要满足两个限制条件：一为劣后动用资本公积金弥补亏损；二是"按照规定使用资本公积金"。至于补亏的具体程序，有待于财政主管部门对企业会计准则的完善。

另外需要注意的是，我国商业银行、证券公司、期货公司等金融机构仍受到最低注册资本的限制，该类公司若选择发行无面额股，必须先将无面额股转化为固定的货币金额，如此方能实现与监管规范的协调。②

（三）类别股制度的法定

1. 类别股制度的演进历程

早在 1992 年 2 月，深圳市人民政府发布的《深圳市股份有限公司暂行规定》中便已经有了优先股的雏形。该暂行规定第 51 条第 1 款明确赋予了公司发行优先股的权利，第 2 款规定了优先股在分红和剩余财产分配上的优先性，第 3 款则赋予了优先股有限制的表决权："优先股股东一般没有表决权。但如果公司连续三年不支付优先股的股息，优先股也可获得一股一票的表决权。"同年 5 月，国家经济体制改革委员会颁布《股份有限公司规范意见》，优先股由地方经验跃入全国层面。该意见第 23 条规定："公司设置普通股，并可设置优先股。普通股的股利在支付优先股股利之后分配。普通股的股利不固定，由公司按照本规范确定的程序决定。公司对优先股的股利须按约定的股利率支付。"由此可知，此类优先股属于与财产权益相关的优先股，优先股股东较之普通股股东享有优先分配权及优先清算权等权利。

随后，在 1993 年公司法中，第 135 条规定了"国务院可以对公司发行本法规定的股票以外的其他种类的股票，另行作出规定"。但在之后一段时间里，我国关于优先股或类别股的立法和实践并无重大进展。2013 年 11 月，国务院发布《国务院关于开展优先股试点的指导意见》，明确了优先股股东的权利与义务、优先股发行与交易、组织管理与配套政策。2014 年 3 月，证监会发布《优先股试点管理办法》，对上市公司及非上市公众公司优先股的发行和交易行为作出规范。2014 年 4 月，中国银行业监督管理委员会与证监会联合发布《关于商业银行发行优先股补充一级资本的指导意见》，对商业银行优先股发行进行了规定。

2019 年 1 月，证监会发布《关于在上海证券交易所设立科创板并试点注册制的

---

① 参见叶林、张冉：《无面额股规则的创新与守成：不真正无面额股——〈公司法（修订草案二次审议稿）〉规则评述》，载《证券法苑》2022 年第 3 期；叶林、张冉：《无面额股时代公司资本制度的体系性调适》，载《国家检察官学院学报》2023 年第 6 期。

② 参见叶林、张冉：《无面额股时代公司资本制度的体系性调适》，载《国家检察官学院学报》2023 年第 6 期。

实施意见》，允许特殊股权结构企业上市。尤其是，第 5 条开创了特别表决权的类别股试点，其明确规定："允许科技创新企业发行具有特别表决权的类别股份，每一特别表决权股份拥有的表决权数量大于每一普通股份拥有的表决权数量，其他股东权利与普通股份相同。"2019 年 3 月，上海证券交易所发布《上海证券交易所科创板股票上市规则》，第四章第五节对表决权差异安排进行了专门规定，包括允许发行人在首次公开发行并上市前设置表决权差异安排、设置表决权差异安排需经出席股东大会的股东 2/3 以上的表决权通过、对具有表决权差异安排的发行人设置更高的市值及财务指标标准等。

在试点经验的基础上，新公司法第 143 至第 146 条正式在法律层面引入了类别股制度，不仅丰富了类别股的类型，更对类别股股东约束和保护机制作出了配套规定。

表 1 类别股制度的演进历程

序号	施行时间	发布主体	核 心 规 范	主 要 内 容
1	1992.2.19	深圳市人民政府	《深圳市股份有限公司暂行规定》第 51 条	优先分红权、优先清算权、被限制的表决权
2	1992.5.15	国家经济体制改革委员会	《股份有限公司规范意见》（体改生〔1992〕31 号）第 23 条	优先分红权、优先清算权
3	1994.7.1	全国人大常委会	《中华人民共和国公司法》第 135 条	授权国务院对类别股另行规定
4	1999.12.25			
5	2004.8.28			
6	2006.1.1		《中华人民共和国公司法》第 132 条	
7	2013.11.30	国务院	《国务院关于开展优先股试点的指导意见》（国发〔2013〕46 号）	推动优先分红和优先清算型优先股试点
8	2014.3.1	全国人大常委会	《中华人民共和国公司法》第 131 条	授权国务院对类别股另行规定
9	2014.3.21	证监会	《优先股试点管理办法》（证监会令第 97 号）	优先分红和优先清算型优先股的发行和交易进行规范

续　表

序号	施行时间	发布主体	核 心 规 范	主 要 内 容
10	2019.7.19	银保监会、证监会	《关于商业银行发行优先股补充一级资本的指导意见》	就商业银行发行优先股提出指导意见
11	2019.1.28	证监会	《关于在上海证券交易所设立科创板并试点注册制的实施意见》(证监会公告〔2019〕2号)	允许特殊股权结构企业上市
12	2019.3.1	上海证券交易所	《上海证券交易所科创板股票上市规则》(上证发〔2019〕22号)第四章第五节	对表决权差异安排进行特别规定
13	2024.7.1	全国人大常委会	《中华人民共和国公司法》第143至第146条	引入三类类别股,规定发行和内容限制及类别股股东保护

2. 我国类别股的制度构造

第一,类别股的具体类型。类别股之引入会造成股东之间、股东与债权人之间的利益失衡,并可能导致公司代理成本的增加,所以,其种类必须法定化。① 新公司法承认的类别股包括如下三类。其一,优先或者劣后分配利润或者剩余财产的股份。该项类别股涉及利润分配权与剩余财产分配权的差异化安排,是类别股实践中最早出现的种类。该项类别股股东往往以让渡经营话语权、分离股权经营权能为代价,换取在财产分配上的优先地位。② 其跨越了股权与债权的边界,体现了二者的融合以及合同秩序和组织秩序的交叉。③ 其二,每一股的表决权数多于或者少于普通股的股份。该项类别股涉及表决权的安排。一般来说,普通股主要针对普通投资者发行,而享有超级表决权的类别股则由内部人(如创始人、高管)等持有。公司发行这一类别股有助于创始人股东保持对公司的控制权,由此往往形成双层乃至多层股权架构。在差异化表决架构中,公司重点需要防范公司控制权与公司经济利益或现金流的背离,以及在这种背离下产生的代理成本和滥用控制权的风险。④ 其三,转让须经公司同意等

---

① 参见朱慈蕴、沈朝晖:《类别股与中国公司法的演进》,载《中国社会科学》2013年第9期。
② 参见任尔昕:《关于我国设置公司种类股的思考》,载《中国法学》2010年第6期。
③ 参见潘林:《优先股与普通股的利益分配——基于信义义务的制度方法》,载《法学研究》2019年第3期。
④ 参见朱慈蕴、神作裕之、谢段磊:《差异化表决制度的引入与控制权约束机制的创新——以中日差异化表决权实践为视角》,载《清华法学》2019年第2期。

转让受限的股份。该项类别股涉及对处分权的差异化安排，其核心功能在于防止股权扩散。一般而言，所谓的"转让受限"包括如下几类：① 限制转让期限：如在一定年限内不能转让，或者只能在特定日期或事件发生后才能转让；② 限制交易对象：如只能将股份转让给特定群体（其他股东、公司内部董监高、其他无利害关系的投资者等）；③ 限制交易条件：即需要在满足特定条件或获得批准后才能转让其股份，如需要征得董事会过半数的同意、满足特定业绩目标或遵守特定法律法规等；④ 限制交易价格：如需要按照特定价格、估值条件或者计算方式来确定转让价格；⑤ 限制交易数量，如每年转让的股份受到比例限制等。此类类别股可被上市公司用以"实施人力资本战略"，[①]对高层次人才入职和离职进行约束，对工作进行激励。当然，新公司法第 144 条第 1 款设置了第 4 项"国务院规定的其他类别股"为兜底条款，这也为未来优先股的进一步创设留下了空间。

第二，类别股的发行限制。根据新公司法第 144 条第 2 款的规定，公开发行股份的公司仅允许发行优先或者劣后分配利润或者剩余财产的股份，不允许在表决权和股权处分上作出差异化安排，除非其在公开发行前已经发行。原因在于，公众公司涉及市场中不特定投资者的利益，若允许其表决权进行差异化安排，可能会导致公司控制权结构的剧烈变化，影响证券市场稳定；而处分权是投资者最为关心的权能，保障证券市场的流动性是维护投资者合法权益的关键，在公众公司中必须要保留投资者通过出售股份而退出公司这一保护手段。[②]当然，若公司在公开发行前已发行这两类类别股，由于其对一般投资者利益影响较小，所以新公司法予以尊重。

第三，类别股的内容限制。根据新公司法第 144 条第 3 款的规定，若公司发行差异化表决权的类别股的，在监事或者审计委员会成员的选举和更换上，类别股与普通股每一股的表决权数相同。这一规定的目的是保障监督机构人员选举的正常进行，维护监督机构的正常履职，确保普通股股东能够通过公平地选举和更换董事或审计委员会成员的方式对公司经营等活动进行监督，尽可能避免控制权集中而导致的监督机构"依附化"与"形骸化"问题，减少类别股股东对普通股股东的压制。[③]

第四，类别股的章程记载。公司章程是公司组织和行为的基本规则，对公司、股东、董事、监事及高级管理人员均具有约束力。类别股涉及股权权利和义务的特殊安

---

① 汪青松：《股份公司股东权利多元化配置的域外借鉴与制度建构》，载《比较法研究》2015 年第 1 期。
② 赵玲：《我国类别股创设的法律路径》，载《法学杂志》2021 年第 3 期。
③ 参见王翔主编：《中华人民共和国公司法释义》，中国法制出版社 2024 年版，第 201 页。

排,公司必须要在章程中将其明确规定。新公司法第145条对发行类别股的公司的章程之特殊记载事项进行了特殊规定。这包括类别股分配利润或者剩余财产的顺序、类别股的表决权数、类别股的转让限制、保护中小股东权益的措施以及股东会认为需要规定的其他事项。就记载事项的性质而言,前四项被"应当"一词所涵摄,属于绝对必要记载事项;第五项则将判断的权力交给了股东会,属于非绝对必要记载事项。从内容来看,前三项与第141条第1款规定的三项法定类别股一一对应,类别股之发行具有对世性,其应当被公示;第4项内容在实质上赋予了公司对中小股东权益进行保护的义务;第5项由公司自主确定,这有助于促进公司形成健全的治理机制。

第五,对类别股股东的特殊保护。不同类别股股东对管理权益和财产权益的偏好不同,所以,特定决策可能会造成"顾此失彼"之后果,难以满足所有类别股股东的期待和利益最大化。因此,为了更好地保护类别股股东的权益,新公司法第146条要求对于可能影响类别股股东权利的事项,应当经股东会会议和类别股股东会议双三分之二通过。可能影响类别股股东权利的事项,即表现为新公司法第116条第3款的规定,包括但不限于修改公司章程、增资与减资决议、合并分立与变更公司形式等。此外,第146条第2款赋予了公司章程扩大分类表决适用范围的权利。

(四)公司债券规则的完善

1. 发债决议的有权机构拓展

在旧公司法下,有权决定公司债券的发行机构仅为股东会。新公司法对这一事项进行了调整,根据第59条第2款的规定,股东会可以授权董事会对发行公司债券作出决议。此外,根据第202条的规定,经公司章程、股东会授权由董事会决议,股份公司可以发行可转换为股票的公司债券。

2. 非公开发行的法定化

以是否公开发行为分类标准,公司债券可分为公开发行债和非公开发行债。在本轮公司法修订前,非公开发行作为一种债券发行方式已经存在多年,早在2015年《公司债券发行与交易管理办法》公布施行后即已开展。《公司债券发行与交易管理办法》至今已经历两次修订,但公开发行与非公开发行并行的发行方式始终未变。不过,旧公司法第153条却并未予以明确。新公司法第194条第2款将非公开发行的方式升格至法律中进行规定,并进一步在第3款中将公司债券的发行和交易均纳入《证券法》等法律、行政法规的规制。相比于公开发行,非公开更加灵活,新公司法的修订有助于进一步增强非公开发行公司债券的法律效力,提升资本市场对非公开公司债券的认可度和接受度,提升投资者信心。相应地,我国《证券法》应当同步确认交易商协会、证券业协会等自律组织在规范公司债券非公开发行中的监管职能。[①]

五、公司董事责任的强化：董事责任 为表,双控人责任为里

如何约束公司控制权滥用风险,始终是公司法上的重要议题。新公司法关于董监高责任部分的一大修改亮点便是强化了控股股东、实际控制人和董监高的责任。以董事责任为例,这表现在将实质董事纳入了规制范畴,构建起了事实董事和影子董事的追责规则,并一般性地构建了董事对第三人的赔偿责任。

（一）由形式董事到实质董事的规制

1. 引入实质董事规则的动因

旧公司法对公司董事的身份认定及责任追究采形式主义模式,即从产生董事的公司法程序出发,将是否获得股东会的有效委任作为享有董事身份并承担董事责任的识别标准。此种模式虽然简单直观,但也带来了一系列实践问题。比如,若股东会违法选任,或董事在履职中丧失资格等,其是否需要履行董事义务并承担董事责任等便在实践中存在争议。更重要的是,在我国公司股权高度集中、一股独大现象普遍存在的现实背景下,控股股东或实际控制人常常通过各种方式对董事会及董事展开操纵,其真正地享有实际的治理权利。但囿于形式主义的认定规则,在"重角色责任、轻行为责任的追究机制之下"[②],其又可因为没有董事的身份而游走在董事责任机制之外,再加之旧公司法对控股股东和实际控制人的规范供给不足亦未将信义义务扩展至这两主体等,由此常常造成"有权者无责,有责者无权"[③]的尴尬局面。如何规制能够实际控制公司决策、在事实上对公司进行管理的"非形式董事",就成为了本轮公司法修订中不可回避的重要问题。

为此,新公司法在引入股东压迫规则的同时,吸收了英国法上的实质董事制度,[④]双管齐下,以完善主体责任,解决控股股东和实际控制人滥用控制权的问题。

---

① 参见叶林：《公司债券非公开发行的规范模式》,载《法学研究》2021 年第 3 期。
② 刘斌：《重塑董事范畴：从形式主义迈向实质主义》,载《比较法研究》2021 年第 5 期。
③ 朱慈蕴：《资本多数决原则与控制股东的诚信义务》,载《法学研究》2004 年第 4 期。
④ See Sections 250, 251, UK Company Act of 2006.

2. 形式董事与实质董事的界分

在董事范畴实现了由形式主义向实质主义的转型后,区分形式董事与实质董事、准确认定实质董事就成为董事责任研究的关键。英国高等法院衡平法庭的法官 Millett 在 Hydrodam（Corby）Ltd.案中将董事分为三类:一是法律上的董事,这是指被有效任命而履行董事职务的人,也就是我们所说的委任董事或形式董事;二是事实董事（de factor director）,这是指没有被有效任命或者完全没有被任命但却以董事身份行事的人;三是影子董事（shadow director）,这是指公司董事习惯于根据他的指示或者指令行事的人。① 由此可知,实质董事包括事实董事和影子董事两类,其与实质董事的核心区别便在于其有无经过公司内股东会的委任程序。

事实董事与影子董事的核心区别在于是否以董事的名义出现在"台前"。前者尽管并未获得有效的委任,但声称并打算以董事身份行事;后者则与前者相反,影子董事声称自己不是董事,而是潜伏在其他人的身后。② 在英国法下,事实董事和影子董事的认定并没有身份上的限制,并不局限于控股股东和实际控制人。但从我国的商业实践来看,能够实际行使董事职权或支配董事行为的,绝大多数都是控股股东和实际控制人。所以,新公司法之实质董事规定直接指向的主体亦是双控人。此种立法模式所实现的实质效果是,在"董事"身份之外,单独基于双控人的特殊身份而施加了一种法定义务。③

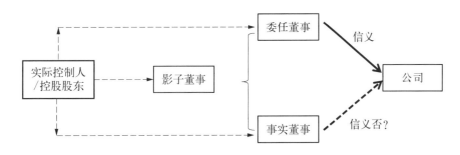

图 2　双控人与影子董事和事实董事的关系

（二）事实董事认定及责任

1. 事实董事的认定

根据新公司法第 180 条第 3 款,我国法项下的事实董事有三个要件:其一,具有

---

①　See Re Hydrodam（Corby）Ltd〔1994〕B.C.C. 161, at 182.

②　参见刘斌:《重塑董事范畴:从形式主义迈向实质主义》,载《比较法研究》2021 年第 5 期。

③　参见郑彧:《实质董事的法律规制:因何、为何与如何》,载《财经法学》2024 年第 3 期。

控股股东或实际控制人身份；其二，不担任公司的董事；其三，实际执行公司事务。双控人身份之认定应当依据新公司法第 265 条第 2 项和第 3 项而展开。而第二个要件仅具有形式性的意义。真正重要的是，实际执行公司事务的认定。

一般来说，执行公司事务的方式可分为"以个体的身份执行"和"以董事会成员的身份执行"两种。前者一般包括以董事名义对外签订协议、签发支票等等；后者则是以董事的名义审阅董事会的会议议案和说明文件、就议案提出质询、作出独立判断并参与董事会会议投票和签字等等。需要注意的是，对事实董事"执行公司事务"的认定不应局限于法条规定，而应当采取功能主义的解释路径。[①] 例如在澳大利亚法上，法院便会综合考量公司规模、公司内部通常做法、公司治理结构及外部人认知等等。[②] 总而言之，判断事实董事关键在于其是否参与董事会决策、是否成为公司治理架构的一部分，这需要对相关事实的综合考量。[③]

2. 事实董事的责任

根据新公司法第 180 条第 3 款的规定，在双控人构成事实董事的情况下，其应当适用第 180 条第 1 款与第 2 款的规定，对公司负担忠实义务与勤勉义务。具体来说，事实董事不得侵占公司财产、不得挪用公司资金、不得篡夺公司交易，机会，应当积极履行资本充实义务（如出资核查与催缴）、公司治理义务（如接受股东和监事的质询）等。否则事实董事之所得收入可能需归公司所有，若给公司造成损失的，应对公司承担损害赔偿责任。

（三）影子董事的认定及责任

1. 影子董事的认定

在上文提到的 Hydrodam（Corby）Ltd. 案中，Millett 法官总结了影子董事认定的四种标准：其一，在幕后操纵形式董事或事实董事，不直接参与公司业务的决策执行；其二，但对公司业务决策执行的影响力达到了支配和控制的程度，足以使得董事会遵守其指令；其三，此种支配和控制达到了持续影响的程度，使得董事会习惯性地服从于影子董事的指令；其四，这不必须以支配控制公司的所有行为为限。[④] 而在我国新公司法中，根据第 192 条的规定，影子董事的认定要件有二：一是主体具有双控人身份；二是存在"指示"董事行事的行为。难点是指示行为的认定。

---

① 参见叶林：《功能主义视野下的董事勤勉义务》，载《环球法律评论》2024 年第 1 期。
② 参见刘斌：《重塑董事范畴：从形式主义迈向实质主义》，载《比较法研究》2021 年第 5 期。
③ See Brenda Hannigan, Company Law, 2nd ed., Oxford University Press, 2009, p.141.
④ See Re Hydrodam（Corby）Ltd [1994] B.C.C. 161, at 163.

首先,指示应当是通常的、惯常性的指示,而非一次性指示。[①] 这意味着影子董事的认定应当以一定时期内的多种行为为基础,董事对影子董事的服从应当成为一种习惯。[②]

其次,指示没有形式的要求,书面与口头均可,当然也包括暗示。当然,此种暗示需要能从董事的客观行为中推断而出,比如双控人通过其某种行动暗示董事应该采取的投票选择等。

再次,影子董事对董事的控制应该是指董事会作为一个整体,而非仅有单个董事遵循。换言之,服从影子董事指示的董事必须达到董事会的多数。比如,在 Kuwait Asia Bank EC v. National Mutual Life Nominees Ltd.案中,控股股东 Kuwait Asia Bank 持有一家新西兰货币经纪公司 AICS 40%的股份,其在该公司五名董事中控制了两名。英国枢密院司法委员会认为,这不能被认为董事们习惯于按照银行的指示行事,银行不足以成为影子董事。[③] 而在 Buzzle Operations Pty Ltd(in liq)v Apple Computer Australia Pty Ltd.案中,澳大利亚新南威尔士州高等法院更是清晰地表达了这一意思:"要使某人成为影子董事,公司董事(或至少其中的多数董事)必须习惯于按照该人的指示或意愿以公司董事的身份行事。"[④]

最后,董事的行为和影子董事的指示之间需要存在因果关系。换言之,如果无论是否存在指示,董事均会从事指示所要求的行为,那么做出指示的人就难以被视为是影子董事。[⑤] 比如在前文提及的 Buzzle Operations Pty Ltd(in liq)v Apple Computer Australia Pty Ltd.案中,新南威尔士州高等法院认为:"如果某人是影子董事,那么他(她)或它(它)就有法定义务以公司的最佳利益为重,以公司董事的合理谨慎和勤勉行事。影子董事还需承担法定责任,如董事在无力偿债情况下营业的责任。如果从使未获委任且没有(或可能没有)以董事身份行事的人承担董事的法定义务和责任这一目的来解释该定义,那么,董事的行为与推定的影子董事的指示之间必须存在因果

---

① 参见王翔主编:《中华人民共和国公司法释义》,中国法制出版社 2024 年版,第 201 页。韩国公司法中亦是此种要求。参见[韩]崔埈璿《韩国公司法》(上),王延川、崔燕译,中国政法大学出版社 2020 年版,第 474—475 页。

② See C.M. Hague, Directors: De jure, de facto, or shadow, 28 Hong Kong Law Journal 304, 308(1999).

③ "*The bank was not a shadow director because it nominated only two out of five directors, so that it could not be said that the directors were accustomed to act on the direction or instruction of the bank.*" See Kuwait Asia Bank EC v. National Mutual Life Nominees Ltd [1990] B.C.C. 567, at 568.

④ "*For a person to be a shadow director, the directors collectively must be accustomed to act on that person's instructions or wishes. I accept that it is sufficient that a governing majority is so accustomed (see [235] above).*" See Buzzle Operations Pty Ltd (in liq) v Apple Computer Australia Pty Ltd [2010] NSWSC 233 at [250].

⑤ 参见郑彧:《实质董事的法律规制:因何、为何与如何》,载《财经法学》2024 年第 3 期。

关系,才能符合该定义。"①

2. 影子董事的责任

新公司法第 192 条以民法典第 1169 条第 1 款所规定的共同侵权为理论基础,对影子董事的责任承担作出了规定。根据该条可知,若双控人指示董事从事损害公司或股东利益的行为,则二者应当对公司或股东的损失承担连带责任。

这一规范看似有助于实现对双控人的责任追究,但实际上可能会因为其组织法意识不足而丧失其应有的规范地位。在组织法的逻辑内,由于责任承担与"指示"之间缺少了控股股东的身份切换,所以只能诉诸共同侵权原理来实现对控股股东的追责。但问题在于,如果是其他主体"教唆"或"指示"董事侵权,亦符合民法中共同侵权的一般原理,亦应当依据民法典第 1169 条第 1 款承担连带责任,新公司法第 192 条似乎丧失了独立存在的意义。在组织法视野下,与其对这两者的连带责任做出规定,毋宁是直接将影子董事作为董事来对待,使其承担信义义务。只有如此,方能将控股股东对公司权力的行使纳入组织法的权责逻辑中。② 在此意义上,事实董事与影子董事承担的法律责任应当统合为一。对事实董事或影子董事的严格区分或许仅在理论上具有意义,但在司法适用上并无区分之必要,无论归入事实董事抑或影子董事,均不影响其实质董事责任的承担。③ 英国法上判例的转向即为这一论断的绝佳注脚。早期英国法仅承认影子董事对公司的忠实义务而否定勤勉义务,但在 Vivendi SA and another v. Richards and another 案中,英国大法官法庭认为:影子董事在公司事务中的作用可能与实际董事的作用同样重要,而实际董事被认为负有受信责任;影子董事可能主观上不希望承担受信责任,但这并不重要;公共政策倾向于对影子董事施加受信责任。④

---

① "If a person is a shadow director, he, she or it owes statutory duties to act in good faith in the best interests of the company, and with the reasonable care and diligence of a director of the company. A shadow director is also liable to statutory liabilities, such as the liability of a director for insolvent trading. When the definition is construed in the light of the purpose of subjecting a person who is not appointed, and does not (or might not) act as a director, to the statutory duties and liabilities of a director, it makes good sense that there must be a causal connection between the acts of the directors and the instructions of the putative shadow director for the definition to be satisfied." See Buzzle Operations Pty Ltd (in liq) v Apple Computer Australia Pty Ltd [2010] NSWSC 233 at [247].

② 参见潘林:《控制股东义务的法构造》,载《南京师大学报(社会科学版)》2022 年第 5 期。

③ 刘斌:《重塑董事范畴:从形式主义迈向实质主义》,载《比较法研究》2021 年第 5 期。

④ "(v) a shadow director's role in a company's affairs may be every bit as important as that of a de facto director, and de facto directors were considered to owe fiduciary duties; (vi) that a shadow director may not subjectively wish to assume fiduciary duties could not matter as such; and (vii) public policy pointed towards fiduciary duties being imposed on shadow directors." See Vivendi SA v. Richards [2013] EWHC 3006 (Ch), [2013] B.C.C. 771.

（四）董事对第三人的赔偿责任

1. 董事对第三人责任的理论基础

新公司法第 191 条增加了董事对第三人责任制度,就这一制度的理论基础及性质而言,学界存在较大的争议,大致形成了侵权责任说、[①]法定责任说、[②]信义责任说、[③]不法交易责任说[④]等观点。笔者认为,董事原则上不对第三人承担信义义务,只有在公司濒临破产、欠缺清偿能力时,信义义务的对象才会发生转换。[⑤] 不法交易责任说立足于英国法特殊的法律体系,于我国法并不可取。实际上,立法者在规定董事责任时,既无法抛弃侵权责任规则而单独构建一个独立的董事责任体系,也不能忽视直接与间接损害的区分而照搬侵权责任一般规则。这要求我们在解释董事对第三人责任时,需要结合公司关系和公司运行的特点,承认侵权责任与法定责任的竞合。[⑥]

2. 董事对第三人责任的规范构造

首先,区分直接损害与间接损害。董事损害债权人有两个具体场景:一是"董事"—"公司"—"债权人"(间接损害场景),二是"董事"—"公司债权人"的场景(直接损害场景),前者为通常场景,后者为特殊场景。在董事履行职务时存在恶意或重大过失并导致公司遭受损害,进而间接造成债权人利益损害时,债权人受损直接归因于公司资产价值降低,而非董事的故意或重大过失。此时,债权人只能按照法定责任说主张董事承担赔偿责任。而在董事履行职务时存在恶意或重大过失而直接导致债权人遭受损害时,债权人所受损害与董事履行职务行为存在直接因果关系,但这未必会导致公司利益受损。此时债权人可直接起诉有过错的董事,但不能要求公司承担

---

① 参见汤欣、李卓卓:《董事对第三人责任的理论基础与规范构造》,载《法律适用》2024 年第 3 期;刘道远:《董事对第三人赔偿责任的法理基础与规范解释》,载《比较法研究》2024 年第 2 期;齐砺杰:《董事第三人责任条文的理解与适用辩难》,载《中国政法大学学报》2022 年第 5 期。

② 参见李飞:《论董事对公司债权人负责的法理正当性——从法人组织体说的局限性及其超越之路径展开》,载《法制与社会发展》2010 年第 4 期;周剑龙:《废除公司最低资本金制度情形下的公司债权人之保护——以日本法上的公司董事对第三人责任制度为视角》,载《商事法论集》2015 年第 2 期。

③ 参见岳万兵:《董事对第三人责任的公司法进路》,载《环球法律评论》2023 年第 1 期;李建伟、岳万兵:《董事对债权人的信义义务——公司资本制度视角的考察》,载《中国政法大学学报》2022 年第 2 期。

④ 这一责任是英国法上的规定,《英国 2006 年公司法》第 172 条第 3 款规定:"本条所规定义务之效力,及于所有要求董事在一些情形之下考虑以公司债权人的利益而行事的法规或法律。"有学者认为,这一款规定的目的是要求董事遵循 1986 年《英国破产法》第 214 条有关不法交易的规定。参见刘道远:《董事对第三人赔偿责任的法理基础与规范解释》,载《比较法研究》2024 年第 2 期。

⑤ 参见傅穹:《公司利益范式下的董事义务改革》,载《中国法学》2022 年第 6 期。

⑥ 参见叶林、叶冬影:《公司董事连带/赔偿责任的学理考察——评述〈公司法修订草案〉第 190 条》,载《法律适用》2022 年第 5 期。

赔偿责任。①

其次，设置董事赔偿限度。在间接损害的场景下，董事赔偿责任不应超过其应向公司承担的赔偿责任。在直接损害的场景下，未来可在裁判中，根据董事的实际作用和薪酬状况，发展出限制董事责任的裁判规则。如此，既能体现惩戒功能，又能适当弥补债权人损失。而在董事故意违法的情况下，无须设置赔偿限额，以此来严格管束故意违法者并维护社会正义。②

最后，区分董事履职的具体场景。其一，董事会决议的形成。董事会决议通常无法在公司与债权人之间形成具体法律关系，损害债权人利益的是决议的实施行为而非董事的投票行为。其二，法定代表人与董事重合。新公司法第 11 条规定，法定代表人以公司名义从事的民事活动，其法律后果由公司承受。在法定代表人与董事重合时，为了避免在追责上可能产生的冲突，一个妥当的解释方案是：区分该主体在执行职务时的身份，若是基于其法定代表人身份，则无须对外承担赔偿责任；若是基于其董事和经理的身份，则在故意或重大过失时应当承担赔偿责任。其三，董事签署债券募集说明书。根据证券法第 85 条的规定，董事应就募集文件的虚假陈述造成的损失对债券投资人承担赔偿责任或连带赔偿责任。此种情形不属于此处规定的董事责任，而属于证券法特别规定的法定责任。其四，董事与公司均故意侵害债权人。此时可能成立共同侵权，在符合相关构成要件的情况下，债权人可基于此要求公司与董事承担连带责任。此外，针对封闭公司和公众公司，董事对第三人责任制度在适用时必定存在差异，这需要司法实践对适用场景进一步细化。③

六、结　　语

本文以上市公司为例，围绕着新公司法在四个主要领域内产生的影响展开剖析。

在公司法的理念上，新公司法实现了对 ESG 理念的能动回应。"资本性"是公司的本质属性，亦是我们观察新公司法、讨论 ESG 理念时分析的起点。以旧公司法的社

---

① 参见叶林、叶冬影：《公司董事连带/赔偿责任的学理考察——评述〈公司法修订草案〉第 190 条》，载《法律适用》2022 年第 5 期。

② 参见叶林、叶冬影：《公司董事连带/赔偿责任的学理考察——评述〈公司法修订草案〉第 190 条》，载《法律适用》2022 年第 5 期。

③ 参见叶林、叶冬影：《公司董事连带/赔偿责任的学理考察——评述〈公司法修订草案〉第 190 条》，载《法律适用》2022 年第 5 期。

会责任条款为基础,新公司法辅之以 ESG 这一具象化的视角来对社会责任规范进行设置,最终形成了小规模的"ESG 规范群"。ESG 理念对上市公司的影响表现在信息披露、融资和董监高行为上。在目前的监管体制下,我国形成了 ESG 信息的强制披露与自愿披露并行的"双轨制"。由于绿色金融政策的存在,ESG 理念将对上市公司融资产生传导效应。在 ESG 理念下,董监高应当妥善管理与投资者的关系,注重兼顾长期利益与短期利益,同时,董事亦需要承担合规义务。

在公司治理结构上,新公司法对公司机关的设置采取了"默认的二元制"和"可选择的一元制"的模式。尽管新公司法并未规定监事委员会成员的产生方式,但基于对新公司法第 144 条第 3 款之体系解释和利益衡量可以得出,审计委员会成员应当由股东会选举和更换。新旧公司法下的审计委员会职权存在重大区别:原审计委员会主要享有辅助决策、咨询和内部检查三项职权;新审计委员会则是辅助决策、监督和独立决策。

在公司融资制度上,新公司法引入了授权资本制,这有利于提升公司融资的灵活性,解决股份公司融资期限错配的问题。同时,为了避免授权资本制可能的弊端,新公司法对董事会的权力施加了授权期限、授权比例、出资形式及表决比例的限制。在股票的发行上,新公司法剥离了将货币符号剥离出股票,引入了不真正无面额股制度,但可以预见的是公司的转换动力较低,这也需要会计规则等与该制度有力衔接。在股份的设置上,新公司法将类别股制度法定化,同时施加了类型限制、发行限制、内容限制、章程记载等要求,也对类别股股东权利保护进行了特别规定。在公司债券上,新公司法拓展了发债决议的有权机构,并将非公开发行的法定化。

在董事责任上,新公司法整体上强化了董事责任,以董事责任为表,实现对控股股东和实际控制人的有效规制。在我国公司股权高度集中的背景下,形式主义的董事认定往往会使得实际决策主体游走在董事责任机制之外,为此,董事之规制应当由形式董事走向形式董事和实质董事并举。新公司法引入了事实董事和影子董事制度。二者的核心区别在于,是否以董事的名义出现在"台前"。二者均应当对公司承担信义义务,在责任承担上并无区分之必要。新公司法还以第 191 条引入了董事对第三人责任制度,在适用这一规范时,应当区分直接损害与间接损害、设置董事赔偿限度、区分董事履职的具体场景等。

切实保护 加强协调 为上市公司重整提供司法保障[*]

李曙光[**]

12 月 31 日,2024 年的最后一天,破产界值得记住的一个日子,最高人民法院正式发布了《关于切实审理好上市公司破产重整案件工作座谈会纪要》(以下简称《纪要》)这一重磅消息与相关文件。

一、《纪要》出台的意义与价值

重整制度是拯救困境企业的皇冠级制度,而上市公司重整则可以称为"这项皇冠上的一颗明珠,稀少而又夺人眼目"。我国现行企业破产法对上市公司重整并无专门规定,但近年来,资本市场中上市公司重整案例层出不穷,而且涉及面广影响大,截至2024 年 12 月,已有百余家上市公司通过重整制度获得新生。随着案件的增多,市场环境和监管政策变化,上市公司重整司法审理过程中,出现了一系列新情况新矛盾新问题,亟须相关法律与司法政策予以解决,如上市公司重整中的债务清偿与股东权益调整、预重整、重整中的信息披露,关联方破产问题等等,在实践中都颇有争议,各地法院受理裁判尺度不一,依据不足;司法部门与监管部门的协调也不顺畅。业界期待已久,呼唤最高司法机构能够为上市公司重整立细规,出指引,以指导司法审判实践。

因此,此次《纪要》的出台,意义重大,这是最高人民法院贯彻落实党的二十届三中全会决定中提出的"健全企业破产机制"等基础性制度的重要举措。《纪要》的出台必将极大推动我国上市公司重整司法审判工作,规范资本市场上市公司重整行为,

---

* 该文首发于《人民法院报》,经作者授权,本刊予以收录。
** 中国政法大学教授。

切实保护债权人与中小投资者合法权益,为化解上市公司风险、提高上市公司质量与优化资本市场发展环境与营商环境提供坚实的司法保障。

二、《纪要》的主要特点与亮点

这次《纪要》共有九部分 29 条构成,内容丰满,内涵丰富。细读下来,其有以下几个突出的特点与亮点:

(1)坚持市场化、法治化方向。《纪要》强调破产审判工作须服务党和国家工作大局,以民法典、企业破产法、公司法、证券法等法律和行政法规为依据,将法律规则适用与国家监管政策目标实现相结合。强调上市公司重整案件审理要坚持促进资本市场健康发展,提高重整质效等原则,要实现政治效果、社会效果、法律效果的统一。

(2)切实保护债权人及中小投资者合法权益。《纪要》强调上市公司破产重整案件事关资本市场的风险化解和健康发展,事关债权人和广大投资者的利益保护,事关职工权益保障和社会稳定,《纪要》还强调既要保护债权人利益,又要兼顾职工利益、出资人利益和社会利益,妥善处理好各方利益的冲突。上市公司重整逻辑要回归到产业经营,要切实通过股权结构、经营业务、治理模式等调整,实质性改善公司经营能力,优化主营业务和资产结构,实现上市公司规范治理、高质量发展。

(3)明确了审裁规则。《纪要》强调要全面准确理解破产重整的拯救功能,支持尚有拯救希望的危困上市公司及时通过重整程序化解风险,切实防止重整程序空转,损害债权人、投资者等主体的合法权益。《纪要》明确了上市公司司法审理裁判的规则,细化了案件管辖、申请主体和审查标准、信息披露义务及内幕交易防控、重整计划草案有关债权清偿和权益调整的要求、重整计划执行和监督等内容等,为审判实践提供具体指引。

(4)优化府院协调及联动机制。《纪要》指出上市公司进入破产重整程序后,因涉及债权人、上市公司、出资人、企业职工等相关当事人的利益,各方矛盾比较集中和突出,如果处理不当,极易引发群体性、突发性事件,影响社会稳定。强调人民法院审理上市公司破产重整案件,要充分发挥地方政府的风险预警、部门联动、资金保障等协调机制的作用,积极配合政府做好上市公司重整中的维稳工作,并根据上市公司的特点,加强与证券监管机构的沟通协调。资本市场透明度高、规范性强、牵涉利益广,《纪要》强调应加强监管机构与司法机关的信息共享和会商协调,防范相关方通过重整程序损害债权人及投资者利益。

三、《纪要》的几个重要制度创新

由于现行企业破产法并没有关于上市公司重整的具体制度规定,而司法实践中又涌现大量相关案例,《纪要》总结了司法实务中一些契合中国国情又行之有效的做法,同时借鉴国际先进经验,在制度创新方面做了一些突破性探索。

其一,关于庭外重组制度。值得注意的是,对于近几年司法实践中运用热度很高的预重整制度,《纪要》中并未提及,而是代之以庭外重组制度。《纪要》强调上市公司与债权人、出资人、重整投资人等利害关系人通过庭外重组谈判,签署或者达成债权调整、引入重整投资人等相关协议的,应当符合本纪要关于重整计划草案制定的要求,并按证监会和交易所的规定履行信息披露义务。

其二,关于上市公司关联方破产。针对上市公司关联方破产对资本市场与中小投资者影响较大,特别是上市公司控股股东、实际控制人等有占用上市公司资源的行为时波及面尤其广的问题,《纪要》强调上市公司控股股东、实际控制人及其他关联方实施破产时,不得无偿占用上市公司资源清偿债务或者损害上市公司及中小投资者合法权益,不得导致契约型基金、信托计划或者资产管理计划等成为上市公司控股股东、实际控制人或第一大股东。上市公司与关联公司协同重整的,法院应当坚持法人人格独立原则,明确区分和界定各公司资产以及债权债务关系,各公司之间债权债务的抵销应当符合企业破产法及司法解释的规定。

其三,协同联动机制与重大事项通报机制。对于上市公司重整时监管部门与人民法院在上市公司重整中的职责分工及程序衔接问题,一直是个难点争点问题。这次《纪要》为此建立了协同联动机制与重大事项通报机制,这也是自 2012 年建立双方会商衔接机制的一个经验总结。《纪要》强调申请人向人民法院提出重整申请的,住所地省政府应同步向证监会通报情况,证监会应当就上市公司重整价值等事项向省级人民政府出具意见,并同步通报最高人民法院。重整程序中,证券监管部门发现上市公司及相关方存在重大违法行为,或者涉嫌实施前述行为,可能严重损害债权人、中小投资者合法权益的,可以致函人民法院,人民法院应当充分关注,必要时启动会商机制。人民法院发现管理人、重整投资人、财务顾问等相关方存在涉及证券市场违法违规行为等,由最高人民法院通报给证监会,由后者采取行政监管措施或进行行政处罚。

其四,关于信息披露制度。这次《纪要》明确了上市公司进入破产重整程序后,管理人负责管理财产和营业事务的,应当依法依规履行信息披露义务,并承担法律等规定的原上市公司董事会、董事和高级管理人员职责和义务。强调信息披露义务人应当按照法律法规和交易场所业务规则的要求披露涉及上市公司破产重整的信息,有效保障债权人、投资者等利害关系人的知情权、程序参与权。与上市公司破产重整相关的重要财务资料、评估报告,以及可能对公司股票交易价格产生重大影响的信息,应当予以披露。

其五,关于出资人权益调整与重整投资人。《纪要》强调上市公司资产不足以清偿全部债务且普通债权人不能在重整计划中全额获得清偿的,原则上应对出资人权益进行调整。《纪要》创新性地明确了重整投资人门槛制度,提出拟引入重整投资人的,重整投资人应当具有相应的资源和能力,重整计划草案中应当明确拟引入的重整投资人相关信息及其参与重整的条件、获得的股份数量和价格等内容。重整投资人认购股份应当以货币形式支付对价,并在支付全部价款后办理股票登记过户手续。

其六,关于探索引入财务顾问。《纪要》的一个重要制度突破是在上市公司重整中允许引入财务顾问。《纪要》提出,为有效提高上市公司重整质效,上市公司或者管理人可以聘请证券公司担任财务顾问并履行协助管理人、上市公司制定重整计划草案,接受管理人或者上市公司的委托,进行重整融资筹划,帮助引入增量资金;就重整重要事项,客观、公正地发表专业意见等职责。

其七,关于退市公司重整。退市公司作为企业破产法的适用主体,具备拯救价值的亦可及时通过重整制度化解债务风险,以往实践中,对此没有特别关注。此次《纪要》明确人民法院在审理退市公司破产重整案件时,可以参照上市公司重整相关规定,加强信息披露和内幕交易防控,依法严格审查债务清偿方案、出资人权益调整方案、经营方案等重整计划相关内容。且由于退市公司具有公众公司的一般特性,涉及利益主体较多,人民法院应当与地方党委、监管机构等加强协作,必要时可以专门会商。

总之,《纪要》对我国上市公司重整实践经验进行了总结、升华与吸纳,有许多制度创新与突破,值得我们在企业破产法修改中予以借鉴,在司法实践中按照《纪要》的精神继续发展完善。

A股上市公司市值管理与政策建议

董 晨* 杨丰强** 张莉莹***

摘要：近期，证监会发布施行《上市公司监管指引第10号——市值管理》，预计较大范围内上市公司将开启新一轮市值管理热潮。当前上市公司在市值管理的工具应用与具体操作上仍有不少完善空间，需要持续优化相关配套政策，推动上市公司高质量发展。本文梳理了我国市值管理的概念、发展历程与主要手段，分析了A股现金分红、回购、股权激励、并购重组、投资者关系管理等不同市值管理工具应用现状及问题，并指出上市公司市值管理过程中需防范、禁止的情形，结合不同市值管理工具的特点和现状对配套政策提出建议。

关键词：市值管理 上市公司监管 政策建议

2024年11月15日，证监会正式发布施行《上市公司监管指引第10号——市值管理》（以下简称《指引》），要求上市公司以提高公司质量为基础，提升经营效率和盈利能力，并结合实际情况，依法合规推动上市公司投资价值合理反映上市公司质量。《指引》对中证A500、沪深300、科创50、科创100、创业板指数、创业板中盘200、北证50等7大宽基指数成分股公司和交易所规定的其他公司制定市值管理制度、长期破净公司披露估值提升计划作出专门要求，并要明确负责市值管理部门和人员、董事及高级管理人员职责等内容，预计较大范围内上市公司将开启新一轮市值管理热潮，并进入具体实施阶段。

当前上市公司在市值管理的工具应用与具体操作上仍有不少完善空间，需要持

---

　* 东北证券副总裁兼战略规划部总经理。
　** 东北证券战略规划部总经理助理。
　*** 东北证券战略规划部高级分析师。

续讨论优化相关配套政策,为上市公司市值管理塑造良好的制度环境,推动上市公司高质量发展和估值提升,积极合理引导社会预期。

一、市值管理概念、发展历程与主要手段

(一)市值管理内涵

市值管理是基于海外"价值管理"理念的中国特色概念。20世纪80年代麦肯锡首次提出价值管理理念,认为市场是有效的,强调企业通过价值创造提升内在价值,只有当资本回报高于资本成本时,公司才实现了价值创造。此后价值管理逐步发展为以产生超过资本成本的收益来最大化股东价值的企业管理方法。

与海外相比,我国市值管理概念诞生于2005年股权分置改革的特殊背景,由民间学者首次提出①,同年11月,时任证监会主席尚福林在股权分置改革座谈会上提出"研究制定将股票市值纳入国有企业经营绩效考核的相关规定",初步确立了市值管理概念的雏形。本次出台的《指引》明确,市值管理是指上市公司以提高公司质量为基础,为提升公司投资价值和股东回报能力而实施的战略管理行为。

综合来看,市值管理可以看作是价值管理的一种延伸,除了着眼于上市公司内在价值的提升,也同样注重内在价值在资本市场的反映,通过综合工具的运用,促使公司股价与其内在价值匹配,最终实现股东价值最大化。

(二)市值管理监管历程

市值管理概念自2005年提出后,由于缺乏监管推动,市场反应相对平淡,主要处于理论探索阶段,直至2013年市场低迷期被监管重提,才逐步迎来发展热潮。2013年,国务院发布《关于进一步加强资本市场中小投资者合法权益保护工作的意见》,引导上市公司回购股份。2014年3月,证监会再度呼吁上市公司重视市值管理,希望对公司有信心且有能力的上市公司在市场低迷时通过回购股份维护市值。在此背景下,同年5月,"国九条"提出"鼓励上市公司建立市值管理制度",这是市值管理首次被写入资本市场顶层文件,并购重组、增减持等市值管理工具开始火热运用(见图1)。

---

① 时任"三一重工"股改投资者关系管理顾问,现任中国上市公司市值管理研究中心主任的施光耀先生在2005年9月召开的"首批股改回顾与展望座谈会"首次提出,市场进入全流通的后股改时代,上市公司要直面市值管理的大课题,尤其是要从股东、股价和股本3个方面进行市值管理,以促进公司市值的持续和稳健的增长。

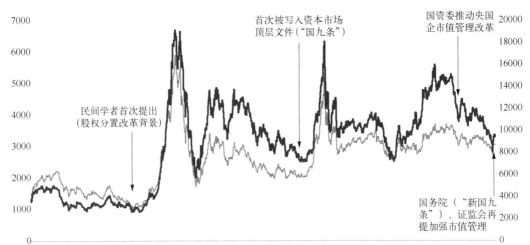

图 1　主要股指与市值管理改革对应情况

数据来源：WIND

　　2022 年以来,由国资委推动的新一轮央国企市值管理改革为起点,逐步扩容至全市场上市公司,市值管理重视程度再次提升。2022 年 5 月,国资委印发《提高央企控股上市公司质量工作方案》,强调促进市场价值实现,增进各方认同,积极维护股东权益。2024 年 1 月,国资委宣布实施"一企一策"考核,全面推开上市公司市值管理考核。2024 年 3 月,证监会发布《关于加强上市公司监管的意见(试行)》,推动全体上市公司加强市值管理,提升投资者回报能力。2024 年 4 月,国务院发布"新国九条",要求推动上市公司提升投资价值,制定市值管理指引,研究将市值管理纳入企业内外部考核评价体系等。此次《指引》的出台将进一步强化投资者回报行动,各类市值管理工具有望得到更加广泛的运用。

　　从监管倡导市值管理的时间节点看,主要集中于市场下行/持续低迷期,体现了市值管理对于恢复投资信心的重要意义。尽管按照市值管理概念,股价大幅向上或向下偏离内在价值的时期都有必要进行市值管理,但无论是 2013—2014 年,还是 2022 年以来,监管重点呼吁市值管理的时期都是市场信心极度低迷的熊市期间,而在牛市中的策略则更侧重于规范股东减持行为等。因此,我国市值管理更多体现为熊市期间托底、维稳意图,本文将重点讨论"熊市护盘"的市值管理策略及配套制度建设情况。

（三）市值管理工具箱介绍

经过十余年的发展,监管对市值管理的实践指引逐步明晰,市值管理工具更加具象化、多样化。《指引》明确,上市公司应依法依规运用并购重组、股权激励、员工持股计划、现金分红、投资者关系管理、信息披露、股份回购等方式促进上市公司投资价值合理反映上市公司质量(见表1)。

表1　市值管理主要工具及作用

市值管理工具	作　用　方　式
分红	分红显示了上市公司优秀的盈利能力和现金流水平,有利于增强投资者信心;也展现了公司对股东回报的重视程度,提升投资者获得感,是上市公司增强价值实现与市场认同的重要方式。稳定的分红也是吸引中长期资金的关键要素之一。
回购/增持	回购/增持向资本市场传递出大股东/管理层认为股价已被低估的信号,可以管理市场预期,提振投资者情绪;同时,回购通过减少流通股数量,能够改善 ROE、EPS 等关键指标,从而实现股价稳定与增长。
并购重组	以并购重组为代表的外延式增长可以帮助企业实现快速发展,提升内在价值与市场表现。对外并购或资产注入带来的正向协同效应包括扩大资产与业务规模、提升市场份额、带来技术优势等;分拆重组则可以更加聚焦主业、优化资源配置效率、提升上市主体资产质量等。特别是反周期并购重组可以实现成本节约,有助于提升企业长期价值。
股权激励/员工持股	上市公司面向管理层及核心团队成员实施与公司经营业绩挂钩的股权激励计划,或通过员工持股计划将核心人员与公司整体利益绑定,确保公司业绩目标实现大幅增长,同时,向外部投资者传递看好公司未来发展的明确信号,从而提升公司内在价值和市场价值。
投资者关系管理（含信息披露）	主要包括4R关系管理——即通过便利股东行权、完善信息披露、加强互动交流与诉求处理等方式,做好投资者(IR)、证券分析师(AR)、监管机构(RR)与媒体(MR)四大关键对象的关系维护与信息沟通,解决上市公司与市场信息不对称问题,避免舆论导致价值波动,提升公司在资本市场透明度、知名度和公信力,促进市场价值与内在价值的统一。

资料来源:公开资料整理

二、市值管理工具应用现状及问题

与成熟市场相比,A 股上市公司市值管理意识相对不足,没有全面树立以投资者为主、注重股东回报的理念。除分红外,其余市值管理工具的应用都较海外有一定差

距,配套保障制度也有待优化。主要的市值管理方式分别呈现以下特点:

(一)现金分红:A 股整体分红力度与成熟市场相当,但均衡性、稳定性仍有待提高

1. 现金分红已成为上市公司回报投资者的重要方式,A 股整体分红力度与美股水平相当

随着股东回报意识的强化,A 股上市公司分红呈现逐年增长态势,2023 年现金分红总额 2.23 万亿元,近十年的年均增速达 11.39%,其中,大型成熟企业是分红主力,近十年沪深 300 分红总额 10.66 万亿元,占全部 A 股的 76.02%。

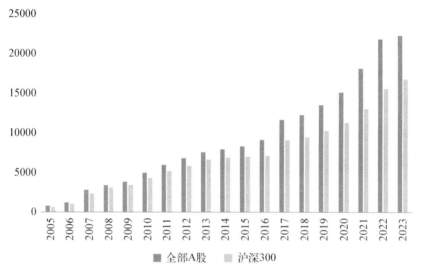

图 2　全部 A 股、沪深 300 成分股的现金分红规模(亿元)

数据来源: WIND

分红力度方面,全部 A 股、沪深 300 成分股近 5 年(2019—2023 年)平均股息率分别为 1.77%、2.42%,股利支付率分别为 39.34%、35.74%。同期以标普 500 为代表的美股股息率、股利支付率为 1.57%、41.86%,分别略低于、略高于 A 股。

2. A 股分红的均衡性、稳定性稍显不足

一是与央国企相比,民营企业的分红力度显著偏低。央国企始终是 A 股分红的主力军,以 2023 年为例,数量、市值占比分别为 26.52%、49.11% 的央国企累计贡献了全市场 66.80% 的分红。从股息率看,2019—2023 年,中证央企、国企、民企的股息率均值分别为 3.11%、2.60%、0.97%,民企的分红水平始终与央国企有较大差距,推动民企增加分红力度是进一步提升投资者获得感的重要环节。

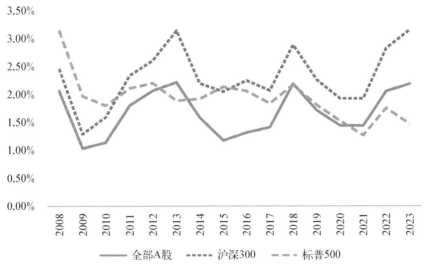

图 3　全部 A 股、沪深 300 与标普 500 的股息率

数据来源：WIND，S&P Dow Jones

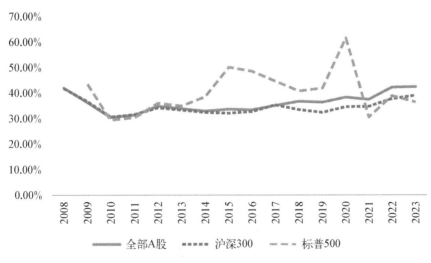

图 4　全部 A 股、沪深 300 与标普 500 的股利支付率

数据来源：WIND，S&P Dow Jones

　　二是 A 股多采取固定支付率、年度分红的股利策略,分红的连续性、稳定性相对不足。一方面,与成熟市场相比,A 股分红的连续性偏低。沪深 300 成分股连续 5 年、连续 10 年进行分红的比例分别为 70.67%、45.00%,与标普 500 成分股的 69.80%、61.60%相比,长期分红连续性仍待改善。另一方面,A 股上市公司分红频率与稳定性

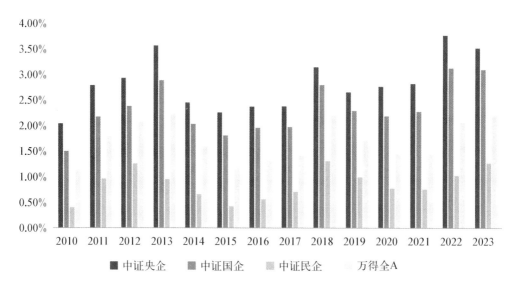

图 5　全部 A 股、央企、国企、民企的股息率对比

数据来源：WIND

偏低。与美股上市公司多采用固定每股股利的分红政策①不同，A 股上市公司多采用固定股利支付率的分红策略（见图 3，A 股股利支付率曲线相对平缓），虽然能缓释上市公司分红的资金压力，但分红金额易受经济周期冲击，也不利于稳定投资者预期。同时，A 股、美股的分红频率也有明显区别，年均分红分别为 1.0、3.9 次，分别以年度分红、季度分红为主流，适当增加分红频次能提升投资者获得感，并有助于资金安排规划。

3. 红利税导致部分投资者获得感有所折扣

A 股上市公司现金分红涉及双重征税，除息后投资者反而可能出现"税收亏损"。目前，上市公司现金分红在企业层面、股东层面均需缴纳所得税，尽管监管根据股东持股时间设置了差异化税率，但对于持股不满 1 年的投资者而言，仍需缴纳 10%—20%的个人所得税，在分红除息后导致"税收亏损"，影响了投资者利益与企业分红积极性。

（二）回购：A 股回购水平显著落后于成熟市场，在市值管理中的应用有较大提升空间

1. 与美国市场相比，A 股上市公司通过回购进行市值管理的比例极低

回购是美股上市公司回报股东的核心方式，回购规模远超分红，A 股回购水平则明

---

① 《全球分红水平提升，红利指数投资规模增长——2022 年全球分红与红利指数化投资报告》，http://www.isc.com.cn/u/cms/www/202310/18100342r1vn.pdf。

显落后。2019—2023 年间,标普 500 回购总额 3.85 万亿美元,是其分红总额的 1.46 倍;
A 股上市公司则以分红为主,同期回购总额 4 842.32 亿元,仅占分红总额的 5.32%。
从回购金额占市值的比例看,2019—2023 年间,美股、A 股的平均回购收益率分别为
2.28%、0.11%,A 股上市公司回购意识相对薄弱。

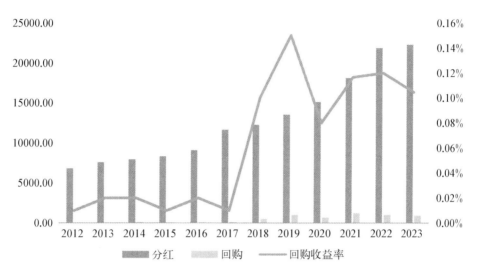

图 6　A 股分红、回购规模 (亿元) 与回购收益率

数据来源: WIND

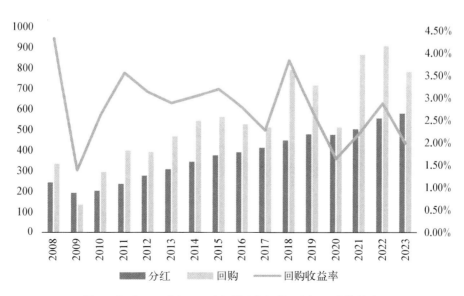

图 7　标普 500 分红、回购规模 (十亿美元) 与回购收益率

数据来源: S&P Dow Jones

与美国市场相比，我国大型企业的回购策略相对消极，且回购主要服务于股权激励，较少直接应用于市值管理。区别于美股企业回购金额占净利润的一半以上，A 股回购金额占净利润的比重极低，2019—2023 年间，沪深 300 成分股平均每年仅拿出净利润的 1.18%用于回购，明显落后于标普 500 成分股的 58.91%。从回购目的看，以 2023 年 A 股完成回购的情况看，用于股权激励或员工持股的预案数量及回购金额占比分别为 88.58%、88.79%，直接用于回购注销及市值管理的预案数量及回购金额占比分别为 10.50%、10.31%，提升空间巨大。

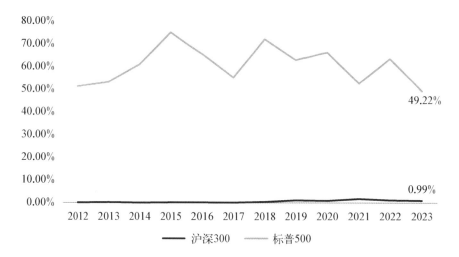

图 8　沪深 300、标普 500 成分股回购金额占当年净利润比例

数据来源：WIND，S&P Dow Jones

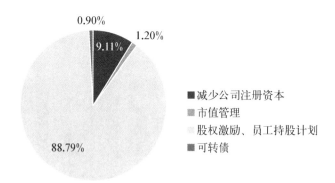

图 9　2023 年 A 股实施的回购方案用途

数据来源：CHOICE

2. A 股上市公司回购受到较多规则限制，影响回购积极性

尽管 2023 年 12 月修订的回购新规已较此前版本规则有所放松，但 A 股上市公

司回购面临的限制仍然偏多。一方面,市值管理类回购面临严格的触发门槛要求,需要符合股价跌破每股净资产、20 个交易日内跌幅超 20%、股价较近 1 年高位下跌超过 50% 等前置条件之一。另一方面,对回购比例与处置时间也进行了严格限制,例如,因股权激励、员工持股计划、可转债、市值管理等合计回购持股上限为已发行股份的 10%,回购产生的库存股需在三年内完成披露用途,否则予以注销。以上规则的初衷为规范回购行为,保护投资者利益,但也一定程度上制约了部分企业的回购热情。

参考美国经验,立法对股份回购采用更为市场化的思路,突出"原则允许、例外禁止",法律限制较少,推动了美股企业回购浪潮。SEC 不对企业回购设置前置条件,对企业因回购持有的库存股数量等也没有明确限制,而是通过颁布 10b－18 规则,明确了以防范市场操纵为目的的回购"安全港"原则,主要符合以下要求即可:① 交易方式上,为避免制造交易火热表象,回购交易仅能通过 1 个经纪商进行;② 回购时间上,为平滑回购影响、降低股价干扰,不能在开盘交易及休市前 30 分钟内实施;③ 每日回购数量上,为避免企业在短期大量回购影响股价,要求每日回购流通股数量不能超过前四周的每日平均交易量的 25%(场外交易不受限制);④ 回购价格上,不能超过回购之前最高独立交易报价或最后的独立交易价格(取两者较高者)。

3. 回购资金来源多样性不足也限制了回购工具的应用

除了回购规则限制,资金来源的多样性也会影响上市公司回购积极性。以美股为例,次贷危机爆发后的低利率环境下,企业债务加速扩张,发债融资成为美股回购资金的重要来源之一。国际清算银行(BIS)报告显示,在进行股份回购的美股上市公司中,仅通过发债融资的公司占比由 2000 年的 13.77% 持续上升至 2019 年的 25.81%。

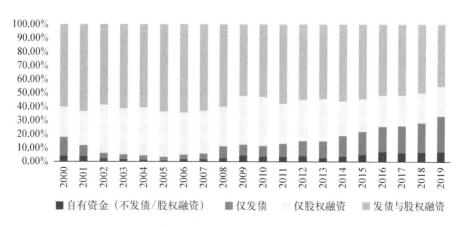

图 10　美股进行回购的上市公司的资金来源

数据来源:BIS

监管对 A 股上市公司回购股份的资金来源并无过多限制,但 A 股企业以融资进行股份回购的实际应用极少。《上市公司股份回购规则》对资金来源仅要求合法合规,沪深交易所发布的股份回购指引也明确资金来源除了自有资金外,也允许上市公司发行优先股或债券、使用超募资金、金融机构借款等方式筹集回购资金。但在 2019—2023 年 A 股已完成的回购中,资金来源是公司自有资金或自筹资金的占比达到 98.76%[①],仅不足 2% 的上市公司明确提及使用部分发债募集资金或金融机构借款用于回购,原因可能包括遵循市场惯例、融资成本较高、发债融资程序复杂等。随着央行推出股票回购增持再贷款工具,通过融资进行回购的案例将大幅增加。

(三)股权激励:整体普及率仍有待提升,与市值管理的绑定程度偏低

1. A 股股权激励普及率仍有待提高,激励工具应用多样性不足

A 股股权激励覆盖率持续提升,但与成熟市场仍有不小差距。近年来,随着科创板设立、创新企业上市增加,A 股股权激励覆盖率明显提升。新增股权激励计划数量从 2018 年的 412 份,增至 2023 年的 748 份。截至 2024 年 11 月 15 日,共 3 123 家 A 股上市公司实施了股权激励计划,占全部 A 股的 58.20%。但实施范围广度仍不及成熟市场,截至 2021 年底,美股股权激励计划的普及率高达 90%[②]。

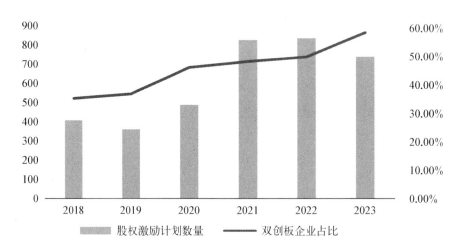

图 11 A 股上市公司实施股权激励计划的数量及双创板企业占比

数据来源:WIND[③]

①　回购公告中关于自筹资金的表述相对笼统,包括以借款等方式获得的债务性融资资金。
②　数据来自美世咨询报告。
③　使用两种激励工具的视作两份计划。

从激励工具的使用看,更具灵活性的第二类限制性股票只适用于双创板,股票增值权的实际应用也较少,激励工具多元化仍有较大空间。股权激励方式[①]共包括第一、二类限制性股票、股票期权、股票增值权四类,其中,第二类限制性股票在考核条件达成后才确定归属,若未达成直接作废,省去回购、注销程序,也明显缩短了资金占用时间,兼具第一类限制性股票与股票期权的优势,但监管仅允许科创板、创业板企业使用这一工具。自 2020 年以来第二类限制性股票在双创板的应用成为主流,2023年在全部实施激励的 A 股公司中占比达 45.30%,在四类工具中跃升至第一位。此外,市场鲜少采用的股票增值权也具有一定优势,包括无须实际授予股票,不存在稀释原股东持股比例以及因减持需求导致股价下跌的情形等,但由于行权价格与兑付价格的差额由公司直接以现金兑付,会影响公司现金流,在上市公司中的实际使用不多,每年不足 5 家。

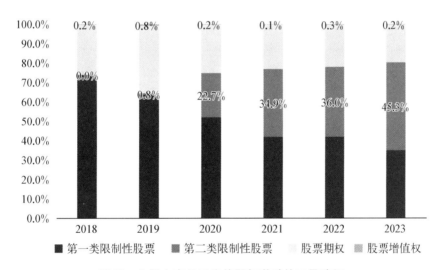

图 12 A 股上市公司实施股权激励的工具选择

数据来源:WIND

2. 股权激励条件多以业绩指标为主,与股东回报挂钩的市场指标运用极少

受限于 A 股在业绩链接上明确的监管要求[②],上市公司主要采用与营收、净利润及其增长率相关的指标作为公司层面的业绩考核条件。以 2022 年前三季度为例,A 股上市公司股权激励业绩指标中,收入增长率、净利润增长率、净利润绝对值、收入

---

① 此处不包括员工持股计划。
② 参见《上市公司股权激励管理办法》第 11 条,证监会列举的公司业绩考核指标包括 ROE、每股收益、每股分红、主营业务收入及净利润增长率。

绝对值的使用频率最高,四项指标的合计占比超过 9 成,而没有公司以股东回报作为
考核指标。

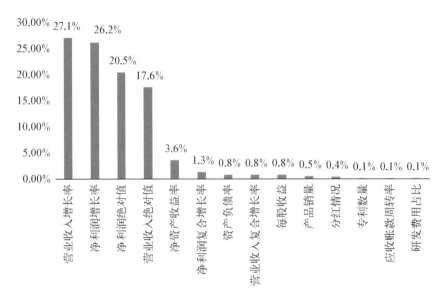

图 13　2022 年前三季度 A 股上市公司股权激励业绩指标占比

数据来源: 美世咨询

反观美股市场,市值管理的繁荣与其挂钩管理层激励的考核机制高度相关,TSR
(股东总回报,可进一步划分为与同行业等企业的相对指标和绝对指标)指标在股权
激励中的权重持续提升。美国对上市公司股权激励计划的归属条件并无明确监管限

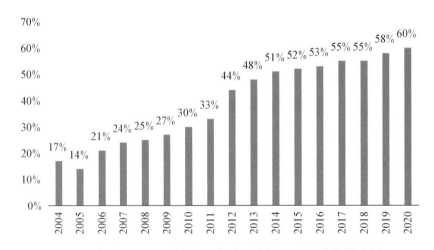

图 14　标普 500 公司在长期股权激励中使用 TSR 指标的比例

注: 2014 年之后的统计口径与之前略有不同,仅包括 RTSR 指标占比。

数据来源: Exequity, Pearlmeyer

制,实践中主要分为两类指标,一是 EPS、EBITDA、市场份额等业绩类指标;二是与股价高度相关的 TSR 等市场类指标。以标普 500 成分企业为例,在长期股权激励计划中使用 TSR 指标的公司占比从 2004 年的 17% 增至 2020 年的 60%,股东总回报在激励薪酬中的平均权重达到 55%—69%。其中,与行业可比公司或标普 500 等指数复合表现或中位数等衡量的 RTSR(相对股东总回报)指标被广泛采用。

3. 税收安排为激励对象带来税负压力,可能导致集中减持与股价波动

我国涉及股权激励的税收安排可能影响激励效果。一方面,存在收益与税负时间错配及收益不准确的问题,限制性股票的个税发生时间为每批次解禁日期,以登记日与流通日股价均值扣减实际支付金额为纳税基准;股票期权的纳税义务发生在行权阶段,以买入价扣减期权价格为纳税基准,二者均不在实际出售时点、不按照实际收益为基准纳税。尽管 2016 年、2024 年监管两次延长纳税期限至不超过 12、36 个月,但由于税收与实际出售收益不匹配,仍可能出现员工担心后续股价波动导致实际税负提升,而进行集中减持、短期持股的情况,不利于股价稳定。另一方面,缺乏针对持股时间长短的差异化税率安排,各类股权激励的税率统一按照个税税率计算,也不利于推动长期持股。

美国对限制性股票并无税收优惠,但关于激励性股票期权的税收制度或值得参考,鼓励激励对象长期持有股份。纳税人在被授予期权和行权购买股票期间无须纳税,只有在股票实际出售时才需要缴纳个税。同时,若满足特定持股期限要求,即自授予日起满 2 年,且自行权日起满 1 年,收益只需缴纳长期资本利得税,适用税率最高为 20%,具体取决于申报人的应税收入,通常低于常规所得税率(适用税率最高 37%)。

(四)并购重组:A 股并购重组工具应用率偏低,投融资环境有待改善

1. 与美国市场相比,A 股并购重组交易规模较小,上市公司之间的并购更少

并购重组是海外上市公司做大做强的重要手段,但 A 股上市公司参与活跃度不高。Bloomberg 数据显示,2021—2023 年间,涉及 A 股上市公司的并购重组交易年均约 1 464.37 亿美元,不足美股上市公司年均交易规模 15 626.36 亿美元的十分之一。从占国家 GDP 比重看,A 股并购重组交易规模占我国 GDP 的比例均值为 0.82%,也明显低于美股的 6.33%。

从并购标的看,与美股之间的并购盛行相比,"A 并 A"交易更加罕见。2010—2023 年间,美股上市公司之间并购交易平均每年约 128.6 笔,涉及金额达 4 855.20 亿美元;远高于 A 股上市公司之间年均 3 笔、62.15 亿美元的并购规模。截至 2023 年末,我国有 1 155 家 A 股上市公司总市值低于 30 亿元,占全部上市公司的 21.67%,这

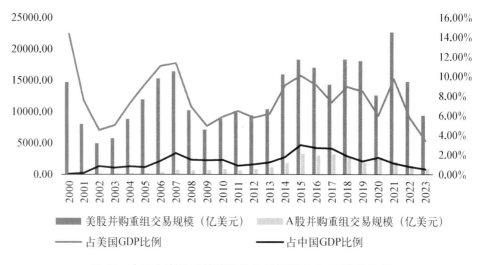

图 15　中美上市公司并购重组交易规模及占 GDP 的比例

数据来源: Bloomberg

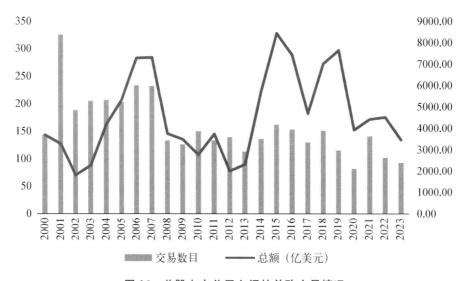

图 16　美股上市公司之间的并购交易情况

数据来源: Bloomberg

些公司中不乏基础业务扎实的细分领域企业,或存在产业整合机遇。

2. 大量优质未上市企业谋求 IPO 退出,导致 A 股优秀并购标的稀缺

与海外 PE/VC 以并购为主流的项目退出方式不同,我国 PE/VC 仍以 IPO 为主要退出方式,并购退出占比极低。Pitchbook 数据显示,2020—2022 年间,美国 PE 通过产业方并购、并购基金退出的案例数量占比分别为 40.09%、37.06,IPO 退出占比仅22.85%。根据清科报告,2023 年我国股权投资市场退出案例中,IPO 退出占比达

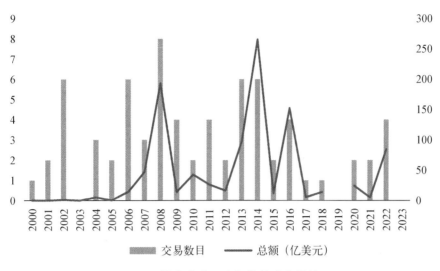

图 17　A 股上市公司之间的并购交易情况

数据来源：Bloomberg

54%,股权转让、并购退出占比分别为 24%、15%。究其原因,可能与 A 股新股发行成功率高、一二级市场定价有效性不足、A 股市场造富效应明显等因素有关。若能优化资本市场生态、建立合理的估值体系,或能改变未上市企业股东退出策略,推动上市公司并购重组,发挥产业资源整合与协同优势,培育具有国际竞争力的产业巨头,提升上市公司整体质量。

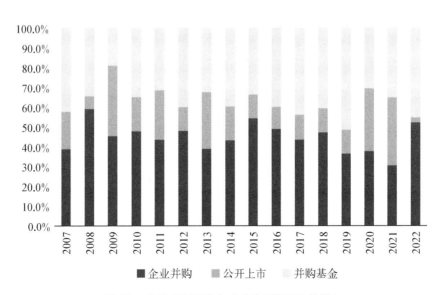

图 18　美国 PE 退出方式分布(按项目数量)

数据来源：Pitchbook

3. 并购重组投融资工具有待多元化,杠杆融资、产业并购基金亟待发展

融资端,上市公司并购重组杠杆资金来源丰富度不足,在一定程度上限制了交易热情。海外上市公司通过银行贷款、发行高收益债券募集资金用于杠杆收购的模式已发展成熟,海外商业银行对并购类贷款不设置融资杠杆上限;与并购交易规模相匹配,全球约 60% 的高收益债集中在美国市场。但 A 股并购重组交易的杠杆资金来源相对受限,缺乏专项用于并购重组的高收益债券,并购贷款申请难度较高且规模有限,按照监管规定①,并购交易价款中并购贷款占比不得超过 60%;同时,并购贷款只能应用于"实现合并或实际控制"的交易,而无法为兼并重组、参股式收购提供支持。

投资端,上市公司以直接并购为主流,对产业并购基金等工具的运用相对欠缺,无法充分发挥产业+资本双重优势。一是由 PE 与上市公司合作出资,既能缓解企业资金压力,也能利用 PE 的专业投资能力和运作经验为上市公司储备优质并购标的,实现市值管理目标;二是通过基金方式参与并进行体外孵化,可以根据目标企业的未来发展是否符合预期再决定是否进行完全并购,风险相对可控。但目前产业并购基金的发展相对缓慢,IFIND 数据显示,2023 年共 230 家上市公司参与设立产业并购基金,83 家公司披露的实际募集金额合计 591.11 亿元,平均募资额仅 7.12 亿元,多数基金规模偏小,77.0% 的基金规模未超过 5 亿元,难以支持对拟上市公司或上市公司的并购交易。

(五)投资者关系管理:整体资源投入力度不高,与投资者的沟通渠道仍待丰富

1. 重视程度逐步提升,但资源投入力度与成熟市场仍有差距

A 股企业对投资者关系管理的投入持续增加。根据深交所调查报告,2020 年深市上市公司中,投关年度经费在 30 万元以内的企业占比 78%,其中经费 10 万元以上的公司占比较上年提升 13 个百分点。同时,为提升专业化水平,78% 的公司聘请或正在考虑聘请专业投关服务机构,较 2019 年提升 4 个百分点。

从全球情况看,A 股上市公司在投关领域的资源投入力度仍有待提升。《IR 杂志》发布的《全球投资者关系实践报告》显示,2022 年全球平均投资者关系管理预算为 33.6 万美元,其中,北美、欧洲、亚洲上市公司平均一年在投关领域的支出分别达 40.7 万美元、34.6 万美元和 12.7 万美元,远高于 A 股上市公司水平。

---

① 《商业银行并购贷款风险管理指引》(银监发〔2015〕5 号)。

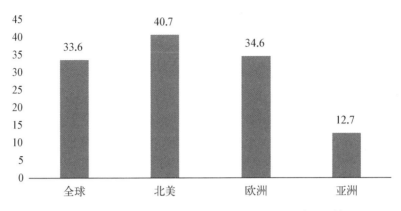

图 19　2022 年全球及部分地区的投资者关系管理预算

数据来源：IR magazine

2. 大量上市公司投资者关系活动偏少，与市场沟通渠道亟待顺畅

随着 A 股上市公司扩容，部分上市公司因市场关注度低或主动沟通意识不足等原因，在投资者接待、机构调研与券商分析师覆盖等领域存在较多空白。CHOICE 数据显示，2023 年机构或个人投资者来访接待数量为 0 的上市公司有 2 296 家，占全部上市公司的 43.09%；机构调研家数为 0 的上市公司有 2 316 家，占全部上市公司的 43.46%；没有券商分析师覆盖的公司有 1 614 家，占全部上市公司的 30.29%。这些公司仅依靠定期公告、临时公告、业绩说明会、指定互动平台等形式与投资者沟通，在投资者意见征询与反馈、机构关系维护、信息传递与管理等方面缺乏灵活性，难以主动、及时、深入了解投资者诉求并进行针对性回应。上市公司有必要丰富投资者交流方式，主动寻求市场关注，提升公司信息透明度，维护企业价值。

3. 关注投资者回报的自愿信息披露仍有待加强

全面注册制实施以来，A 股市场生态发生极大变化，强制信息披露已无法满足投资者对企业价值判断的信息需求，驱动上市公司强化自愿信息披露。2024 年以来，沪深交易所相继发布"提质增效重回报"与"质量回报双提升"专项行动倡议，沪深两市超千家上市公司相继发布相关专项行动方案，但仍存在部分行动方案内容空泛，以总结过往成就为主，缺乏对问题的深入分析与可行举措，或以回购增持公告作为行动方案等问题。此外，由于是倡议性质，本应是重点关注对象的大量经营不善或市场认可度较低的公司并未制定行动方案。

从东京交易所 2023 年 3 月启动的市值管理改革经验看，细化分析指标、敦促差异化信息披露、强调与投资者对话或是优化投资者关系管理、提升上市公司回报的有效抓手。具体来看,该项名为《关注资本成本与股价经营的措施》的文件提出三方面要求,一是准确分析、评价公司现状,特别强调资本成本、资本收益与市值、估值等定量指标;二是基于评估结果制定改进计划,并以简明易懂的形式向投资者披露,披露内容包括对现状的思考与评价、提升盈利能力与市场表现的目标、具体举措及时间表等,特别敦促市净率低于1倍、投资者认可度低的公司加大披露力度;三是执行期间开展投资者对话与进展更新,推动公司与投资者积极沟通,包括海外投资者和潜在投资者,鼓励增加英文披露;同时,对计划执行进展、投资者对话内容、计划调整情况等保持1年1次以上的公开披露,以推动计划落实。

三、上市公司市值管理过程中需防范、禁止的情形

除了市值管理整体规模薄弱外,A股还长期存在"伪市值管理"以及市值管理工具应用过程中,损害上市公司与投资者权益的行为,市值管理生态亟待优化。根据证监会对2022年全国两会代表委员建议提案的答复,"伪市值管理"的本质是借市值管理之名,行操纵市场之实。部分上市公司大股东与相关机构及个人相互勾结进行"伪市值管理",滥用持股、资金、信息等优势操纵股价,目的主要为追求股价短期上涨、配合大股东减持、缓解大股东质押平仓风险等。同时,为规范市值管理,证监会明确提出上市公司应当严守"三条红线",一是严禁操纵上市公司信息,不得控制信息披露节奏,不得选择性信息披露、虚假信息披露,不得欺骗投资者;二是严禁进行内幕交易和操纵股价,谋取非法利益,扰乱资本市场"三公"秩序;三是严禁损害上市公司利益及中小投资者合法权益。本节围绕上市公司在各类市值管理工具运用中可能存在的问题展开分析,以期推动制度查漏补缺,营造依法合规的市值管理生态。

(一)部分上市公司巨额分红,可能涉及大股东利益输送等问题

分红政策设置的本意是作为上市公司回馈投资者、增强市场信心的重要手段,但部分上市公司出于各种目的进行过度分红,反而损害了中小投资者的利益。一方面,市场对于大股东持股比例极高的上市公司巨额分红的诟病已久。与减持套现相比,分红套现隐蔽性强、监管难以限制。巨额分红中,上市公司大股东通常是主要受益人,而中小投资者因为除息与红利税的征收,实际回报反而有限。另一方面,上市公司某年的巨额分红也可能是过去不分红、或透支未来分红的结果,导致企业分红随意性较高、连续性较低,不利于投资者预期的稳定。

不同分红比例的上市公司数据对上述观点形成支撑。以 2023 年为例,当年现金分红超过净利润 50% 的上市公司共 1 298 家,第一大股东的平均持股比例达 35.37%,高于全部上市公司第一大股东 32.05% 的持股比例。同时,这些公司的分红连续性较低,前一年并未进行分红的公司达 247 家,占比 19.03%,也高于全部上市公司的 17.55%。可以通过制度设计引导企业有序分红,降低利益输送风险,并提升分红连续性。

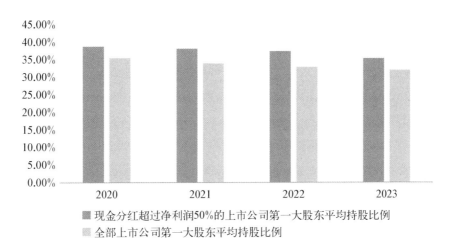

图 20　大额分红的上市公司第一大股东持股比例与全部上市公司比较

数据来源:WIND

(二)过度分红/回购可能挤压企业投资扩张空间,损害公司长期价值

分红、回购金额并非越高越好,不能以伤害企业未来发展为代价进行"伪市值管理"。分红、回购都是企业利润分配的形式之一,但投资需求也会挤压利润分配空间,二者呈现此消彼长的关系。如果为了短期股价管理过度分红或回购,而搁置本应开展的投资活动,则不利于企业长期价值的实现。

通常认为具备"低投入、高产出""缺乏投资机会""在手现金水平充足"等特征的上市公司更应加大分红/回购力度,而处于高速成长期、资本开支较大的上市公司可以适当减小市值管理力度,更加致力于提升企业内在价值。从历史经验看,与成长型企业相比,以红利指数为代表的高分红、成熟型资产在过去十年表现出资本开支比例较低、在手现金水平充足的特征。从资本开支占当年经营活动现金流量净额的比例看,2023 年科创 50、中证 1000、创业板指、深证成指、上证成指、中证红利指数分别为 134.63%、83.83%、61.63%、55.17%、29.37%、13.74%,中证红利指数成分股的投资需求明显较低,因此有充足的资金用于现金分红。从企业在手现金与总市值的比例看,与上证指数、深证成指成分股 21.39%、21.41% 的整体水平相比,创业板指、科创 50 成分股则以 14.84%、12.29% 位列倒数。因此，应通过对企业所处发展周期与有效投资需求，设置差异化的分红、回购要求，促进上市公司质量提升。

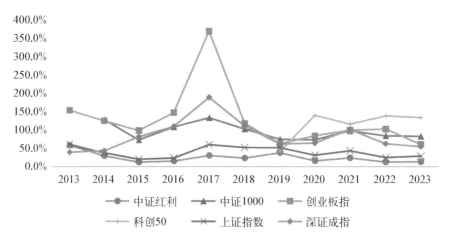

图 21　中证红利指数与主要指数成分股的资本开支占经营现金流净额的比重

数据来源：WIND

（三）部分上市公司同步实施回购与大股东减持，涉嫌不公平交易与利益输送

上市公司回购通常有助于维护企业价值，但也有部分上市公司利用回购工具掩护特定主体减持，为个别股东"抬轿子"，侵害了其他投资者权益。根据现行监管安排，回购股份分为减少注册资本、用于股权激励或员工持股计划、转换可转债、维护公司价值四种情形，但沪深交易所仅明确因维护公司价值而进行股份回购的，公司董监高、控股股东、实控人、回购提议人在回购期间不得减持公司股份，其余三种情形并未明令禁止，只需同步披露减持计划即可。近年来，在上市公司回购期间，董监高、重要股东等特殊股东同步减持并不罕见，2021—2023 年间，共 277 家公司在回购期间出现控股股东及实控人、第一大股东或持股 5% 以上股东的减持行为，占全部回购数量的 20.25%，或涉嫌以回购支撑股价、进而达到高位减持的目的，应完善相关制度设计，防范此类伪市值管理行为。

（四）若股权激励达成条件过低，可能成为管理层圈钱的工具

实施股权激励计划有助于增强企业发展动能，但需关注股权激励计划的业绩目标，若设置过低则可能成为管理层圈钱的工具，损害股东利益。根据相关统计，2020 年深交所共针对股权激励事项发出 59 份关注函或问询函，其中，39 份函件涉及业绩考核指标的合理性，指标偏低是问询频率最高的问题，交易所关注是否存在设置较低业绩考核指标向特定对象输送利益等情形。

从现行制度看,《上市公司股权激励管理办法》只要求企业参照历史业绩或行业情况设置指标,披露合理性即可,上市公司有较大操作空间,管理层有动力设置容易达成的业绩目标以增加自身财富,应当对业绩目标采取更多约束措施,促进激励作用发挥,提升上市公司质量。

(五)高溢价并购、忽悠式重组等情形频现,严重伤害普通投资者权益

并购重组有助于上市公司发展壮大,提升资本市场资源配置效率,但仍需警惕"高溢价并购""忽悠式并购重组"等伪市值管理情形。

一是出于市值管理、盲目扩张、向关联方利益输送等目的,将高溢价资产注入上市公司,最终通过计提商誉减值令中小投资者损失惨重。并购方通常会支付一定溢价获取标的资产,但过高的并购溢价会导致资产虚高,形成较高的商誉负担,在后续并购标的业绩下滑或并购效果不及预期时,带来商誉减值风险,导致公司业绩巨额亏损、市值快速蒸发。2019—2023 年间,A 股平均每年计提 916.07 亿元商誉减值,对部分上市公司业绩造成严重影响,公司价值灭失也为投资者造成巨额损失。

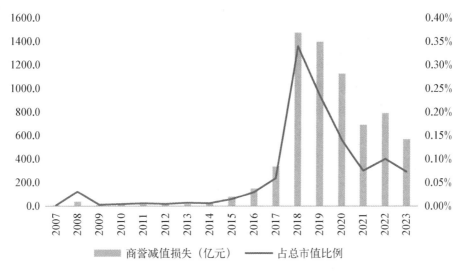

图 22　A 股确认商誉减值损失及其占总市值比例

数据来源:WIND

二是部分公司以推高股价、实现套利等为目的进行"忽悠式"并购重组,最终以终止交易、大股东减持获利收尾。据联储证券此前统计①,2022 年按照年度区间涨幅排

---

① 联储证券并购业务部,《并购重组能否成为 A 股牛市的助推器?——2022 年度 A 股并购市场总结与 2023 年度展望》,载联储证券官网 https://www.lczq.com/main/a/20230821/41977.html#actp。

名（剔除 2022 年发行上市的新股）的前十大牛股中有一半依靠"假重组"炒作登榜，其中，3 家公司依靠假借壳传闻对股价进行炒作，1 家公司 ST 摘帽后市场关于其资产重组的传闻不断，推动股价上涨，还有 1 家公司"绿康生化"剥离热电联产业务并跨界收购光伏资产，以 595% 的高溢价收购亏损资产包，被质疑迎合热点炒作股价，公司高管及重要股东也在股价上涨后出现了多笔减持记录，造成不良影响。

（六）误导、夸大式信息披露配合股东减持套现，扰乱市场交易秩序

证监会于 2022 年 4 月发布的《上市公司投资者关系管理工作指引》明确了上市公司及相关主体在投资者关系管理活动中的禁止情形，集中在信息披露环节，主要涉及虚假披露、误导性披露等情况。相比虚假披露的恶意性与严重违法性，误导性陈述造成的后果相对轻微，通常与夸大事实、"蹭热点"推高股价相关，被证伪后的连续下跌将极大损害普通投资者利益，是亟待规范的"伪市值管理"行为。

交易所互动平台本是为了增加上市公司与投资者沟通渠道而设立，却频频出现上市公司发布不准确信息、参与热点炒作推动股价暴涨，配合大股东减持套现等情形。例如，疫情期间多家医药生物公司传递旗下某药品对抗击病毒的积极作用，并借此高位减持，如长江健康在误导性宣传后股价大涨的同时，公司第二、三大股东宣布在未来 6 个月减持 2.25 亿股，拟套现高达 10 亿元。再如汤姆猫在互动易平台宣称已成立元宇宙方向的工作组、投资的公司已开发多款 VR 游戏，股价连续上涨，收到关注函后才承认"当前产品与理论上的元宇宙存在很大差距"。在股价上涨期间，公司控股股东及其一致行动人借机减持套现约 3.6 亿元。加强投资者关系管理的合规性，对保障市场公平交易、保护投资者合法权益具有重要意义。

四、市值管理配套政策建议

（一）提升上市公司分红连续性、稳定性，实施"差异化分红"制度

1. 给予长期稳定分红企业更多市场化激励，同时取消红利税提升投资者获得感

根据证监会及沪深交易所 2024 年 4 月发布的最新规则，引入了分红不达标将被实施 ST 的安排，推动上市公司强制分红。为提升 A 股分红的均衡性与稳定性，预计除了规定分红下限外，也会通过市场化方式激励上市公司积极分红，同时优化现金分红税收制度，进一步增强投资者回报。

一是给予现金分红企业更多市场化激励，推动上市公司特别是民营企业加大分

红力度。一方面,鼓励相关红利指数编制与产品创设,纳入长期稳定分红的上市公司,例如道琼斯美股红利 100 指数的成分股要求具有至少连续 10 年派发红利的记录。另一方面,可以考虑将持有资产的分红及回购指标纳入公募基金等投资机构评价体系,引导长期资金加大对连续分红、稳定分红的上市公司的配置力度。

二是取消红利税,避免投资者产生"税收亏损"。特别是在监管全面推动 A 股上市公司加大分红力度与分红频率的背景下,未来可能出现大量上市公司一年内多次分红,在持股时间满 12 个月才免税的要求下,投资者可能需要持续延长持股时间,否则将因为分红频率提升而出现纳税义务。

2. 限制股权高度集中的企业进行高比例分红,转而同步实施回购注销

为避免巨额异常分红可能涉及的大股东利益输送问题,切实提升广大投资者回报,将鼓励上市公司同步实施分红及注销式回购方案,并可能对股权集中度较高的企业采取强制限制措施。例如,要求实控人及其一致行动人持股比例超过 50% 的上市公司,将股利分配率上限控制在 30% 以内,超出的金额采取股份回购并注销的形式;或直接明确此类公司应同时制定分红与回购计划,且用于回购的金额不得少于分红金额,提升每股价值以回馈中小投资者。

3. 进一步优化"差异化分红"制度,避免挤占企业投资发展空间

考虑到分红及回购可能对企业投资产生的挤出效应,可能对不同行业与发展阶段的上市公司采取差异化强制分红策略。当前制度安排主要针对科创企业设置了差异化的分红要求,重点关注研发投入指标,后续或综合考虑企业长期投资需求,进一步引入资本开支类指标,对当年资本开支超过经营活动现金流量净额的成长型企业,豁免强制分红金额与比例要求,提升对各类长期投资的包容性,帮助处于快速发展阶段的上市公司实现更多利润留存用于经营投资。

(二) 取消上市公司护盘类回购的触发条件,严格限制回购与减持同步实施

1. 降低市值管理类回购门槛,支持上市公司拓展回购资金来源

为丰富分红以外的市值管理工具,提升上市公司回购积极性,可以优化回购政策与配套制度,降低上市公司回购门槛,并为回购资金来源提供更多支持。

一是适当放松上市公司回购规则限制,一方面,取消市值管理类回购(含注销式回购)的触发条件,即使没有跌破净资产或在短期内大幅下跌,只要企业判断自身价值被市场低估就可以开展护盘式回购并进行注销;另一方面,进一步放宽回购持股比例与处置时间限制,激发上市公司回购热情。

二是鼓励上市公司拓展回购资金来源，降低回购成本。通过支持企业发债融资、简化以回购为目的的融资程序、鼓励金融机构为企业回购提供低息资金等方式，引导上市公司加强回购工具的使用，提振市场信心。

2. 优化股份回购期间的减持政策，严格限制股东借机减持套现

为避免回购制度成为掩护特定主体减持、"割韭菜"的工具，监管有望扩大上市公司股份回购期间的减持限制情形，从当前仅限制维护市值类的同步减持，扩大至包含注销式回购在内的全部四种回购情形，不允许董监高及重要股东在上市公司回购期间减持本公司股份，加强对回购信息披露、交易行为的监管，对于利用回购进行利益输送、操纵市场等违法违规行为从严处理，让回购成为真正的市值管理利器，促进投资者回报。

（三）优化股权激励相关制度安排，确保股权激励考核目标的进取性

1. 优化股权激励工具选择与税收安排，鼓励采取股东回报类考核指标

为进一步推动长效激励机制设计与应用，切实提升上市公司管理及经营效率，未来可以从鼓励多元化激励工具使用、增加市场类股权激励指标、优化税收安排等三方面入手，完善相关制度设计。

一是将更具灵活性的第二类股权激励工具从科创板、创业板推广至全部板块，并鼓励现金流充足的企业使用股票增值权等多样化激励方式。

二是优化监管对于股权激励业绩考核指标的指引，明确将股权激励条件与上市公司市场价值创造直接挂钩，推动上市公司广泛应用绝对或相对股东回报类指标，推动管理层与股东利益表现出更高的一致性。

三是优化税收安排。一方面，以股权激励产生的实际收益形成纳税义务，将个税发生时间定义为实际出售股票时点，并以卖出收益扣减实际支付成本作为纳税基准，实现纳税时点、纳税基准的精确匹配，缓解激励对象的税负压力，避免集中减持对股价造成的冲击。另一方面，可以借鉴美股经验，配套针对持股周期的差异化税率安排，例如，持有超过 3 年，减税 15%；持有超过 6 年，减税 30% 等，推动员工与公司及投资者利益更长期的深度绑定。

2. 对股权激励业绩目标采取更多约束，避免成为利益输送工具

为避免上市公司设置缺乏进取性的股权激励目标，沦为管理层敛财方式，可以对业绩目标采取更多约束。一方面，明确营业收入、净利润等业绩考核标准不得低于同行业或可比上市公司平均增长水平，或不得低于本公司前三年业绩或其增长率的平

均水平等;另一方面,可以要求上市公司聘请财务顾问确认股权激励目标合理性,切实发挥激励效果。

（四）支持并购重组投融资工具多元化,坚决打击高溢价并购、忽悠式重组

1. 为上市公司并购重组交易在杠杆融资、投资工具应用、估值定价生态等方面提供更多政策支持

为推动上市公司通过市场化并购重组做优做强,调整优化产业布局结构,提升资源整合与配置效率,配套制度优化方向如下:

一是扩大上市公司并购重组的资金来源,不再对并购贷款设定 60% 的杠杆上限,允许并购贷款支持上市公司参股式收购,以及面向合格投资者试点专项用于并购的高收益债券。

二是鼓励上市公司参与设立产业并购基金,给予产业并购基金特殊政策支持,例如,试点放开再融资用途限制,允许通过再融资预留部分资金用于发起产业并购基金;开辟基金申报的绿色通道;为通过产业并购基金培育的标的企业的完全并购提供审核绿色通道、税收优惠等。

三是控制 IPO 节奏,并通过补齐制度短板、鼓励机构投资者发展等措施,持续优化资本市场生态,改变 A 股的造富效应,推动未上市企业股东与 PE/VC 机构降低对 IPO 的预期,增强并购退出意愿。同时,可以组织搭建资源对接平台,统筹地方政府、上市公司、PE/VC 等金融机构、行业专家等各类资源,为上市公司挖掘产业并购机遇提供支持。

2. 对高溢价并购、忽悠式重组等损害投资者利益的情形推出针对性监管措施

坚决打击并购重组领域的"伪市值管理"情形,一是继续加大监管问询力度,要求对并购溢价的合理性采取多种估值方式验证;对于非同行业或没有产业链关联的资产注入行为要严加监管、适时禁止,坚决打击"壳公司"炒作,严防并购重组成为不当套利或利益输送工具。二是对于炒作重组预期的行为严肃问责,从严处罚谣言散布源头,并强化上市公司及时回应假市场传闻的信息披露责任。

（五）推动上市公司加大在投关领域的资源投入,启动以市值管理为目标的信息披露改革

1. 完善信息披露机制,推动市场认可度低的上市公司制定有效措施改善市场表现

为进一步提升上市公司对投资者关系管理工作的重视程度,减弱信息不对称、充分反映公司价值,监管将鼓励上市公司加大在投资者关系领域的资源投入力度,主动

寻求市场沟通,并启动自愿信息披露改革,强化投资者认同感。

一是推动形成上市公司投资者关系管理预算及投入披露机制,鼓励上市公司关注股东回报,加大资源投入力度。

二是允许缺乏市场关注度的中小上市公司以付费等形式寻求证券分析师的公允覆盖,只要公开向市场进行信息披露即可,拓展市场尤其是投资机构对公司价值的认知渠道。

三是参考东京交易所,启动以市值管理为目标的信息披露改革,强制破净、破发、流动性差等市场认可度低,以及出现业绩大幅下滑等经营不善的上市公司制定"提质增效重回报"或"质量回报双提升"行动方案,并制定详尽的方案模板,要求上市公司深入分析经营困境、内在价值评估、市场认可度低的原因等,据此提出切实可落地的改进时间表与具体举措,并定期复盘计划完成度,提出进一步改进措施,直至企业价值恢复正常,其他公司可自愿参与此类信息披露计划,促进上市公司质量提升。

2. 强化对误导性陈述、大股东借机减持行为的监管力度,增强法治震慑

针对部分上市公司为推高股价而进行误导投资者的信息披露问题,将持续加大监管力度:一是完善监管科技建设,强化技术识别手段,对股价走势异常及重要股东减持行为加大监控力度。二是对互动平台回复不规范、进行误导性、夸大性陈述、"蹭热点"炒作、大股东借机减持套现等行为加强监管处罚,通过增加罚款金额、没收减持获利金额并采取责令回购、限制减持等措施,严厉打击上市公司违规披露人及相关减持主体,塑造市场公平交易生态。

总之,2024 年 11 月 15 日发布实施的《指引》是"924"一揽子增量政策的重要组成部分,具有划时代意义,是政策组合拳中第一次推出成体系成建制的自下而上的增量政策,在上市公司主体以具体行动参与中国经济企稳回升中发挥关键作用,有效改变当下可能存在的"上热中温下冷"的经济发展结构性矛盾。我们要借鉴各方经验教训,不断根据实际情况讨论完善市值管理政策环境,让资本市场和上市公司以更完美的姿态在维护宏观经济稳健运行、支持实体经济高质量发展、推动科技创新创业、守护居民财富保值增值中发挥更加重要的基础性作用。

理论探究

投保机构特别股东代位诉讼制度之构想

赵吟课题组*

摘要：证券法第 94 条第 3 款为投保机构特别股东代位诉讼制度奠定了法律基础，但该制度在实践运行中仍有诸多细节问题亟待理论和实践回应。首先，投保机构特别股东代位诉讼满足公益诉讼的客观范畴与主观范畴，在属性定位上应属于民事公益诉讼。其次，对于投保机构特别股东代位诉讼面临的诉讼证明困难、诉讼费用高昂等困境，可以通过探索与检察机关开展合作、豁免投保机构行使查阅权的持股比例和持股期限、调适诉讼费用交纳规则等路径予以疏通化解。最后，特别股东代位诉讼与 2023 年新修订的公司法中部分新增内容需做进一步协调：其一，明晰公司采取"董事会—审计委员会"单层治理结构时，履行前置程序仍应适用"交叉请求"规则；其二，明确赋予投保机构提起双重股东代位诉讼的原告资格，豁免其持股比例和持股期限要求。

关键词：特别股东代位诉讼　公益诉讼　制度构想

随着资本市场的高速发展，上市公司规范治理和投资者权益保护问题日益受到理论界与实务界的关注。在此背景下，2019 年修订的《中华人民共和国证券法》（以下简称证券法）明确投保机构（行使该职权的投保机构主要为中证中小投资者服务中心，以下简称中证投服中心）具有提起股东代位诉讼的原告资格，并豁免其相应的持股比例和持股期限，以期弥补我国上市公司股东代位诉讼缺位之弊。但是，该制度在性质上究竟应定位于何种诉讼？诉讼中的证明困难、费用高昂等实践难题该如何破解？2023 年修订的《中华人民共和国公司法》（以下简称公司法）允许公

---

* 本文系中证中小投资者服务中心 2024 年度课题《投保机构特别股东代位诉讼制度之构想》的研究成果，内容有部分删改，该课题由西南政法大学赵吟课题组完成。

司设置审计委员会以取代监事会,在此单层治理结构之下,前置程序该如何履行?2023 年公司法新增双重股东代位诉讼制度,投保机构该依循何种路径介入其中?本文将对这些问题一一探讨并作出解答,以期助力投保机构特别股东代位诉讼制度的效能发挥。

一、特别股东代位诉讼的基础源流与实践检视

(一)特别股东代位诉讼的基础源流

"特别股东代位诉讼"意指证券法第 94 条第 3 款之规定内容[1],其对公司法中的股东代位诉讼规定作出了相应变通,但本质仍为股东代位诉讼。股东代位诉讼又可称为股东代表诉讼、派生诉讼或衍生诉讼,指的是公司的合法权益受到侵害,且公司未能追究侵害主体的法律责任时,股东为了公司的利益以自己的名义代表公司提起的诉讼。

实践中,上市公司存在着诸多违法乱象,如大股东占用上市公司资金、违规对外担保、不正当关联交易、董监高违反信义义务等。因此,虑及我国证券市场上存在太多公司治理和投资者保护等问题,2005 年公司法正式引入了股东代位诉讼制度,但自我国引入该制度以来,绝大多数均发生在有限责任公司场合,[2]上市公司中提起股东代位诉讼的较为罕见。探究其中原因,主要有以下几点:首先,除了控股股东之外,公众投资者[3]持股分散且比例较小,公司法规定的起诉门槛对其来说难以触及,且其远离公司经营,不易发现权利受损的事实。其次,对于公众投资者来说,提起代位诉讼维权往往需要承担较为高昂的维权成本与严苛的举证责任,基于"理性经济人"的理论解释,公众投资者对公司治理抱有理性的缄默便是可以预见的[4]。再次,上市公司中的公众投资者普遍存在"搭便车"心理,期待其他的股东能够提起诉讼。而提起

---

① 证券法第 94 条第 3 款规定:"发行人的董事、监事、高级管理人员执行公司职务时违反法律、行政法规或者公司章程的规定给公司造成损失,发行人的控股股东、实际控制人等侵犯公司合法权益给公司造成损失,投资者保护机构持有该公司股份的,可以为公司的利益以自己的名义向人民法院提起诉讼,持股比例和持股期限不受《中华人民共和国公司法》规定的限制。"

② 参见黄辉:《中国股东派生诉讼制度:实证研究及完善建议》,载《人大法律评论》2014 年第 1 期。

③ 在我国上市公司的投资者结构中,公众投资者占绝对多数,机构投资者占比偏低。其中自然人投资者占比达 99.73%,一般法人占比 0.13%,专业机构占比 0.14%。参见上海证券交易所:《上海证券交易所统计年鉴(2023 卷)》,载上海证券交易所网 2023 年,https://www.sse.com.cn/aboutus/publication/yearly/documents/c/10747773/files/3d6aae2466cc4c43808f5d98976f35e6.pdf。

④ 参见方乐:《投服中心持股行权的限度研究——兼议比例原则的适用》,载《中国政法大学学报》2021 年第 2 期。

诉讼的股东若胜诉,将与"未付出成本的陌生伙伴分享行为收益。对'搭便车'行为的厌恶更阻却了散户投资者参与公司治理的可能。"①最后,我国公众投资者习惯于"用脚投票"的市场投机思维,即基于公众公司的股票流动性,使得他们更倾向于选择直接退出公司,鲜少积极参与上市公司治理。②

"面对普通股东难以捉摸的有限理性,部分国家(地区)尝试在证券市场中构建一个相对摆脱经济理性的特殊股东——公益性机构"。③ 我国也是在股东代位诉讼效用未能在上市公司中充分发挥的情况下,参考世界范围内的先行经验,在2019年证券法中引入了由公益性机构作为原告股东的特别股东代位诉讼制度,以缓解传统股东代位诉讼起诉门槛高和股东诉讼动力不足这两大问题。

(二)特别股东代位诉讼的实践检视

自2019年证券法引入投保机构特别股东代位诉讼制度以来,中证投服中心积极履行投资者保护职责,加快对上市公司治理中大股东资金占用、虚假陈述追责等顽疾的摸排,先后提起了包括美丽生态案、大智慧案、ST摩登案、金力泰案以及ST华铁案等在内的10起特别股东代位诉讼案件。前述案件在取得良好实践成效的同时也反映出其在履职过程中面临的困境,较为典型的如诉讼费用问题,以大智慧案与ST摩登案为例,面对高额诉讼费用,中证投服中心分别采取了拆分诉讼标的和申请暂缓交纳诉讼费用的策略。拆分诉讼标的会增加工作量,而缓交诉讼费用由于缺乏明确规定能否获得法院支持又存在不确定性,此种不确定性使得中证投服中心在起诉时不得不过分考量诉讼成本问题,从而可能影响案件的选择。

除已提起的特别股东代位诉讼案件所反映出的困境外,相关实证研究显示,股东代位诉讼在证明问题上也面临挑战,即由于原告股东未能充分履行举证责任而导致的败诉比例较高。④ 鉴于股份有限公司(特别是上市公司)中股东提起代位诉讼的实践案例相对较少。前述实证分析的案例样本主要来源于有限责任公司,但所得出的结论同样可以适用于上市公司。原因在于,相较于上市公司,有限责任公司的中小股东通常对公司治理的参与度更高,且有限责任公司内部的违法行为相较于上市公司

① 方乐:《投服中心持股行权的限度研究——兼议比例原则的适用》,载《中国政法大学学报》2021年第2期。
② 参见辛宇、黄欣怡、纪蓓蓓:《投资者保护公益组织与股东诉讼在中国的实践——基于中证投服证券支持诉讼的多案例研究》,载《管理世界》2020年第1期。
③ 苏杭、方乐:《投资者保护机构股东代表诉讼机制研究》,载《金融监管研究》2021年第6期。
④ 参见张铭轩:《大股东损害公司利益时中小股东的维权之诉路径——兼议中小股东的举证困境》,载微信公众号"安徽华人律师事务所",2024年1月23日;夏丹:《证据新规下如何破解股东代表诉讼证明责任僵局》,载微信公众号"夏丹律师",2023年3月28日。

特有的违法行为(如违规披露、违规减持等行为)而言,其隐秘性和技术性往往较低。因此,从证据获取上来看,特别股东代位诉讼案件同样面临着证明困境。

二、特别股东代位诉讼的公益属性证成

(一) 股东之公益

为健全中小投资者权益保护机制,2013 年 12 月 25 日,国务院办公厅发布《关于进一步加强资本市场中小投资者合法权益保护工作的意见》,指出要"探索建立中小投资者自律组织和公益性维权组织,向中小投资者提供救济援助,丰富和解、调解、仲裁、诉讼等维权内容和方式"。2014 年 5 月,国务院发布《国务院关于进一步促进资本市场健康发展的若干意见》,提出要"维护投资者特别是中小投资者合法权益"。2014 年 12 月,证监会牵头成立中证投服中心,作为证券类公益金融机构,致力于中小投资者保护工作。

在上市公司中,无论是消极参与上市公司治理的广大中小股东,还是被赋予积极参与上市公司治理期待的机构股东,其作为股东持有上市公司"股份"均非为了实现公益目的,而主要是为了追求经济利益。中证投服中心在上市公司中的持股数量极少,且只持股而不交易,仅系为了发挥投资者保护功能而采取的技术性持股,因此营利并非其持股目标。如此,在以股东身份采取行动时,其他散户投资者和机构投资者虑及参与公司治理所需付诸的成本,往往缺乏充分的行权激励。而中证投服中心的公益属性,使其不必只拘泥于自身的成本收益考量,亦无"搭便车"等投机心理作祟,使得其可以充分利用股东权利工具箱,为保护投资者利益而积极行动,使股东代位诉讼等制度能够在上市公司中充分发挥救济和威慑功效,实现阻却违法和惩治违法的目的。同时,作为专司投资者保护的公益机构,相较于其他股东,中证投服中心有更强的专业能力作为支撑。在股东代位诉讼中,能够为了广大投资者利益以自有专业团队"代替"投资者诉讼维权,矫正诉讼中双方地位实力不平衡的状态,提升案件胜诉的概率,并节约司法资源、提升司法效率。此外,其他股东提起股东代位诉讼,还将面临能否公正、充分地代表公司利益和除被告之外的股东之利益的疑问,而中证投服中心的公益属性则为此种代表赋予了天然的正当性。

(二) 诉讼之公益

对于投保机构特别股东代位诉讼是否属于公益诉讼,需分别分析该诉讼是否满

足公益诉讼的客观范畴与主观范畴。

1. 满足公益诉讼的客观范畴

从诉讼目的角度来说,公益诉讼最为直接的实体目的就是维护公共利益。公共利益即为公益诉讼的客观范畴。因此欲判断某一诉讼是否为公益诉讼,首先需探究其是否维护了"公共利益"。关于公共利益,其本身具有高度抽象性和不确定性,在内涵、范围和具体判断标准方面皆有不同观点。但以"不确定的多数人"作为"公共"的概念是广为认可的标准,即公共利益首先需是不特定的多数人的利益。① 日本学者小岛武司对公共利益的界定,也采取的是不特定多数人的利益。② 其中"不特定"的要求是为了准确地划分不同的多数人诉讼的适用范围,如果将公共利益理解为特定的多数人的利益,会与原有的共同诉讼和代表人诉讼产生冲突。③ 除此之外,"公共利益"区别于"个人利益"的最大特点,还在于公共利益具有非竞争性和非排他性,即任一社会成员对于一项公共利益的享用都不会排除、妨碍其他社会成员享用该项利益的可能性。④ 鉴此,可将公益诉讼维护的公共利益看作不特定多数人可共享的利益,据此也可对"公共"作进一步的拆分,其中"不特定+多数"对应于"公","可共享"对应于"共",二者同时满足即符合"公共"要求。对于中证投服中心提起的特别股东代位诉讼是否维护了"公共利益",可循此路径进行分析。

但在此之前需指出的是,公益诉讼相较于传统诉讼还有一个鲜明的特点,即原告请求保护的利益往往与个人利益没有直接关系,⑤即以"他益"为典型形式,即便可能涉及私益,原告的私益也"往往存在于过于宽泛的公益之中而基本上被法律所忽略"⑥。股东代位诉讼即为典型的"他益"诉讼,股东提起代位诉讼是为了公司利益,而非股东自己的私人利益,属于"为他人打官司"。因此有观点从公益诉讼"主要是民事诉讼框架内的一个以目的为导向的概念"出发,指出股东代位诉讼即为典型的公益诉讼类型之一。⑦ 但也有观点指出股东代位诉讼因针对的并非是普遍性的公共利益(Public Interest)而是集体利益(Collective Interest),因此仅具有"准公益诉

① 参见胡鸿高:《论公共利益的法律界定——从要素解释的路径》,载《中国法学》2008 年第 4 期。
② 参见韩波:《公益诉讼制度的力量组合》,载《当代法学》2013 年第 1 期。
③ 参见郭翔:《论特定群体民事公益诉讼的制度化》,载《北京社会科学》2024 年第 4 期。
④ 复旦大学课题组、段厚省:《新证券法背景下的股东诉讼研究》,载《投资者》2021 年第 2 期。
⑤ 参见李成斌:《金融消费者公益诉讼问题探究》,载《法律适用》2022 年第 3 期。
⑥ 林莉红:《公益诉讼的含义和范围》,载《法学研究》2006 年第 6 期。
⑦ 参见江伟、徐继军:《将"公益诉讼制度"写入〈民事诉讼法〉的若干基本问题的探讨》,载《中国司法》2006 年第 6 期。

讼"的特性。① 前述不同观点,对于股东代位诉讼涉及了多数人利益没有分歧,但"准公益诉讼"观点区别于"公益诉讼"观点的核心在于,其认为股东代位诉讼维护的"多数人"利益是"特定"的。而在特别股东代位诉讼中,维护的多数人利益是不特定的,同时维护的利益亦可满足"可共享"的要求。下面将对投保机构提起的特别股东代位诉讼涉及利益的"不特定+多数"与"可共享"进行分析。

首先,中证投服中心提起特别股东代位诉讼的代位对象特别,皆为上市公司。此前就有观点指出对于上市公司这种公众公司来说,因其股东众多、股份分散,公司利益受损也会导致不特定多数的股东利益受损,而"这些股东的利益,从经济法的角度来看,即所谓的'公益'"。② 其中股东之所以"不特定",是由上市公司流通股的交易性质所决定的。③ 其次,股东代位诉讼的提起,是为了回复公司的受损利益,胜诉结果将归于公司,公司所获赔偿可以用于偿付债务,因此股东代位诉讼的提起亦维护了不特定的债权人等利益相关者的利益。再次,基于其自身的公益定位,中证投服中心持有所有上市公司一手股票,但囿于经费及其他资源限制,也面临着案多资源有限的现实,所以必须对案件进行筛选,判断是否提起代位诉讼以及对谁提起代位诉讼。上述现实,也导致"不特定"和"多数"因素得以在更大范围进行延展,使得一般代位诉讼针对特定上市公司的不特定利益相关者利益升格为特别代位诉讼针对资本市场上不特定上市公司的不特定利益相关者利益,进一步夯实了"公益"基础。同时,特别股东代位诉讼着眼于所有上市公司,而不限于某一特定公司,也揭示了此制度维护之利益具有非竞争性、非排他性。最后,侵犯上市公司权益的行为,会对整个资本市场造成影响,不法行为对公司治理和市场秩序的破坏,将触及普遍性的社会公共利益,中证投服中心提起特别股东代位诉讼亦可以净化市场环境,维护资本市场的规范运作,此等利益亦为不特定多数人所"共享"。综上,特别股东代位诉讼所维护之利益,满足公共利益所应具备的"不特定+多数"与"可共享"条件,即满足了公益诉讼的客观范畴。

2. 满足公益诉讼的主观范畴

分析完特别股东代位诉讼满足公益诉讼的客观范畴后,还需要分析公益诉讼的

---

① 参见邓峰:《普通公司法》,中国人民大学出版社 2009 年版,第 396 页。
② 参见刘建:《论我国经济诉讼制度的构建——由股东诉讼写入〈公司法〉所引发的思考》,载《兰州学刊》2012 年第 11 期。
③ 参见复旦大学课题组、段厚省:《新证券法背景下的股东诉讼研究》,载《投资者》2021 年第 2 期。

主观范畴,即作为投保机构的中证投服中心是否可以作为适格的公益诉讼提起主体。根据当前《中华人民共和国民事诉讼法》(以下简称民事诉讼法)第58条第1款规定,公益诉讼的原告需为"法律规定的机关和有关组织"。其中"法律规定的"是仅作为对于"机关"的限定,还是同时限定于"机关和有关组织"不无疑问。

在司法实践中,有法院指出民事诉讼法规定可以作为公益诉讼的原告,"如为机关则应当由法律规定,而对于有关组织,则未加以限制……立法者对于'有关组织'作为公益诉讼原告持放宽的态度。"①2014年4月24日,修正后的《中华人民共和国环境保护法》(以下简称环境保护法)增设第58条对社会组织提起公益诉讼的条件进行了明确规定。但法院同样认为,在修正后的环境保护法未生效之前,不受相关条件的限制,认为泰州市环保联合会属于依法成立的专门从事环境保护公益活动的社会组织,有权提起环境民事公益诉讼。该案判决后被二审法院江苏省高级人民法院以及再审法院最高人民法院予以维持。② 透过上述案例,可以发现只有在相关法律对有关组织需满足的条件作出明确规定,且该法律已经生效的情况下,才构成对相应社会组织的限制。

除了环境保护法之外,《中华人民共和国消费者权益保护法》第47条明确了:"对侵害众多消费者合法权益的行为,中国消费者协会以及在省、自治区、直辖市设立的消费者协会,可以向人民法院提起诉讼。"此也构成了在消费者权益保护领域对公益诉讼原告主体资格的明确限定。但在环境和消费者权益保护领域之外提起的民事公益诉讼,有关组织仍然不受特别的条件限制。③ 据此,在当前无法律对于中证投服中心作为公益诉讼主体的条件作出明确限定的情况下,仅需检验其是否属于"有关组织"即可。中证投服中心作为专门维护中小投资者合法权益和监督上市公司依法治理的公益机构,其服务宗旨在于"以投资者需求为导向,扩充投资者知权渠道,丰富投资者行权方式,完善投资者赔偿救济维权手段,切实维护投资者的合法权益"。并且明确中证投服中心提起公益诉讼的主体资格也获得了理论界的普遍支持与倡导。④

① 参见江苏省常州市中级人民法院民事判决书,(2014)常环公民初字第2号。
② 参见江苏省泰州市中级人民法院民事判决书,(2014)泰中环公民初字第00001号;江苏省高级人民法院民事判决书,(2014)苏环公民终字第00001号;最高人民法院民事裁定书,(2015)民申字第1366号。
③ 参见吴俊:《非讼化构造与治理性理念:公益诉讼的中国模式》,载《苏州大学学报(哲学社会科学版)》2024年第3期。
④ 参见陈洁:《科创板注册制的实施机制与风险防范》,载《法学》2019年第1期;李成斌:《金融消费者公益诉讼问题探究》,载《法律适用》2022年第3期;范卫国:《证券公益诉讼:衍生逻辑、理论阐释与制度塑造》,载《江西财经大学学报》2021年第6期;余彦、黄蕴琳:《中小投资者利益保护视角下的证券民事公益诉讼》,载《社会科学家》2023年第4期。

实践中,《上海金融法院关于服务保障设立科创板并试点注册制改革的实施意见》第 6 条亦提出:"探索构建由依法设立的证券投资者保护机构、法律规定的机关和有关组织提起的证券民事公益诉讼机制。"可见,作为投保机构的中证投服中心完全符合提起公益诉讼的"相关组织"要求,即满足了公益诉讼的主观范畴。

综上,特别股东代位诉讼也同时满足公益诉讼之客观范畴与主观范畴,应属于民事公益诉讼。

三、公益诉讼定位下特别股东代位
诉讼相关规则的调适

前文述及,投保机构特别股东代位诉讼在诉讼证明、诉讼费用方面仍面临挑战。首先,在诉讼证明方面,尽管中证投服中心作为特别股东,在诉讼资源和专业能力方面具有一定优势,但其身为仅持有上市公司一手股票的小股东,权利行使受限,且并非纠纷当事人,导致其在举证方面仍存在困难。为扫清诉讼障碍,亟须探寻破解特别股东代位诉讼证明困境的可行举措。其次,在诉讼费用方面,并无相关规定对投保机构提起的特别股东代位诉讼予以"便利",案件受理费仍适用普通财产纠纷的相关收费标准。而证券市场违法行为往往涉案金额巨大,适用普通财产纠纷的相关收费标准导致特别股东代位诉讼成本过高,构成了案件推进过程中的重大挑战。对此,需围绕诉讼费用负担问题探索多元化、可持续的解决方案。

(一) 证明困境之破解

1. 与检察机关合作联动

基于特别股东代位诉讼的公益诉讼性质,根据民事诉讼法第 58 条和《人民检察院公益诉讼办案规则》第 100 条①之规定,中证投服中心在提起特别股东代位诉讼时可寻求检察机关的协助,即通过人民检察院弥补中证投服中心在调查取证等方面的

---

① 民事诉讼法第 58 条第 2 款规定:"人民检察院在履行职责中发现破坏生态环境和资源保护、食品药品安全领域侵害众多消费者合法权益等损害社会公共利益的行为,在没有前款规定的机关和组织或者前款规定的机关和组织不提起诉讼的情况下,可以向人民法院提起诉讼。前款规定的机关或者组织提起诉讼的,人民检察院可以支持起诉。"

《人民检察院公益诉讼办案规则》第 100 条规定:"下列案件,人民检察院可以支持起诉:(一) 生态环境损害赔偿权利人提起的生态环境损害赔偿诉讼案件;(二) 适格主体提起的民事公益诉讼案件;(三) 英雄烈士等的近亲属提起的维护英雄烈士等的姓名、肖像、名誉、荣誉的民事诉讼案件;(四) 军人和因公牺牲军人、病故军人遗属提起的侵害军人荣誉、名誉和其他相关合法权益的民事诉讼案件;(五) 其他依法可以支持起诉的公益诉讼案件。"

不足。为此,检察机关可以采取提供法律咨询、协助调查取证、出席法庭等方式支持起诉。

其言之,第一,在提供法律咨询上,中证投服中心在办案过程中面对的棘手法律问题,可寻求检察机关帮助。检察机关对特别股东代位诉讼中的事实问题和法律问题可进行有针对性的研判、解析,加强释法说理,以帮助其厘清案件争议焦点。第二,在协助调查取证上,对于在证据收集方面遇到的困难,检察机关可通过指导中证投服中心收集证据的方式,引导其自行收集证据,补强其收集证据的能力。若中证投服中心无法自行收集,检察机关还可以帮助其收集与其具体诉讼请求、案件争议事实存在关联的相应证据。对于已经掌握的案件线索材料,检察机关也可在这一过程中移交中证投服中心。① 第三,在出席法庭方面,检察机关具有更为丰富的庭审经验,在必要的情况下,可以参加特别股东代位诉讼案件的法庭辩论并发表意见以补充中证投服中心的主张。此种诉中支持,不仅有利于特别股东代位诉讼的顺利进行,更好地实现追责违法责任人的目标,还能有效增强中证投服中心提起此类诉讼的信心。同时,此种支持对培养中证投服中心的诉讼能力也大有裨益。②

2.豁免查阅权行使的持股比例和持股期限

基于当事人之间的特殊法律关系,实体法赋予了一方要求对方提供必要信息的权利,以促进当事人全面获取证据。③

从规范层面审视,2018 年公司法第 97 条仅规定了股份有限公司股东对公司章程等文件的查阅权,未明确涵盖会计账簿与会计凭证。对此,司法实践中关于股份有限公司股东能否查阅会计账簿与会计凭证存在争议。④ 而 2023 年新修订的公司法则在第 110 条第 2 款中明确了股份有限公司股东享有查阅会计账簿和会计凭证的权利。因此,中证投服中心凭借其股东身份,享有对上市公司的查阅权,在满足法定条件时可以通过行使该权利,获取与案件事实有关的证据。这一方面可以拓宽中证投服中心作为原告的证据来源,另一方面会计账簿和会计凭证往往可以作

① 参见黄正华、路永洁、吕丽娟:《民事检察支持起诉的困境和破解》,载《人民检察》2024 年第 1 期;姜昕、李浩、肖建国等:《检察机关能动履职支持起诉的价值考量及法理内涵》,载《人民检察》2022 年第 4 期。
② 参见杜晓丽:《消费者协会民事公益诉讼的困境与纾解》,载《贵州大学学报(社会科学版)》2024 年第 6 期。
③ 参见曹建军:《论事案解明义务的规制模式与路径展开》,载《现代法学》2024 年第 5 期。
④ 支持查阅的参见上海市第二中级人民法院民事判决书,(2013)沪二中民四(商)终字第 S1264 号;福建省龙岩市中级人民法院民事判决书,(2020)闽 08 民终 156 号。不支持查阅的参见北京市丰台区人民法院民事判决书,(2021)京 0106 民初 7730 号;安徽省芜湖市鸠江区人民法院民事判决书,(2021)皖 0207 民初 4260 号;宁夏回族自治区银川市中级人民法院民事判决书,(2023)宁 01 民终 5867 号。

为"公司利益受损"的直接证明,能显著提升原告证据的证明力,减轻原告的举证难度,提升胜诉可能性。以上市公司大股东资金占用行为为例[①],依据《会计监管风险提示第 9 号——上市公司控股股东资金占用及其审计》中列明的两种资金占用形式,原告股东在获取相关线索后,可以对比会计账簿、会计凭证等原始记账凭证与财务报表之间的出入来核实资金占用行为是否真实存在,从而为后续可能开展的法律行动收集证据。

然而,当前面临的问题是,公司法规定股份有限公司股东行使查阅权需满足"连续一百八十日以上单独或者合计持有公司百分之三以上股份"的条件,相较于特别股东代位诉讼所豁免的"连续一百八十日以上单独或者合计持有公司百分之一以上股份"的条件,此处规定的行权门槛对于中证投服中心而言更是遥不可及。对查阅权的行使设置持股比例和持股期限的目的与普通股东代位诉讼设置持股比例和持股期限的目的一样,意在防止股东滥用权利。而证券法豁免投保机构提起代位诉讼时,依据公司法应满足的持股比例和持股期限要求,折射出法律层面认为投保机构提起代位诉讼不存在滥诉之忧。

从现实情况来看,中证投服中心持有所有上市公司一手股票,需要关注的对象众多,但其自身资源精力有限,且行动系出于公益目的,维护投资者的合法权益,促进资本市场的健康、稳定与可持续发展,并无私利动机促使其滥权。同时,其行动关乎自身声誉,若中证投服中心滥用权利,将因此被置于舆论漩涡,难逃声誉损失,其所开展的其他系列行权、维权行动亦将遭受质疑,因此其必然审慎行权,客观上并不会滥用查阅权。

鉴于此,对于投保机构作为股东所享有的查阅权,建议参照特别股东代位诉讼的规定,豁免投保机构在行使查阅权时的持股比例和持股期限,以更好助力投保机构公益维权行动的开展。

此外,在股东行使查阅权的司法实践中,股东知情权之诉案件体量庞大[②],其中不乏公司故意拒绝股东的查阅申请,从而迫使股东诉诸知情权之诉以拖延股东行使权利的情况,这同样是中证投服中心行使查阅权的另一巨大阻碍。若诉讼程序耗时过长,即使股东的知情权最终得到了保障,也只是法律意义上的保护,权利行使的"时效

---

① 参见上海市奉贤区(县)人民法院,(2021)沪 0120 民初 22777 号。本案中,原告为调查所在公司实际控制人挪用公司资金事宜,提出了查阅会计账簿的要求。

② 通过在"北大法宝"检索"股东知情权纠纷"案由,共获得 30 649 篇案例。

性"难以保障。① 为完善这一制度,可在股东知情权中引入非诉程序替代诉讼程序,以非诉程序具备的诉讼成本低、耗费时间短、一审终审等特点应对日益剧增的股东知情权纠纷,即公司在拒绝股东行使知情权的书面申请后,股东可直接书面申请法院出具调查令责令公司提交相关信息,从而极大地缩短股东行使查阅权的时间,保障权利行使的时效性要求。②

（二）费用困境之破解

2019 年,证券法豁免了投保机构在提起股东代位诉讼时的持股比例及持股期限要求。但除起诉门槛降低之外,并无其他条款或相关政策适配投保机构作为金融类公益机构所提起的特别股东代位诉讼。尤其在案件受理费上,同样适用普通财产纠纷的相关收费标准,即根据标的金额,按照一定比例分段累计交纳,此种交费方式使得投保机构在履行特别股东代位诉讼职能时面临资金困境。在厘清了中证投服中心作为投保机构提起的股东代位诉讼属于公益诉讼范畴后,应结合其公益诉讼属性对其诉讼费用交纳规则予以调适,以下方案可供参考选择。

1. 方案一：交纳定额诉讼费用

从法理层面出发,对民事诉讼收取诉讼费用的原因如下：一是平衡起诉激励与滥诉防止功能,二是制裁违法行为。③ 从原告端观之,其规制目的主要在于防止滥诉。而从前文分析可知,证券法豁免特别股东代位诉讼的持股比例和持股期限,即从法律层面肯认了投保机构不会滥诉。因此,对于作为公益机构的中证投服中心,以及属于公益诉讼的特别股东代位诉讼来说,诉讼费用过高不仅缺乏必要性,而且反而会掣肘中证投服中心公益职能的有效发挥。对此,可以借鉴日韩等国的相关经验,以交纳固定诉讼费用的方式为作为公益机构的中证投服中心提起的股东代位诉讼提供支持。④关于具体的收费金额,可以结合我国目前经济发展水平、法院收取诉讼费用的现有标准以及针对上市公司代位诉讼案件的复杂程度,规定以 5 000 元作为中证投服中心提起股东代位诉讼的统一收费标准,以经济上的解负为其公益履职提供保障。而当被

---

① 参见石爽:《股东知情权非诉程序介入研究》,载微信公众号"财苑法评",2021 年 1 月 15 日。

② 参见张培芹:《论股东知情权的司法救济——以非诉程序之构建为视角》,载《法治论坛》2012 年第 2 期;吴海生:《我国股东知情权案件诉与非诉讼机制的构建》,载《经济师》2020 年第 12 期。

③ 参见杨雅妮:《论民事公益诉讼成本分担机制的优化》,载《行政法学研究》2024 年第 6 期。

④ 日本一律将派生诉讼的标的额视为 95 万日元,以此标准计算则每一起股东派生诉讼的案件受理费都为 8 200 日元。韩国将股东代位诉讼案件视为诉讼标的不明的案件,将其诉讼标的一律视为 5 000 万韩元,以此为基础收取诉讼费用 23 万韩元。参见林少伟:《股东代表诉讼：世界与中国》,华中科技大学出版社 2019 年版,第 128—129 页;Mark West, *Why Shareholders Sue: the Evidence from Japan*, 30 Journal of Legal Studies 352(2001).

告败诉时，案件的诉讼费用应回归适用普通财产纠纷的收费规定，以维系通过诉讼费用交纳制裁违法行为的功能。

在具体落实方案上，未来可在证券法相关司法解释中增加规定："对于投资者保护机构依据《中华人民共和国证券法》第 94 条第 3 款提起的诉讼，每一案件统一收取案件受理费 5 000 元。被告败诉时，由败诉方按照《诉讼费用交纳办法》的相关规定交纳案件受理费。"

2. 方案二：案件受理费的缓减免

对于我国有关组织提起的公益诉讼，其公益性质在诉讼费用的交纳上便可得以体现。如对于环境民事公益诉讼，最高人民法院发布的《关于审理环境民事公益诉讼案件适用法律若干问题的解释》为原告诉讼费用的缓交提供了法律依据，将败诉原告诉讼费用的减、免交由法院自由裁量。[①] 除了环境民事公益诉讼，中证投服中心的另一职能，证券特别代表人诉讼在诉讼费用的收取上也明确了缓、减、免的相关规定。特别代表人诉讼与特别股东代位诉讼，二者同为作为公益机构的中证投服中心履行公益职能的具体表现，允许其提起的特别股东代位诉讼适用诉讼费用交纳的缓、减、免规定应无障碍。

在具体落实方案上，未来可在证券法相关司法解释中增加规定："对于投资者保护机构依据《中华人民共和国证券法》第 94 款第 3 款提起的诉讼不预交案件受理费。败诉或者部分败诉的原告申请减交或者免交诉讼费的，人民法院应当依照《诉讼费用交纳办法》的规定，视原告的经济状况和案件的审理情况决定是否准许。"或者，还可以参照部分地方法院在处理环境民事公益诉讼时的相关规定[②]，直接规定"对于投资者保护机构依据《中华人民共和国证券法》第 94 条第 3 款提起的诉讼，不预交案件受理费。原告败诉的，人民法院一般应决定免收案件受理费。"

3. 方案三：由合法权益受损的公司预交案件受理费

中证投服中心资金有限且运转速度受限，难以支撑对符合选案条件的所有案件提起诉讼。而中证投服中心提起特别股东代位诉讼直接维护的是案涉上市公司

[①] 最高人民法院《关于审理环境民事公益诉讼案件适用法律若干问题的解释》第 33 条："原告交纳诉讼费用确有困难，依法申请缓交的，人民法院应予准许。败诉或者部分败诉的原告申请缓交或者免交诉讼费用的，人民法院应当依照《诉讼费用交纳办法》的规定，视原告的经济状况和案件的审理情况决定是否准许。"

[②] 如贵州省高级人民法院《关于推进环境民事公益诉讼审判工作的若干意见》第 24 条："提起环境民事公益诉讼的原告一律缓交案件受理费，需支付鉴定费的可申请从环境公益诉讼资金账户先行垫付。原告败诉的，人民法院一般应决定免收案件受理费。"

的利益,胜诉的最终利益归属于上市公司。因此,"由公司预交案件受理费——胜诉利益归属于公司"的"收支模式"具有合理性。而且,此模式在一定程度上可以缓解公司为避免承担诉讼成本而怠于起诉的情况,督促公司自身积极勤勉维权。同时由公司预交案件受理费,意味着公司要承担诉讼可能产生的不利后果,这在一定程度上会促使公司积极配合提供已经掌握的相关证据,进而提升案件的胜诉可能性。

在具体落实方案上,可以考虑未来在证券法相关司法解释中增加规定:"对于投资者保护机构依据《中华人民共和国证券法》第 94 条第 3 款提起的诉讼,案件受理费由合法权益受损的公司预交。"

四、特别股东代位诉讼与公司法新增制度之协调

（一）单层治理结构下前置程序之协调

在采取双层制治理结构的公司(即同时设置董事会和监事会的公司)中,新公司法第 189 条根据不法行为人的身份差异对股东提出先诉请求的对象进行了区别化规定,遵循"交叉请求"规则。[①]。然而随着 2023 年公司法第 121 条引入了单层治理模式,即"股份有限公司可以按照公司章程的规定在董事会中设置由董事组成的审计委员会,行使本法规定的监事会的职权,不设监事会或者监事"。若公司选择设置审计委员会而不设置或取消设置监事会或者监事,则在董事、高管违法情况下,履行特别股东代位诉讼前置程序将面临向谁请求的问题。

根据 2023 年公司法第 121 条的规定,"股份有限公司可以按照公司章程的规定在董事会中设置由董事组成的审计委员会,行使本法规定的监事会的职权"。从体系解释角度观之,"我国公司法上的审计委员会虽然系由公司章程自主选择设立,但其与监事会一样,均具有组织类型法定与职权法定的色彩。"[②]审计委员会扮演了监事会的角色,实质上就是公司的法定监督机构,在具体职能上承接了监事会职权,其中自然包括接受请求以及代表公司提起诉讼的职权。[③] 由此,结合公司法第 189 条之规定进行文义解释可知,在审计委员会成员以外的董事和高管侵害公司合法权益的情

① 所谓"交叉请求",即董事、高级管理人员侵害公司利益时,股东应向监事会提出先诉请求;监事侵害公司利益时,股东应向董事会提出先诉请求。
② 刘斌:《中国式审计委员会:组织基础与权责配置》,载《法律科学(西北政法大学学报)》2024 年第 4 期。
③ 参见刘斌、梁樱子:《〈公司法〉股东双重代表诉讼规则的展开》,载《西南政法大学学报》2024 年第 3 期。

况下,应向审计委员会提出书面请求,当审计委员会成员违法时,应向董事会提出书面请求。

然而,此种"交叉请求"面临如下质疑:当审计委员会的成员参与董事会的决策或业务执行时,审计委员会成员与他们本应监督的对象之间可能产生利益关联。在这种情况下,监督者与被监督者的角色重叠,发生既扮演裁判者又扮演运动员的情况,这无疑会妨碍审计委员会独立且恰当地行使监督权。^① 此时,无论是董事会对起诉审计委员会成员的审查还是审计委员会对起诉其他董事的审查,均会由于存在利益关联,影响决策的独立性。但是,决策的独立性与否并不影响"交叉请求"规则本身的适用。于此情形下,投保机构可通过证明"请求无意义"^②对前置程序予以豁免。若后续法律规则与配套制度能够确保审计委员会与董事会之间的独立性、审计委员会成员与非审计委员会成员董事之间的独立性,则该"请求无意义"事项的证明难度将随着"董事会与审计委员会""董事会成员与审计委员会成员"之间独立性的提高而同步变化。据此,在采取单层治理结构的公司中,可在董事会和审计委员会之间适用"交叉请求"规则。

(二)双重股东代位诉讼中原告资格之协调

在我国 2023 年公司法正式确立双重股东代位诉讼制度之前,2019 年证券法第 94 条先行规定了投保机构可以豁免持股比例和持股期限提起特别股东代位诉讼。在 2023 年公司法正式引入双重股东代位诉讼制度后,投保机构是否同样可以豁免持股比例和持股期限,在其所持股的上市公司中提起双重股东代位诉讼尚待进一步分析。

从文义解释的角度来看,证券法对于投保机构提起特别股东代位诉讼的表述有两点值得注意:一是针对的情形为与"发行人"相关的主体给公司造成损失,二是投保机构持有该公司股份。其中发行人系指上市公司,同时投保机构仅持有上市公司的股份,而不持有上市公司全资子公司的股份。因此较难通过文义解释自然豁免投保机构提起双重股东代位诉讼的持股比例和持股期限。但这是因为证券法对投保机构提起特别股东代位诉讼的规定早于双重股东代位诉讼制度的确立,因此在其规定

① 参见蒋大兴:《新〈公司法〉董事会审计委员会规则的执行困境》,载《中国法律评论》2024 年第 2 期。
② "请求无意义"是指《九民纪要》中规定的"非紧急情况"豁免,即公司内部治理混乱,内部救济注定落空,为了防止审查期限成为被告逃避责任的缓冲期,有必要免除原告股东前置程序的履行。典型的情形如,公司的董事与监事均为被告,无法既代表公司又代表被告;或是有权代表公司提起诉讼的董事或监事均因利益冲突而须回避,无法代表公司提起诉讼。

特别股东代位诉讼时尚无法预见后续法律制度的具体变更,以致其内容是基于原公司法中仅有的单层股东代位诉讼进行的表述。

但从目的解释和体系解释的角度来看,公司法对于可以提起双重股东代位诉讼的母公司股东的持股比例和持股期限要求,与提起单层股东代位诉讼的股东持股比例和持股期限要求一致,是对股东享有的单层股东代位诉讼权利的自然延伸。因此,双重股东代位诉讼中对于母公司股东的持股比例和持股期限要求,在规范目的上亦是延续自单层股东代位诉讼,即意在防范股东滥诉。但如前文所述,证券法明确豁免了投保机构在其所持股的公司中提起股东代位诉讼时的持股比例和持股期限,表明法律认可投保机构的诉讼提起不至滥诉。因此基于双重股东代位诉讼对股东持股条件的要求是对单层股东代位诉讼股东持股条件的自然延伸这一前提,投保机构应当然具备对所持股的上市公司的全资子公司享有提起双重股东代位诉讼的权利,而不受持股比例和持股期限的约束。

并且,在公司集团化成为现代经济发展趋势的背景下,母公司通过转投资、选任子公司管理层等行为控制全资子公司的情形已较为常见,在此情形下,容易滋生控股股东的多样化滥权空间。[①] 若仅依靠母公司其他弱小股东,违背控股股东或实际控制人的意志提起股东代位诉讼以维护子公司的利益将举步维艰。投保机构这一监管型股东享有穿透诉讼的权利可以进一步强化母公司中小股东的权益保障。

综上,投保机构在双重股东代位诉讼的起诉资格上,可以沿用证券法中对投保机构提起特别股东代位诉讼的规定,即投保机构以母公司股东身份对侵害全资子公司合法权益的违法责任人提起代位诉讼时,同样不受持股比例和持股期限的限制。

五、结　语

由投保机构提起的特别股东代位诉讼满足公益诉讼的客观范畴与主观范畴,在性质上应属于公益诉讼。但是现有制度未能充分适配与其公益诉讼性质相匹配的规则内容,使得该制度的效能发挥受到一定局限。因此亟须完善规则供给,为投保机构

---

① 参见李建伟、郑浩凌:《新公司法双重股东代位诉讼的制度创新及裁判展望》,载《人民法院报》2024年6月6日,第7版。

提供诉讼便利、减少诉讼成本,推动特别股东代位诉讼更好地服务于公益职能。同时,还应关注特别股东代位诉讼与 2023 年公司法新增制度内容之间的衔接与协调,通过建立"传统制度"和"新兴规则"的双向连接,共同为特别股东代位诉讼制度赋能,为资本市场的规范治理保驾护航。

行政处罚经验数据分析：利用未公开信息交易行为的行政处罚难点研讨[*]

王宏宇[**]

摘要：本文通过统计分析2019年至2024年6月末中国证券监督管理委员会（以下简称"证监会"）对利用未公开信息交易行为的行政处罚案例，探讨了执法过程中遇到的难点问题。研究发现，尽管执法力度加强，包括法律法规适用、账户控制关系认定、趋同交易标准、违法所得计算等新问题不断出现。本文归纳了利用未公开信息交易行为的行政处罚案例违法行为的主要特点。同时，着重分析了当事人提出的申辩意见及证监会的复核回复。提出制定交易类案件的行政处罚实施细则、建立证券账户控制关系认定指引、明确未公开信息的认定标准、准确界定交易主体以及综合认定趋同交易和违法所得等意见建议。

关键词：未公开信息交易　行政处罚　执法难点

一、问题的提出

利用未公开信息交易严重破坏资本市场"三公原则"，影响交易者对资本市场信息披露质量的信心，损害金融机构经营信誉，对资本市场危害较大。近年来，证监会始终严打利用未公开信息交易行为，严厉打击利用未公开信息进行交易的违法行为，利用沪深交易所的大数据技术深入挖掘线索信息，严肃查处已发现的违法行为。

然而，尽管打击力度不断加强，在过去几年中，执法过程涌现了新的难点，如利用

---

[*]　本文仅代表作者个人观点，与所供职单位无关。

[**]　管理学博士，中国证监会黑龙江监管局稽查处三级调研员。

未公开信息交易主体认定的主体不适格、对过罚相当的异议、账户控制关系的认定难度加大、违法所得计算标准的模糊等。实践中对于这类违法行为的查处和认定依然面临新问题。这些问题不仅涉及法律法规的适用，还包括控制关系证据的认定、趋同处罚标准的统一、违法所得计算方式等，严重影响了行政执法的效率。为了有效应对这些挑战，有必要分析和总结近年来利用未公开信息交易违法行为的新趋势，深入探讨问题产生的原因，并提出改进对策。

本文旨在研究利用未公开信息交易的行政处罚过程中所遇到的问题，分析当事人提出的申诉及证监会的答复意见，归纳出利用未公开信息交易的执法重点。希望通过本研究，为完善相关法律法规和监管机制提供有价值的参考。

二、利用未公开信息交易行政处罚总体情况

在这一部分，我们将重点分析 2019 年至 2024 年 6 月期间，证监会做出的 22 起①利用未公开信息交易行为的行政处罚案例，重点分析处罚过程中涉及的法律适用、证据认定、标准统一等方面的难点问题。

（一）利用未公开信息交易行为的调查情况

尽管利用未公开信息交易案件对市场有较大影响，但其在所有交易类案件中的占比较低。以下是详细数据分析：

（1）案件总量与分布。近五年，证监会对 22 起利用未公开信息交易行为实施了行政处罚，其中稽查总队及沪深专员办查办 9 起，派出机构查办 13 起。

（2）与其他案件类型对比。相较于内幕交易案件，利用未公开信息交易案件数量明显较少。从表 2 可以看出，内幕交易案件的数量远高于利用未公开信息交易案件。

（3）年度发展趋势。近五年来，利用未公开信息交易案件数量保持稳定，每年都在 10 起以内，且近三年呈现显著下滑趋势。

（4）查办主体分析。从查办主体看，派出机构查办的利用未公开信息交易案件占据主要地位。这与稽查总队、沪深专员办和派出机构稽查处的职能定位直接相关。

---

① 数据源自证监会官网中"行政处罚"栏目及各地派出机构官网"行政处罚"栏目统计。

表 1　近五年利用未公开信息交易案件数量①

年　度	证监会处罚数量	证监会派出机构处罚数量	处罚数量合计
2019	4	1	5
2020	4	3	7
2021	—	2	2
2022	—	—	0
2023	—	4	4
2024	1	3	4

表 2　案件数量对比

案　件　类　型	2020	2021	2022	2023
内幕交易案件数量②	66	201	170	194
利用未公开信息交易案件数量	7	2	0	4

（二）违法主体情况

通过分析处罚对象的构成和违法活动的趋势,首先可以看出私募从业人员是主要的违法对象,在22起处罚案件中,13起涉及私募从业人员,占比高达59%,如2024年处罚的乐某和胡某麒均为私募从业人员,这反映出私募行业在利用未公开信息交易方面的高风险。其次,公募从业人员和证券公司从业人员也是利用未公开信息交易行为的高发行业,有6起案件涉及公募基金从业人员,有2起案件涉及证券公司从业人员,如2024年处罚的周某杰、2023年处罚的夏某龙和刘某均为公募从业人员。最后,违法行为正从传统的公募、私募基金领域向保险、银行等其他金融领域扩展,2024年处罚的L某为保险公司资管从业人员。

表 3　近五年处罚对象数量

处罚对象类型	私募从业人员	公募从业人员	证券公司从业人员	其他金融机构的从业人员
处罚对象数量	13	6	2	1

① 数据源自证监会官网中"行政处罚"栏目统计。
② 数据源自证监会官网中各年度案件办理情况统计。

综上所述，当前利用未公开信息交易违法活动从公募基金、私募基金、证券公司逐渐向保险和银行领域蔓延。违法行为从投资环节向研究、交易、托管等多个环节延伸。违法行为日趋隐蔽，线索发现难度逐渐增大，增加了监管和查处的难度。

（三）违法周期特点

在这 22 起利用未公开信息交易的案件中，违法行为往往持续较长时间且获利颇丰。

（1）违法行为持续时间长。22 起案件中，频繁出现当事人在较长一段时间内反复实施利用未公开信息交易行为。例如，徐某军[①]案件中，违法行为持续了 1 824 天（2013 年 6 月 1 日至 2018 年 5 月 30 日），是所有案件中违法周期最长的。相比之下，陈某平案件的违法周期最短，仅为 3 天[②]。22 起案件的平均违法周期为 785 天，显示出利用未公开信息交易的违法行为具有较长的持续性。

（2）违法收益分析。16 起案件中，当事人获得了正违法收益，占比 72.72%，平均违法获利达 542 万元。其中胡某麒[③]案件中，当事人获利高达 2 439 万元，是所有案件中违法获利最高的。

通过对违法周期和违法收益的分析，可以看出利用未公开信息交易行为具有较长的违法周期和较高的获利潜力。尤其是徐某军和胡某麒案件，分别在违法周期和获利金额上突出显示了此类违法行为的严重性。这一趋势表明，在较长时间内反复实施违法交易行为的现象普遍存在，且违法收益显著，这对市场的公正性和透明度构成了严重威胁。

（四）因职务知悉未公开信息情况

因职务知悉未公开信息是利用未公开信息交易罪的重要法律构成要件之一。根据 22 份处罚文书，违法当事人的职务身份主要包括投资经理或交易员、实际履职投资经理职务、具有查看交易指令权限的风控合规人员、具有查看交易数据权限的技术人员以及高管人员等。

（1）投资经理或交易员。有 13 起违法当事人担任投资经理或交易员职务，占比最高，另有 3 起案件中，虽然名义上未担任但实际上履行了投资经理职务。

（2）风控合规人员。具有查看交易指令权限的风控合规人员有 3 起案件，上述

①　中国证监会青岛局行政处罚决定书〔2019〕2 号。
②　中国证监会行政处罚决定书〔2019〕142 号。
③　中国证监会行政处罚决定书〔2024〕39 号。

3 人因职务便利接触到交易信息,成为需要重点关注的对象。

(3)技术人员。具有查看交易数据权限的技术人员涉及 2 起案件,技术人员利用职务之便,接触和知悉未公开信息。

(4)管理人员。有 1 起案件涉及具有查看交易指令权限的管理人员。

值得注意的是,具有查看交易指令、数据权限的合规风控人员和技术人员逐渐成为需要重点关注的对象,上述人员因职务便利能接触到交易信息,如"L 某"①案件中,L 某作为风险管理岗工作人员,通过登录其具有权限的智慧组合风险管理系统、投资管理系统、智能报表分析平台等知悉了未公开信息。白某冰案件中②,其担任风控总监职位,并多次登录公司私募基金账户获知未公开信息。蒋某强案件中③,蒋某强担任大成基金信息技术部总监职务,其利用大成基金恒生系统核心数据库账户权限知悉未公开信息。

综上,通过分析职务身份属性,可以看出因职务便利获知未公开信息的人员身份日趋复杂。违法当事人不仅包括投资经理或交易员,还涵盖了风控合规人员、技术人员和高管人员。前台和后台人员均有涉及,反映出职务便利获取未公开信息的风险广泛存在。这一趋势要求在执法过程中,进一步延伸对各类职务属性的线索搜寻广度,以提高打击利用未公开信息交易行为的精准度和有效性。

表 4　因职务知悉未公开信息统计表

职务身份属性	投资经理或交易员	实际履职投资经理职能	具有查看交易指令权限的风控合规人员	具有查看交易数据权限的技术人员	具有查看交易指令权限的管理人员
数　量	13	3	3	2	1

(五)账户控制情况

在利用未公开信息交易案件中,当事人普遍通过借用他人证券账户实施违法行为。这一特征在 22 起案件中表现得尤为明显。

(1)高比例的账户借用。22 起案件中,17 起案件涉及借用他人证券账户,占比高达 90.9%。这表明当事人通过借用他人账户来规避监管的行为非常普遍。

① 中国证监会上海局行政处罚决定书〔2024〕22 号。
② 中国证监会安徽局行政处罚决定书〔2023〕6 号。
③ 中国证监会广西局行政处罚决定书〔2021〕4 号。

（2）账户数量分析。本文统计的案件中共涉及 34 个证券账户,平均每例案件涉及 1.5 个账户。这一数字远低于操纵市场案件中涉及的账户数量,显示出利用未公开信息交易行为在账户借用方面的不同特点。

（3）当事人与账户名义所有人的关系。17 起借用账户的案件中,13 起案件涉及借用亲属或朋友的账户,占比 77.27%。这一现象反映了涉案当事人为了规避监管风险,倾向于在熟人范围内实施违法行为。

表5　利用未公开信息交易案件账户控制情况

案件总数	涉及账户借用的案件数	涉及账户总数	平均每例案件涉及账户数	当事人与账户名义所有人关系(亲属或朋友)
22	17	34	1.5	77.27%

通过对账户控制情况的分析,可以看出利用未公开信息交易案件中,当事人普遍通过借用他人证券账户实施违法行为,且多借用亲属或朋友的账户。这一特征反映了当事人了解此类行为的违法性质,故特意在一定范围内实施,并采取一定方式规避监管风险。与操纵市场行为相比,利用未公开信息交易案件中借用的账户数量相对较少,但其规避监管的意图更加明显。这一趋势表明,在执法过程中,需要加强对账户借用行为的监管和打击力度,以提高对利用未公开信息交易行为的查处效果。

（六）利用信息明示、暗示他人情况

利用未公开信息交易罪的职务属性特征明显,这就决定了违法当事人普遍具有较深的专业背景,熟悉资本市场运行规则和证券期货的信息技术,惯于利用规则和制度的漏洞逃避法律追究。导致查明投资者账户与金融机构账户的交易高度趋同时,但获悉信息人员和交易人员均否认"明示、暗示",给调查带来较大难度。虽然最高人民法院、最高人民检察院《关于办理利用未公开信息交易刑事案件适用法律若干问题的解释》(法释〔2019〕10 号)第 4 条规定了"明示、暗示他人从事相关交易活动"的综合认定标准,但是行政执法实践看,22 起案件中仅有周某杰[1]利用因职务便利获取的未公开信息暗示他人从事相关证券交易,反映出行政执法实践中对"明示、暗示他人从事相关交易活动"的证据认定难题。

---

[1]　中国证监会广西局行政处罚决定书〔2024〕1 号。

三、利用未公开信息交易的申辩情况

申辩是当事人对行政机关的指控或证据提出不同意见并进行自我辩护的法定程序。申辩有利于行政机关更全面地了解案件情况,确保事实认定、证据采纳、程序合法性等方面的准确性。因此,分析利用未公开信息交易处罚决定书中当事人的申辩意见,有助于了解当事人不同的视角和信息,提升行政行为的合法性和合理性。22 份处罚文书中,共有 12 位当事人提出申辩意见。

（一）当事人申辩意见总体情况分析

本文共收集了 12 位当事人针对未公开信息交易案件提出的申辩意见。统计结果显示,这些当事人平均每个人提出了 3.6 条申辩意见,总计 44 条。为了更深入地理解这些申辩意见的内容和结构,按照未公开信息交易的构成要件对这些意见进行了分类和聚类分析。通过这一过程,归纳出了包括但不限于以下几类主要申辩意见:

（1）法律适用错误:当事人认为在案件审理过程中,法律适用存在偏差。

（2）趋同交易的合理性:当事人辩称其交易行为基于合理的市场分析和判断,而非依赖未公开信息。

（3）未损害其他当事人利益:当事人主张其交易行为并未对其他市场参与者造成不利影响。

（4）案涉信息不属于未公开信息:当事人认为涉及的信息不满足未公开信息的定义标准。

此外,统计了各申辩意见的出现频次,以便于进一步分析和讨论。具体统计数据如表 6 所示:

表 6　申辩意见统计表

申 辩 意 见 类 型	数　　量
违法情节轻微,处罚过重	8
法律适用错误	7
趋同交易的合理性	5

续　表

申 辩 意 见 类 型	数　量
未损害其他当事人利益	4
案涉信息不属于未公开信息	4
不存在利用未公开信息的主观故意	4
主体不适格	3
违法所得计算错误	3
其他问题	3
不存在不当得利	2

(二) 申辩意见分析

本节对当事人提出的申辩意见进行详细分析,以期更深入地理解其立场和理由。以下是对各类申辩意见的归纳和分析:

1. 违法情节轻微,处罚过重

共有 8 位当事人提出量刑过重的申辩意见,请求从轻或减轻处罚。这些申辩意见可归纳为以下三种主要情形:一是认为违法情节轻微,杜某涛、周某彦、陈某超、陈某林等人均以违法情节轻微、已及时纠正、未造成危害后果为理由,请求从轻或减免处罚。二是认为违法行为社会危害较低,蒋某强、白某冰等人认为自己的交易行为属于"跟随型"交易,社会危害性低。三是当事人提出已采取纠正措施,刘某、陈某琳等人认为自己采取了出具承诺函、完结相关的交易、辞去职务等自查自纠措施。在分析这些申辩意见时,应当注意到,当事人提出的各种理由均旨在证明其违法行为的轻微性和对社会的低危害性。

2. 法律适用错误

共有 7 位当事人对行政处罚的法律适用提出了申辩意见。他们主张,证监会在处理利用未公开信息交易行为主体的处罚问题时,不应依据基金法第 123 条第 1 款[①]的

---

① 《中华人民共和国证券投资基金法》第 123 条　基金管理人、基金托管人及其董事、监事、高级管理人员和其他从业人员有本法第 20 条所列行为之一的,责令改正,没收违法所得,并处违法所得一倍以上五倍以下罚款;没有违法所得或者违法所得不足一百万元的,并处十万元以上一百万元以下罚款;基金管理人、基金托管人有上述行为的,还应当对其直接负责的主管人员和其他直接责任人员给予警告,暂停或者撤销基金从业资格,并处三万元以上三十万元以下罚款。

规定,而应转而适用《私募基金管理办法》第38条的相关条款。这一主张的背后逻辑在于,7位当事人均为私募基金从业人员,而根据《私募基金管理办法》第38条的规定,对违法行为的处罚相对较轻,仅为"警告并处三万元以下罚款"。相较之下,基金法第123条第1款规定的处罚则显著加重,这促使当事人出于减轻自身处罚的考虑,提出适用更为宽松的法律条款。然而,7位当事人提出的理由并非完全一致。陈某超、陈某林、王某方、刘某洁、邓某勇和乐某主张其作为私募基金从业人员的身份,应适用《私募基金管理办法》第38条的规定处以警告和三万元以下罚款,而非基金法第123条第1款。而杜某涛和胡某麒则进一步提出,根据特别法优于一般法的原则、证监会在类似案件中的行政处罚先例,以及过罚相当的原则,加之他们所担任的职务与基金法第20条、第123条所规制的公募基金在主体上存在本质差异,因此,应当适用《私募基金管理办法》第38条。在行政处罚的视角下,法律适用的选择不仅关系到当事人的切身利益,也体现了法律制度的公平性和适应性。特别法与一般法的适用原则、过罚相当原则以及职务身份与法律规制主体的差异性,均是法律适用争议中的关键考量因素。通过对这些因素的综合分析,可以更深入地理解法律适用的复杂性和其对经济行为的潜在影响。

3. 趋同交易的合理性

共有5名当事人提出了其股票趋同交易行为具有合理性的申辩意见,申辩意见主要分为以下两种情形:一是交易方式的合理性。乐某案中,当事人认为采取的同策略复制投资方式系根据个人投研经验独立作出,非公司共同决策,这种独立决策的趋同交易行为,并不构成利用未公开信息的交易行为。陈某琳和邓某勇案中,趋同交易是由于案涉产品与公司其他产品统一管理并采取同策略复制投资方式,这种管理上的趋同是出于效率和一致性的考虑,而非基于利用未公开信息。二是交易目的合理性。王某方认为其买入股票目的是为了长期持有,长期持有的目的表明了一种投资而非投机的态度,蒋某强提出其股票交易具有连续性、稳定性,属于自主决策,并非趋同交易。

4. 案涉信息不属于未公开信息

未公开信息的界定是判断交易行为是否合法的重要标准之一。根据《利用未公开信息的解释》第1条,未公开信息需具备一定的重大性和未公开性。在本案中,4位当事人提出了案涉信息不属于未公开信息的申辩意见,其主要论点集中在信息的公开性和重大性两个方面。一是信息的公开性。杜某涛认为天猊1号基金的交易信息是随时对基金份额持有人公开的,这种公开性表明该信息不具有未公开信息的特性,因而不应当被认定为利用未公开信息进行交易。刘某洁提出其运用自身经验为王某姣代管账户的行为,是基于个人专业能力和经验的独立决策,而非利用未公开信息。这种个人经验的运用不应当被视为利用未公开信息。二是信息的重大性。陈某琳认为案涉信息属于公司智力成果,而非未公开信息,公司智力成果的公开性和重大性需要进一步的论证和分析。乐某提出其投资决策是基于个人投研经验独立作出的,而非公司共同决策的结果,这种独立决策的合理性在于其并非基于未公开信息,而是个人的专业判断和经验。综上,未公开信息的界定不仅涉及信息的公开性,还涉及信息的重大性。因此,判断信息是否属于未公开信息,需要综合考量信息的公开性、重大性以及其对交易行为的影响。

5. 不存在利用未公开信息的主观故意

4 位当事人提出申辩,主张他们不存在利用未公开信息的主观故意。他们的主要申辩理由包括:借用账户,声称其行为是借用他人账户进行配资炒股,而非故意利用未公开信息。投资风险共担,认为其股票投资与其他投资人一样,承担相同的风险,不具有主观故意。法律知识缺乏,声称对相关法律法规不了解,因此行为并非故意违法。根据《行政处罚法》第 33 条,如果当事人能证明没有主观过错,可以免于行政处罚。然而,证明主观故意的存在或缺失需要充分的证据支持。监管机构在评估这些申辩时,会综合考虑行为人的动机、行为的性质及后果,以及他们对法律规范的了解程度。

6. 未损害其他当事人利益

4 位当事人主张其行为并未损害其他当事人的利益,他们的申辩意见分为两种情形:情形一,直接申辩行为未损害基金持有人利益,刘某、王某方、乐某均主张,他们的直接行为并未对相关基金持有人造成损害。情形二,基金持有人出具证明,在邓某勇案中,熙玥 1 号的劣后级投资人提供了情况说明,证明当事人的行为并未侵犯其权益。这些申辩意见旨在证明当事人的行为没有对其他基金持有人造成不利影响,从而为其行为的合法性提供辩护。

7. 主体不适格

3 位当事人针对未公开信息交易主体的认定提出了申辩意见。他们通过否定自己的身份来质疑违法行为的成立,具体申辩如下:王某方主张其身份为投资顾问的工作人员,并未担任基金管理人的职务,此外,其任职单位中南投资作为投资顾问,不属于私募基金管理人,因此不满足刑法第180条第4款①所规定的主体资格。刘某洁提出自己未参与过盈象资管的投资决策会议,因此不属于利用未公开信息交易的主体。胡某麒主张其交易行为不应被认定为《私募基金管理办法》第23条第5项规定的违规行为,从而质疑其作为行为主体的适格性。这些申辩意见均旨在通过否定当事人在交易中的特定身份,来排除其作为未公开信息交易行为主体的可能性。

8. 违法所得计算错误

3位当事人对违法所得的计算提出了申辩意见,主要关注点在于计算的准确性和合理性。蒋某强指出沪深交易所在计算趋同交易金额和盈利金额时,未包含开市前委托的数据,这一遗漏可能导致计算结果不准确,从而影响到违法所得的认定。刘某洁和胡某麒虽然也认为违法所得的计算存在错误,但未具体说明错误的原因或提供具体的计算方法。这种申辩需要更详细的证据和理由来支持其主张。这些申辩意见强调了违法所得计算的准确性对于法律责任认定的重要性。证监会在处理此类争议时,需要仔细审查计算方法和数据来源,确保违法所得的计算既准确又公正。

9. 不存在不当得利

刘某和陈某超提出申辩主张其行为并未因趋同交易而获得不当得利。刘某主张其行为仅是投资股票的正常风险收益,并未因此获得虚高利益。陈某超同样提出其行为没有获取任何非法利益,趋同交易的结果仅是投资的正常收益。这些申辩意见旨在证明其行为没有违反法律规定,且没有因此获得不正当的经济利益,从而为其行为的合法性提供辩护。

10. 其他问题

包括周某彦提出《行政处罚及市场禁入事先告知书》认定交易期间有误,蒋某强、刘某认为其积极配合、主动供述了办案人员尚未掌握的违法行为。

综合上述当事人的申辩意见,可以发现大多数当事人对违法行为的法律构成要件事实并未提出过多异议,仅有少数当事人对"案涉信息的公开性"和"主体资格"提出申辩。多数申辩意见集中在对处罚力度的质疑,希望减轻行政处罚金额。这表明,尽管大多数当事人认可监管机构的执法行为,但仍有部分意见反映出对处罚合理性的关切。因此,监管机构在执行利用未公开信息交易的执法时,应认真分析对当事人

---

① 《中华人民共和国刑法》第180条第4款:"证券交易所、期货交易所、证券公司、期货经纪公司、基金管理公司、商业银行、保险公司等金融机构的从业人员以及有关监管部门或者行业协会的工作人员,利用因职务便利获取的内幕信息以外的其他未公开的信息,违反规定,从事与该信息相关的证券、期货交易活动,或者明示、暗示他人从事相关交易活动,情节严重的,依照第一款的规定处罚。"

提出的申辩意见进行深入分析,确保每一项申辩都得到充分考虑,从申辩意见中提取有价值的反馈,以改进执法行为和提高法律适用的透明度。根据当事人的合理申辩,进一步完善相关执法体系和规则,确保法律的公正执行和当事人权益的保护。

四、利用未公开信息交易行为的复核情况

复核作为一种行政救济方式,有助于在行政系统内部解决争议,减少对司法资源的依赖。分析证监会对 12 位当事人的复核意见,总结出执法共性因素,有助于提高对利用未公开信息交易行为的执法效率。

(一)过罚相当的复核意见

证监会对利用未公开信息交易行为的行政处罚,依据《中华人民共和国行政处罚法》第 32 条①规定的五种情形,综合考虑当事人违法行为的事实、性质、情节与社会危害程度,确保符合过罚相当原则。通过分析 8 起案件当事人的相关行为,极少发生主动供述办案人员尚未掌握的违法行为、配合行政机关查处违法行为有立功表现的情节,普遍是在积极配合调查方面获得证监会的认可。

(二)法律适用问题的复核意见

利用未公开信息交易行为的法律适用问题全部是关于私募基金从业人员处罚的法律适用问题。基金法第 2 条明确规定,其适用范围广泛,既包括公开募集资金设立的证券投资基金,也涵盖了非公开募集资金设立的证券投资基金。基金法第 123 条所指的"基金管理人",不仅包括公开募集基金的管理人,也包括非公开募集基金的管理人。该条款的罚则针对的是基金管理人及其从业人员的违法行为,而不限于违反基金法第 20 条的规定本身。进一步地,基金法第 123 条的罚则适用于所有实施了该法第 20 条所列行为的基金管理人及其从业人员,无论其属于公募还是私募领域。《私募基金管理办法》第 40 条规定,私募证券投资基金管理人及其从业人员若违反基金法的相关规定,应依照基金法进行处罚。综上所述,基金法第 123 条不仅适用于公

---

① 第 32 条 当事人有下列情形之一,应当从轻或者减轻行政处罚:

(一)主动消除或者减轻违法行为危害后果的;

(二)受他人胁迫或者诱骗实施违法行为的;

(三)主动供述行政机关尚未掌握的违法行为的;

(四)配合行政机关查处违法行为有立功表现的;

(五)法律、法规、规章规定其他应当从轻或者减轻行政处罚的。

募证券投资基金管理人及其从业人员,同样适用于私募证券投资基金管理人及其从业人员。对于所有利用未公开信息进行交易的行为,均应依据《基金法》《证券法》进行相应的处罚。

（三）趋同交易合理性的复核意见

在复核趋同交易的合理性时,必须深入分析利用未公开信息交易行为的本质。复核意见的分析揭示了两个关键点:

1. 交易行为异常性的判断标准。主要基于当事人账户与机构账户在交易股票品种及时间上的一致性。具体而言,如果当事人账户与机构账户在相近时间内进行相同买卖操作的股票重合度高,则被视为异常交易。这种判断通常依赖于趋同度指标,在执法实践中,通常以趋同度达到60%以上作为高度趋同的标准。例如,在周某彦案件中,相关证券账户与基金账户在沪市的趋同股票只数占比达到了63.33%,显示了明显的异常性。

2. 当事人申辩交易正常的理由。证监会对于当事人提出的如"配资炒股""同策略复制投资方式""跟随型交易""个人投资与基金投资研究体系重合度较高"等申辩理由,如果无法提供客观证据推翻趋同交易数据,则不予采纳。这种严格的标准确保了对异常交易行为的准确识别和公正处理。

（四）未公开信息交易行为规制的法理基础

在证监会的复核意见中,对利用未公开信息交易行为的法律性质进行了深入探讨,主要涉及信义义务和三公原则两大法理基础。

1. 结构化产品中的不平等权利义务。在结构化产品中,优先级投资者与劣后级投资者之间的权利和义务并不对等。这种不对等并非简单的债权债务关系。当产品发生亏损时,劣后级投资者通常只能以其投资对应的资产净值对优先级投资者进行补偿,这并不能完全覆盖优先级投资者的全部投资损失。即便在产品盈利的情况下,劣后级投资者利用未公开信息进行交易,也会降低优先级投资者本金及收益的偿付可能性,从而破坏市场的公平性。

2. 信息优势与市场公平。当相关主体利用有价值的未公开信息进行交易活动时,他们相较于其他投资者已经具备了信息优势。这种优势不仅减少了其他投资者在正常交易中可能获得的投资收益,还可能增加他们的投资损失。这种行为违反了证券市场的公平原则,损害了其他投资者对私募基金市场的信赖利益,并侵犯了行政管理秩序,具有明显的行政违法性。

在对胡某麒、陈某琳、陈某超、陈某林、邓某勇等人的复核意见中，证监会明确指出，这些人员的行为不仅背弃了信义义务，更违背了资本市场的公开、公平、公正原则，扰乱了市场的正常交易秩序。这种分析不仅揭示了未公开信息交易行为的违法性，也为今后类似案件的处理提供了坚实的法理基础。

（五）未公开信息认定的复核意见

刑法第 180 条第 4 款和 2019 年证券法第 54 条第 1 款规定了未公开信息的定义，《利用未公开信息的解释》第 1 条规定了未公开的信息的具体情形。参照证监会复核意见，未公开信息具有信息的尚未公开性和基于职务获取两种特性。一是信息的未公开性。除了与内幕信息具有一致的"市场公平"理论基础外，未公开信息还具有"信义义务"。因此在未公开信息的未公开性属性认定上，除了与内幕信息一致的在国务院证券、期货监督管理机构指定的报刊、网站等媒体披露视为信息公开外，被信息产生单位主动公开后也需视为信息公开，如刘某洁案中，证监会认为未公开信息属于单位财产，在基金公司主动公开前均属于未公开状态。杜某涛案中，证监会提出基金产品的交易信息不同于投资策略，天猊 1 号基金交易信息属于未公开信息。二是因职务便利获取是未公开信息认定的充分条件之一，意味着未公开信息必须是当事人基于职务获取的信息，而非其他渠道获取的信息。如刘某洁、乐某案中，证监会提出基金管理人做出的投资决策离不开公司提供的物力、财力、人力等资源的支持，相关投资决策等同于职务行为，陈某琳案件中，证监会认定的未公开信息并非是陈某琳及其代理人提出的"某投资公司基于独立的智力成果形成的投资策略信息"，而是 A 集合资产管理计划的投资决策信息。

（六）主体不适格的复核意见

刑法第 180 条第 4 款和 2019 年证券法第 54 条第 1 款对利用未公开信息交易主体的认定均在"金融机构的从业人员以及有关监管部门或者行业协会的工作人员"。实际执法中存在当事人虽然未实际担任相关产品的管理决策职务或仅担任相关产品的投资咨询角色，但实际履行具有对产品的决策权，这种情况下，证监会普遍采用对实际履职情况的实质重于形式原则，以实际履职作为利用未公开信息交易主体的认定标准。如王某方案，中南投资虽为中南 1 号的投资顾问，但实际负责中南 1 号的投资决策，从中南投资的工作内容实质看，其行为属于私募基金管理人行为，王某方作为中南投资指派的投资经理，具体负责中南 1 号的投资决策和指令下达，其行为实质为私募证券投资基金经理行为，证监会按照当事人实际履行职责的身份和行为进行认定和处罚。

（七）与违法所得相关联事项的复核意见

利用未公开信息交易的非法所得相关联的事项包括通过利用未公开信息交易行为趋同交易金额的计算、所获利益及避免损失。多位当事人对上述事项提出或否定趋同交易金额、或不认可计算盈利方式的申辩意见，分析证监会复核意见，对此事项的意见归纳为以下情况。一是利用未公开信息交易行为与趋同交易盈利具有因果关系。也就是当事人通过利用未公开信息交易行为产生了证券账户内的趋同交易盈利或亏损，两者具有直接因果关系，所以，趋同交易产生的盈利或亏损被视为当事人的违法所得，并据此作为行政处罚的计算依据。如邓某勇、陈某超、陈某林、刘某洁案件中，证监会复核的意见精神均源自于两者行为的因果关系论。二是趋同交易金额及违法所得金额的计算由调查单位参考沪深交易所的计算数据来认定。根据上文分析，利用未开信息交易股票的盈利或亏损被视为违法所得，并据此处以罚款。因此，证监会参考沪深交易所提供的相关案涉证券账户的计算数据，以此为基础计算出趋同交易金额及违法所得金额，计算方式符合证监会执法惯例。

（八）采纳当事人申辩意见情况

证监会对当事人提出的合法合理申辩意见积极采纳。周某彦案件，其提出《行政处罚及市场禁入事先告知书》认定交易期间有误，交易期间应为 2013 年 10 月 23 日至 2016 年 8 月底。经证监会复核，在当事人任职"银华富裕基金"基金经理期间，案涉证券账户最后一笔交易时间为 2016 年 8 月 23 日，证监会对周某彦提出的交易期间认定有误的申辩意见予以采纳。但是该交易期间的调整不影响案涉证券账户股票交易趋同情况、违法所得等违法事实的认定。

五、意 见 建 议

通过对利用未公开信息交易行为的行政处罚案例分析，本文认为，现行处罚标准和程序仍需完善。建议制定详细的行政处罚实施细则，明确交易类案件中的法律适用和证据标准，并建立统一的违法所得计算方法。具体完善建议如下。

（一）优先制定交易类案件的行政处罚实施细则或常见交易类案件违法行为行政处罚裁量基准

基于上文分析，建议优先制定交易类案件的行政处罚实施细则或常见交易类案件违法行为行政处罚裁量基准。此举旨在解决当事人申辩中频繁提出的"违法情节轻微，处罚过重"问题，增强执法的可预测性。具体建议如下：

1. 建立行政处罚裁量的一般规则。制定明确的条件和程序，用于判定从轻、减轻和免于处罚的情况。明确规定首违不罚、轻微免罚、无主观过错免罚等规则的时间和空间范围。

2. 明确"从重"处罚的适用情形。根据《行政处罚法》的规定，界定"较重"和"严重"违法情节的一般情形及其相应的处罚幅度。

3. 细化交易类案件的行政处罚裁量基准。依据证券法、《证券投资基金法》等相关法律法规，对交易类案件的行政处罚裁量情节进行明确规定，细化违法行为的分类，调整和完善处罚种类与幅度。

4. 考虑因素的具体化。对处罚裁量时需考虑的主要因素，如违法事实、性质、情节、社会危害程度和实际后果等，进行详细列举和说明，确保执法者能够全面、客观地评估每个案件。

5. 利用统计学方法分析案例数据库。通过历年交易类案件的执法案例数据库，运用统计学方法分析总结案件的程度及执法尺度，为制定裁量基准提供数据支持。

通过这些措施，可以提高行政处罚的合理性和一致性，减少执法争议，增强市场主体对行政执法的信任。

（二）建立证券账户控制关系的认定指引

证券账户控制关系的认定是利用未公开信息交易行为法律构成要件中的一个关键环节，它直接影响到违法行为的调查和认定。因此，账户控制权的认定是利用未公开信息交易行为案件调查的核心构成要素。目前，尽管《利用未公开信息交易案件调查证据规范》中规定了账户控制关系的事实要件及需要调取的证据，但在证券账户控制权的认定方面，尚缺乏系统的法律论理和基于法理论述的证据法理。这导致了在实际操作中，执法实践往往领先于法律规定，存在一定的法律空白和不确定性。为了解决这一问题，建议根据执法实践情况，制定证券账户控制关系认定的调查工作指引。这样的指引应当明确以下几个方面：一是法律依据和概念界定，对证券账户控制权的法律依据进行梳理和明确，对账户控制关系的概念进行准确界定。二是具体认定情形，详细规定可能构成证券账户控制关系的具体情形，包括但不限于资金关联、交易行为特征、交易设备信息关联等。三是确立标准，对认定证券账户控制关系所需证据的种类、质量和获取方式提出明确的标准和要求。四是证据调查程度，对执法中经常遇到的证据调查程度问题给出具体的指导意见,确保调查的全面性和深入性。五是责任划分,明确控制与操作账户的责任划分,特别是在账户控制人与操作人分离的情况下,如何认定各自的责任。六是单一维度证据证明效力,对于单一维度证据的证明效力进行评估和规定,确保在缺乏直接证据的情况下也能进行有效的认定。七是兜底条款,制定兜底条款,以应对实践中可能出现的各种复杂情况,确保证券账户控制权认定的原则性和灵活性相结合。

（三）未公开信息的认定

刑法第 180 条和 2019 年证券法第 54 条规定未公开信息为因职务便利获取的内幕信息以外的其他未公开的信息,由此可以得出未公开信息与内幕信息除了在"因职务便利"方面存在自身特性外,其他的法律属性一致,意味着未公开信息的认定要遵循因职务产生、非公开性和重大性三个法律属性。第一,因职务便利产生的未公开信息主要指金融机构因投资决策等行为产生的相关直接信息或衍生信息。如有关证券、期货投资决策、交易执行、资金和持仓变动的直接信息,或者清算、后台风控数据等相关间接信息。上述信息的产生源自金融机构提供的物力、财力、人力等各种资源支持,相关信息一旦被公司投资决策所采纳,即等同于职务行为,属于因职务便利产生的未公开信息。第二,未公开标准为未在公众媒体或特定主体间公开。根据上文分析,未公开信息除具有"三公原则"外,还具有"信义义务"的法理属性,因此,除了指定的报刊、网站等媒体披露视为信息公开外,未公开信息被所属单位的保密及合规风控制度文件规定的主动公开情形也需视为信息公开,如部分基金公司季度披露投资标的被视为公开行为,刘某洁案例中,证监会认可未公开信息在基金公司主动公开前属于未公开状态,披露后视为公开信息。第三,未公开信息的重大性是辅助性证明,主要通过对证券、期货价格具有影响的理性人假设予以认定。依据理性人判断,金融机构的从业人员、有关监管部门或者行业协会的工作人员获悉的未公开信息对市场中其他投资者构成重大影响,该信息一般会对证券交易价格产生较为明显的影响。

（四）利用未公开信息交易主体认定

利用未公开信息交易主体的认定上,包括三种要件事实:一是行为人是特定机构或特定机构从业人员。根据刑法第 180 条和 2019 年证券法第 54 条的规定,利用未公开信息交易主体必须具有金融机构和金融机构的从业人员、有关监管部门或者行业协会的从业人员的身份事实。二是行为人具有职务便利。职务便利的认定上要通过任职文件、劳动合同、岗位职责权限设置以及与该权限相关的投资、交易、保密要求等方面综合论述,在职务便利的认定上遵循"实质重于形式"的认定标准,如,王某方案件中,虽然王某方未被正式任命投资经理,但其实际履职中南投资的投资经理职务,具有职务便利,熙玥投资案件中,熙玥投资因作为熙玥 1 号的产品咨询顾问的职务便利,知悉未公开的交易信息。三是当事人与特定机构从业人员合谋利用未公开信息交易。对于不具备职务身份的当事人,需要认定当事人与未公开信息知悉人合谋进而确立利用未公开信息交易的主体身份。

需要注意的是,利用未公开信息交易行为是身份罪的属性,如果当事人非因职务便利获知未公开信息并交易的,如,当事人为金融机构非涉密部门的人员,通过偷听获得未公开信息的,则不属于未公开信息的主体。

（五）私募基金从业人员利用未公开信息交易处罚的法律适用

根据上文分析,行政处罚当事人提出的法律适用申辩频次位列申辩意见类型的第二位,7 位私募基金从业人员提出法律适用的申辩意见,足见相关当事人对此问题的重视。因此,有必要明确界定私募基金及其从业人员的利用未公开信息交易行为的法律适用。需要重点明确的是,《中华人民共和国证券投资基金法》第 2 条规定了该法律的适用范围为公开募集资金设立的证券投资基金和非公开募集资金设立的证券投资基金,第 123 条罚则规定公募或私募基金管理人及其从业人员有第 20 条所列行为的依据此条处罚,而非指违反第 20 条的规定。进一步说,《私募基金管理办法》第 40 条规定私募证券基金管理人及其从业人员违反基金法有关规定的,需要按照基金法有关规定处罚。综上,《中华人民共和国证券投资基金法》第 123 条既适用于公募证券基金管理人及其从业人员,也适用于私募证券基金管理人及其从业人员。

（六）趋同交易认定的执法基准

当事人对趋同交易的认定的否定意见是利用未公开信息交易行为的重要申辩理由。本文搜集的执法案例显示,调查部门调查出当事人证券账户与金融机构账户趋同后,当事人的普遍反应是否认两者账户的交易趋同认定,举出跟随交易等多种理由,也就是证监会与当事人存在趋同交易的不同认识。本文认为,综合调查证据,足以认定当事人存在利用未公开信息交易行为的,即使当事人拒不交代,也应当定罪处罚。结合实践,建议进一步明确趋同交易的综合认定标准:第一,当事人要具有获取未公开信息的职务便利,当事人不能仅仅是金融机构的从业人员,要实际履职金融机构内部涉密岗位的职责。第二,当事人获取未公开信息的时间与涉案证券账户交易的时间要具有关联性,要根据未公开信息的生成时间、当事人获悉信息时间和涉案证券账户交易时间进行关联判断。第三,当事人交易证券品种的时间、方向与未公开信息涉及证券品种的交易时间和方向要基本一致,且趋同度要符合证监会近五年的执法惯例。第四,当事人利用未公开信息交易的行为要明显不同于当事人历史交易习惯,且无合理正当理由。综合上述四项条件作为当事人趋同交易的认定基准。

（七）违法所得认定建议

对利用未公开信息交易的违法所得认定,依据惯用的计算方法,普遍依据沪深交易所计算数据计算违法所得,沪深交易所的对涉案股票账户实际交易记录的相关数据进行核算后作出专业统计,但是没有显示数据的计算过程及相关事实、相关证据。根据上文分析,多位当事人对违法所得计算方式提出申辩意见,证监会对此的复核意见普遍是违法所得计算符合证监会执法惯例的答复意见。但是,行政处罚要求的合法、公正是要以当事人可接受的方式实现。违法所得的计算标准和方式,不仅涉及行政处罚的合法性和公正性问题,也直接影响被处罚人的重大财产权益,计算惯例以及专业统计的合法性本身,同样需要清晰、公开的标准加以衡量。建议总结分析证监会计算惯例以及专业统计数据,制定公开的违法所得认定指引,推进执法规范化,给市场主体提供行为指引和法律预期,提升执法行为的可接受性。建议采取以下措施:

（1）制定公开的违法所得认定指引。总结和分析证监会的计算惯例及专业统计数据,制定一套公开、透明的违法所得认定指引。这将有助于明确计算标准和方法,减少争议。

（2）增强计算过程的透明度。确保违法所得的计算过程公开透明,提供相关事实和证据支持,使当事人能够理解并接受计算结果。

（3）推进执法规范化。通过制定明确的指引,推进执法行为的规范化,确保每一次违法所得的计算都遵循统一的标准和程序。

（4）提供行为指引和法律预期。为市场主体提供明确的行为指引,帮助他们理解和预测可能面临的法律后果,从而增强法律的可预测性和可接受性。

（5）提升执法行为的可接受性通过透明和公正的计算方法,提升当事人及市场对执法行为的接受度,增强执法的公信力。

通过这些措施,可以确保违法所得的认定更加科学、合理,同时提升执法的公正性和透明度,保护当事人的合法权益。

　　最后需要说明的是，本文仅是对五年内的行政处罚的统计，由此得出利用未公开信息交易行为的主要构成要件并进行了分析，并不代表其他时间范围内的构成要件可以忽略，在执法实践中仍需要根据具体的案例情况加以具体分析，行政处罚案例统计中出现频次较少的构成要件的具体执法策略也是今后需要继续深入研究的问题。

公开征集股东权利制度的检视与优化[*]

刘俊余[**]　　陈开立[***]

摘要：新证券法实施以来，我国公开征集股东权利制度初步构建，但市场实践发现制度的具体执行与原定设计目标之间呈现出一定的偏差，面临着制度成效显现不足、市场参与主体积极性有待提高、信息披露机制存在改进提升空间等问题。因此，应当从优化公开征集股东权利配套规则、发挥投保机构及证券服务机构示范引领作用、完善股东激励机制设计及强化公开征集制度监管四个方面加强建设，充分激发公开征集股东权利制度保障中小投资者权益、推动公司治理优化的作用。

关键词：征集股东权利　征集表决权　股东大会　股东权利

　　我国公开征集股东权利制度自我国资本市场方兴未艾时已有原则性规定，但程序性实施规则不足。2019年12月28日修订通过的《中华人民共和国证券法》（以下简称新证券法）第90条首次明确公开征集股东权利的征集范围、权利主体、征集原则和法律责任。现有的研究主要集中在新证券法颁布前的制度构建设想，包括确立法律规则，明确征集主体资质、规范授权方式、加强信息披露、建立监督与救济机制等方面，[①]缺乏对新证券法颁布后公开征集股东权利制度实际操作问题的深入探讨和实证研究，未能深入剖析并归类相关案例，形成具有典型特征的结论。

　　新证券法颁布施行后，2021年12月证监会颁布《公开征集上市公司股东权利管理暂行规定》（以下简称《暂行规定》）进一步明确了征集程序和相关信息披露要求，沪深交易所在《暂行规定》的基础上修订相关信息披露指引并进一步细化征集程序的

---

　　*　　本文仅代表作者个人观点，与所供职单位无关。
　　**　　深圳证券交易所助理经理。
　　***　深圳大学硕士研究生。
　　①　张钦昱：《我国公开征集投票权规范性研究》，载《投资者》2018年第3期。

实践要求,初步构建了我国公开征集股东权利制度的体系。实践中,作为投资者保护机构的中证中小投资者服务中心(以下简称中证投服中心)出台了《持股行权工作规则》《公开征集股东权利业务规则》明确自身开展持股行权及征集股东权利的实施要求,并于 2021 年 7 月针对中国宝安股东大会的公司章程修改提案开展了首次征集表决权,收获了良好成效,推动了中国宝安修改公司章程中不当的反收购条款。① 深交所于 2023 年 3 月落实《暂行规定》要求,搭建在线授权征集平台,提供股东权利网络征集服务,进一步便利征集活动的开展。

一、制度近年运行状况

自 2021 年 12 月 31 日《暂行规定》生效以来至 2024 年 10 月 31 日,近三年间全市场共有 9 家上市公司进行了 23 次主动征集股东权利,其中 *ST 文化在同一年度出现5 次征集,东方海洋进行了 4 次征集,ST 先河进行了 3 次征集,*ST 美吉、交大昂立和科林电气开展了 2 次征集,同济科技、ST 曙光、经纬纺机、第一医药、汇隆新材各开展了 1 次征集,总体征集情况如下:

表1　2021 年 12 月 31 日至 2024 年 10 月 31 日主动征集情况的统计②

公司名称	征集次数	征 集 主 体	持股比例	征集议案内容
*ST 文化（300089）	5	持股比例 5% 以下股东	2.3%	修订公司章程 选举罢免董事监事
东方海洋（002086）	4	前五大股东	13.22%	选举董事监事
		前五大股东兼公司监事	2.64%	
		前五大股东	18.26%	年报审议 选举董事
ST 先河（300137）	3	持股比例 5% 以下股东	2.54%	选举董事监事
		公司控股股东	10.55%	

---

① 中证投服中心:《公开征集首战告捷　小股东也能凝聚大力量》,载中证投服中心官网,http://www.isc.com.cn/html/zxxw/20210722/3888.html。

② 数据来源于万得信息网 https://www.wind.com.cn/portal/zh/Home/index.html;巨潮资讯网 http://www.cninfo.com.cn/new/index,2024 年 11 月 28 日访问。

续　表

公司名称	征集次数	征集主体	持股比例	征集议案内容
*ST 美吉 （002621）	2	前五大股东	30.18%	修订公司制度 选举董事
		前五大股东兼公司总经理	2.01%	
交大昂立 （600530）	2	前五大股东	14.48%	选举罢免董事 换聘律所
		前五大股东	10.63%	
科林电气 （603050）	2	前五大股东	34.94%	选举董事监事
		前五大股东	11.95%	选举董事监事
同济科技 （600846）	1	前五大股东	13.60%	修订公司章程 选举罢免董事 终止对外投资
ST 曙光 （600303）	1	前五大股东兼公司董事长	10.09%	终止关联交易 选举罢免董事监事
经纬纺机 （000666）	1	董事会	无	修改公司章程 终止公司上市
第一医药 （600833）	1	中证投服中心	/	选举独立董事
汇隆新材 （301057）	1	持股比例5%以下股东	1.19%	审议股权激励

总体而言,上述征集案例有如下四个特征:

（一）征集主体集中

新证券法第 90 条规定了四个征集股东权利主体,分别为公司董事会、独立董事、持有 1% 以上表决权股份的股东和投资者保护机构。上述案例,征集主体多为公司前五大股东,个人股东、董事会参与较少,以公司内部人员为主,独立董事[①]等外部力量未能充分展现征集主体的积极性,投资者保护机构则以第一医药案为契机于 2024 年 6 月公开征集提名独立董事,实现了良好示范效应。同时,除律师事务所外,证券公司等证券服务机构均未参与征集活动,征集过程以征集人自身发布公告号召投票为主,目前公开报道未见证券公司提供征集服务等信息。经纬纺机是唯一一家采用交

---

① 本文对独立董事因股权激励事项征集表决权不视为主动征集行为,具体原因见下文分析。

易所征集平台进行征集的案例①。

从征集主体持股情况来看,有 10 位征集人持股比例超过 10%,5 位征集人持股比例在 1%—5%之间。东方海洋、*ST 美吉、交大昂立、科林电气的征集案例,均为第一大股东作为征集人,*ST 美吉与科林电气的第一大股东控股比例甚至达到 30.18%与 34.94%。4 例个人股东发起的征集案例,除汇隆新材为外部自然人股东外均属于上市公司内部人士,分别任职于各自持股上市公司。刘俊君为持有*ST 美吉 2.01%股份的第五大股东,职位为公司董事、总经理。贾木云为控制 ST 曙光 10.09%股份的股东,为公司董事长、实际控制人。朱春生为持有东方海洋 2.64%股份的第四大股东,为公司监事。上述个人股东都在公司中担任高管或监事岗位,具有雄厚的资金实力和话语权,在公司里有着一定的影响力,不属于一般意义上的"中小股东"。细究以上开展征集的大股东与个人股东的身份及具体提案内容,主要是为了保障其自身利益而开展的征集,存在一定的利益关联性。

(二)征集事项集中于公司特殊治理事项

相较于新证券法及《暂行规定》施行前,公开征集事项主要集中于大股东回避表决后关联交易审议,制度施行后征集事项更多集中于上市公司自身的治理事项,从董事会、监事会席位获取到修改公司章程,主要围绕着上市公司控制权开展征集,逐渐实现与美国征集委托书制度的接轨。相关议案开展征集代表公司管理层或主要股东需要中小股东参与和支持,反映着中小股东的声音一定程度上可以影响上市公司控制权之争。中小股东通常被认为对上市公司治理没有实质性影响,无法在上市公司治理中发挥主动作用,但从近年征集议案的内容来看,从事关公司组织架构与业务运营的公司章程修改,到涉及公司决策机构董事会人选的董事选举,再到针对公司发展事项的对外投资与上市甚至牵涉到公司的外部治理及律师事务所、会计师事务所的换聘,征集议案的内容范围已经明显扩大并覆盖了上市公司治理的全过程。通过积极参与股东权利征集工作,中小股东从"被动的观望"角色逐渐转变为"积极的参与"与"争夺话语权与控制权"的角色。如中证投服中心通过公开征集提名第一医药的独立董事,探索一条中小投资者提名上市公司独立董事的道路,完善独立董事的选任机制,提升投资者在公司治理决策的参与度与影响力,以第三方力量推动公司治理机制有效运作。② 再如科

---

① 参见深交所股东权利网络征集平台:https://gkzj.cninfo.com.cn/index,2024 年 11 月 28 日访问。
② 李东方:《投资者服务中心首次实践的意义》,载新华网,http://www.xinhuanet.com/finance/20240910/f6c2cae2b1bd4a30a59dc2b0691af06c/c.html。

林电气案,中小投资者分别收到了第一大股东和第二大股东对征集议案寻求投票支持的信息,中小投资者实质上参与到科林电气控制权之争当中,成为举足轻重的力量。

（三）竞争式征集兴起与影响

在公开征集股东权利的过程中,若出现两个或多个股东针对同一征集事项提出相互对立的主张,并分别发布征集公告,该情形被定义为竞争式征集,此类情况通常在股东之间对公司决策或提案持有不同意见时发生。在实践中,上市公司竞争式征集常见的情况为两位主要股东就董事或监事候选人提出截然相反的支持和反对意见,或者两位股东分别对对方的提案表示反对,核心在于董事会、监事会席位的争夺,获取上市公司的控制权。近年较为典型的 3 例竞争式征集案例为科林电气、交大昂立和 *ST 美吉,具体情况如表 2。

表 2　3 例竞争式案例征集提案的对比情况①

公司名称	征集人及其股份	提 案 内 容
科林电气	青岛海信网络能源股份有限公司（34.94%）	选举非独立董事、独立董事、监事
	石家庄国有资本投资运营集团有限责任公司（11.95%）	提名选举与青岛海信网络能源股份有限公司非独立董事、独立董事、监事不同的人选
交大昂立	大众交通（集团）股份有限公司（14.48%）	提案 1—8 项　解任董事及选举董事——同意; 提案 8—10 项　解聘及聘任会计师事务所——同意
	上海韵简实业发展有限公司（10.63%）	对大众交通（集团）股份有限公司的 10 项提案——反对 提案 11—18 项　解任及选举董事——同意
*ST 美吉	刘俊君（2.01%）	解聘刘俊君董事——反对 聘任马红英女士——同意
	珠海融诚投资中心（有限合伙）（30.18%）	解聘刘俊君董事——同意 聘任马红英女士——反对

出现竞争式征集情况反映出我国部分上市公司已将公开征集股东权利制度作为公司控制权争夺的工具之一,这不仅揭示了该公司内部治理存在的分歧,也使得这些分歧被公众所知晓,将公司治理的矛盾和冲突暴露在外界视野当中。一方面,竞争式

---

① 数据来源于巨潮资讯网 http://www.cninfo.com.cn/new/index,2024 年 11 月 28 日访问。

征集有利于引导更多中小股东关注参与公司治理，进一步优化征集实践，促进制度的完善与发展，如科林电气在行权时出现对线上和被授权的部分投票情况与授权范围不符的问题，完善了累积投票制下委托投票行权认定的处理措施。另一方面，竞争式征集可能会放大股东之间的矛盾和冲突，立场相异的股东各自会为了争取更多的支持而展开激烈的竞争，由此可能产生公司治理混乱、股价波动、信息披露违规、有偿征集等风险，甚至成为公司退市的警钟。如交大昂立和*ST 美吉在开展征集后因无法按期披露年报和审计师无法对财务报告出具标准意见被冠以退市风险警示的"*ST"，但通过两家公司的竞争式征集侧面体现其公司治理层面的争夺与混乱，其财务报告的"难产"亦成为可预见的结局。

（四）增强股东大会参与效能

征集结果是上市公司股东权利制度实施情况的具体体现，也关系到对中小股东的权益保护。上述 23 次征集中，16 次未征集到股东表决权，7 次获得有效数量股东委托。从公开征集股东权利结果上来看，明显存在着委托征集股东人数少，有表决权股份总数少的特征，股东参与委托较为积极的多数为竞争式征集案例。但股东委托情况仍比《暂行规定》施行前基本没有股东进行委托情况发生改善。

表 3　主动征集获得股东委托数量的统计①

类　　型	公司名称	征集股东人数	征集股份数量
获得股东表决权委托情况	交大昂立	4 名	23 500 股
	*ST 美吉	2 名	7 100 股
	经纬纺织	117 名	11 125 310 股
	先河环保	1 名	3 958 968 股
	汇隆新材	6 名	1 066 607 股
	科林电气	42 名	1 165 333 股
	科林电气	4 名	187 100 股

通过征集事项前后股东大会的出席人数对比，可以看出征集事项对股东参与公司治理的变化程度。股东出席股东大会人数的变化一方面与公司各次股东大会审议

---

① 数据来源于巨潮资讯网 http://www.cninfo.com.cn/new/index，2024 年 11 月 28 日访问。

事项差异有关,另一方面存在征集事项情况的股东大会更吸引股东关注而促使股东积极参与。从各公司横向对比前一次股东大会①出席人数来看,23次主动征集中,16次征集所在股东大会人数较前次股东大会出席人数显著增长,其中半数以上股东大会实现参与人数倍增的效果,征集事项有效提升当次股东大会的关注度,体现了征集事项可以有效激发中小股东对公司治理参与的热情。

表4 存在征集事项股东大会与前次股东大会出席人数对比情况②

公司名称	前一次股东大会出席人数	存在征集事项股东大会出席人数	对比情况
东方海洋	452	773	增加321人
	212	415	增加203人
	248	122	减少126人
先河环保	56	104	增加48人
	104	221	增加117人
ST文化	208	197	减少11人
	197	89	减少108人
	89	143	增加54人
	26	42	增加16人
交大昂立	17	321	增加304人
同济科技	188	138	减少50人
经纬纺织	24	10 730	增加10 730人
*ST美吉	6	68	增加62人
ST曙光	57	131	增加1 294人
第一医药	10	9	减少1人

① 由于部分公司开展公开征集时间较近,开展征集后再未召开股东大会,亦有部分公司召开股东大会场次较少,且发生征集事项后相关公司会存在一定的舆情关注度,为统一标准,选取存在征集事项的前一次股东大会参与情况进行对比。

② 数据来源于巨潮资讯网 http://www.cninfo.com.cn/new/index,2024年11月28日访问。

续　表

公司名称	前一次股东大会出席人数	存在征集事项股东大会出席人数	对比情况
汇隆新材	25	63	增加 38 人
科林电气	103	899	增加 796 人

注：23 次征集中，有 4 次征集股东大会出席人数与同公司上次征集完全相同，故省略。

从运行情况来看，相较于新证券法与《暂行规定》施行前，公开征集股东权利运作规范性显著提升、涉及议案内容更为丰富、参与中小投资者数量增多，发挥了制度激发投资者参与公司治理的有益作用，但亦反映出制度运行与设计预期存在一定差异的情况。

二、制度实践存在的问题与挑战

（一）制度定位不够精准化

公开征集股东权利制度的实施现状并未完全实现制度设计初衷。根据《暂行规定》的起草说明所述，公开征集股东权利制度目的为"引导中小投资者踊跃参与上市公司治理、充分发挥股东大会机能，规制公开征集中的不法行为"。新证券法亦将该制度规范在投资者保护这一章节当中，制度立足点主要站在中小投资者参与公司治理的角度。但在市场实践上，公开征集通常被上市公司的大股东用来推动修改公司章程或争取董监事席位等符合其自身利益的行动。相比之下，中小股东参与征集委托的积极性并不高，近年的实践案例也充分反映了这一点。因此，我国公开征集股东权利制度与境外利用委托书征集收集股东投票，推动参与完善上市公司治理、提升投资回报、维护社会公共利益等股东行动存在一定差异。究其原因主要是境内外公开征集股东权利的制度导向差异显著，我国需要进一步明确公开征集的制度导向。

从制度产生历史来看，境外产生委托书征集背景与我国存在较大差异。以美国为例，美国历史上存在着股东大会最低出席人数的制度要求，[①]为了顺利召开股东大会、保障公司治理合理运行的需要催生了委托书征集制度，其制度核心目的更多侧重

---

① 如《特拉华州公司法》规定，组成股东大会法定票数不得少于有权参会表决票数的三分之一。

于收集股东投票权参会达到法定出席数要求,同时以信息披露为抓手,通过征集委托书方式帮助未出席股东大会股东了解公司业务与内容,规范股东提案范围与内容。我国早于1993年即引进了公开征集股东权利制度,但存在着规则层级较低、条文零散、多为原则性规定、缺乏程序性实施规则等问题,因此通过新证券法与《暂行规定》完善了公开征集的制度体系,进一步明确了公开征集的原则及程序化要求。同时,与美国产生委托书征集背景是侧重于收集股东投票权以达到股东大会召开的法定出席要求不同,我国不存在股东大会最低出席人数的要求,中小股东可以通过网络投票形式自行参与上市公司股东大会表决,所以中小股东实际参与的委托授权情况较少而存在征集议案的该次股东大会参与人数较多属于正常情况。

从制度运行情况来看,近三年利用公开征集制度开展征集表决权的,多为独立董事因股权激励事项而产生的征集。该征集依据来源于《上市公司股权激励管理办法》第40条的规定:"上市公司召开股东大会审议股权激励计划时,独立董事应当就股权激励计划向所有的股东征集委托投票权。"属于股东大会审议股权激励议案时,独立董事必须按规则履行的程序步骤,因此应当认为是被动征集的行为。该规则设计初衷为突出中小投资者保护,尤其是中小投资者在股权激励中的意愿表达机制和话语权,①因此,独立董事因股权激励进行征集的制度设计上与主动征集存在一定差异。《上市公司股权激励管理办法》要求独立董事"征集委托投票权",与"征集表决权"不同之处在于更加突出"委托"的含义,即通过该委托征集了解中小股东对股权激励事项的意愿,并通过独立董事表达中小股东的态度,且不要求委托独立董事的股东投票意向与独立董事一致。在网络投票全覆盖背景下,中小投资者可以直接投票表达自身意愿而无须通过独立董事反映。实务中绝大多数的独立董事对公司股权激励投同意票,鲜有收集到中小股东对股权激励事项的委托投票。股权激励的征集委托投票权变成股权激励表决流程中一个无足轻重的环节。这一环节的存在一定程度上增加了公开征集制度运行成本,损害了公开征集制度有效性及严肃性。

因此,我国公开征集制度倾向应当是通过公开征集行为引导中小投资者参与股东大会支持征集人的提案或投票意见,而非通过收集股东委托进行统一行权。通过制度规范征集人的征集过程,完善征集人的信息披露,帮助中小股东通过公开征集了解管理层的投票倾向,避免征集人通过征集行为损害中小股东的合法权益。

---

① 参见证监会:《上市公司股权激励管理办法》修订说明,载证监会官网2016年7月13日,http://www.csrc.gov.cn/csrc/c101864/c1024600/content.shtml。

（二）征集提案权实际效用有待进一步挖掘

提案权相较于表决权而言，是参与公司治理更为深入的重要股东权利。2018 年的《中华人民共和国公司法》（以下简称公司法）规定，单独或者合计持有公司 3%以上股份的股东拥有临时提案权，《上市公司独立董事管理办法》规定持股 1%以上股东拥有独立董事提名资格。因此新证券法为发挥中小股东力量，规定了持股 1%以上股东、投资者保护机构可以通过征集提案权的方式，满足持股 3%的资格要求。

2023 年修订后的公司法（以下简称新公司法）明确了股东会电子通信表决的合法性，降低了股东临时提案权的持股比例要求，一定程度上重塑了公开征集股东权利制度的导向，尤其以征集提案权影响最大。新公司法直接将临时提案权持股比例统一调整为 1%，与征集要求的股东持股比例一致，导致新证券法对征集提案权股东持股比例要求规定名存实亡，持股 1%的股东可以直接向董事会提出临时提案而无须通过征集程序。公开征集提案权主体仅剩董事会、独立董事与投保机构，而董事会、独立董事自身天然拥有股东大会提案的渠道与资格[1]，导致该规则发挥作用对象仅限于投保机构。作为仅持有 100 股的中证投服中心在我国上市公司股权结构下如需征集获得某家上市公司持股 1%的中小股东的支持，尤其对于市值较大的上市公司而言无疑存在一定难度。需要一定持股比例的机构投资者或一些"牛散"在中证投服中心号召下积极参与，方能发挥最大制度价值。

（三）投资者参与意愿较低

在《暂行规定》施行前曾有观点认为，"网络征集的低成本、便捷高效性在很大程度上能够克服股东的理性冷漠与'搭便车'心理，提高股东参与公司治理的积极性。"[2]但在股东大会网络投票已施行近十年的当下，股东大会网络投票却呈现股东参与积极度下降的情况。根据深市网络投票系统的数据，2021 年至 2023 年上市公司股东大会场次逐年增长，但平均参会人数却逐年下降，网络投票平均参与人数占比仅为上市公司所有股东数量的 0.1%左右。该情况一方面与近年资本市场波动、上市公司数量增加而影响投资者参与意愿相关，另一方面也反映出行使权利便捷性并不必然能克服中小股东的理性冷漠。中小股东自身力量较为薄弱，无法左右"游戏"的结果，缺乏适当的激励去收集掌握公司的信息以投出正确一票[3]。近年实践数据显示，

---

[1] 独立董事由于可以参与董事会议事并通过董事会提出股东会议案，因此可认为拥有提案的权利与资格。
[2] 赵金龙：《股东积极主义诸问题与新展望》，法律出版社 2020 年版，第 150 页。
[3] ［美］弗兰克·因斯布鲁克、丹尼尔·费希尔：《公司法的经济结构》，罗培新、张建伟译，北京大学出版社 2014 年版，第 65 页。

绝大多数参与股东大会投票人数占公司股东人数不足1%。其原因是能够理性分析公司定期报告、行业发展趋势、产业链情况的中小投资者寥寥无几,投资者非理性投资现象显著,关心公司短期价值而非长期发展的情况普遍存在。

此外,机构投资者参与热情亦不足。近年来机构投资者持股占比持续提升,公募基金及私募基金资产规模在2022年已达到股票流通市值的69.81%,上市公司前十大股东中机构投资者占比3成[①]。但机构投资者甚少出席上市公司股东大会并进行投票,而往往踊跃通过业绩说明会、上市公司接待日、电话路演等方式与公司进行沟通,更多关注公司业绩与股价的变化情况,对公司治理相关内容则关注甚少,存在普遍轻治理而重路演的现象。同时,囿于同一机构不同产品的经理人差异与防火墙设置,同一机构投资者可能对单一上市公司的治理情况存在不同意见,可能存在表决“分裂”现象,未能充分发挥机构合力作用,一定程度上影响了机构投资者参与股东大会行权的意愿。在目前突出提升上市公司可投性和完善公司治理的背景下,需要充分发挥机构投资者作为强化公司治理主力军的作用,特别是存在控制权之争的上市公司,机构投资者与中小股东天然具有平息公司内部治理纷争、提升上市公司价值的共同诉求与目的,机构投资者持股的份额往往能左右相关议案的通过与否,具有一定的资金与人员优势,更能在其中发挥作用。

（四）市场投票服务供给不足

本质上,网络投票、网络征集可以通过同一系统共同实现功能,如深交所的网络征集平台即依靠网络投票平台进行建立。但实践中由于相关服务商培育和服务模式的长期缺位,没有市场专门机构进行建设运营相关系统,导致市场活力不足。一个独立专业的投资者投票代理服务主体更有助于投资者行使权力,因为它们专业素质可以向投资者提供对股东大会议题、表决规则等方面的分析和研究结果,提高投资者的决策能力。[②] 譬如美国的 ISS 和 GLASS LEWIS,它们作为专业的投票代理机构,为市场投资者尤其是机构投资者提供投票建议与分析、委托书征集等相关服务,他们提出的投票建议和征集导向一定程度上成为引导公司治理风向的指示牌。而我国对应具备相关功能是证券公司的研究部门,它们虽然对上市公司的投资价值与发展趋势进行分析研究、作出投资建议,但甚少对公司提案、治理结构提出报告建议。近年市场

---

① 中国证券投资基金业协会:《中国证券投资基金业年报(2023)》,载中国证券投资基金业协会官网,https://www.amac.org.cn/sjtj/tjbg/nb/202403/t20240318_25278.html。

② 参见赵金龙:《网络技术推动下的公司法律制度创新研究》,法律出版社 2020 年版,第 145 页。

上出现一些专门为上市公司信息披露与投资者关系服务的咨询机构,可对上市公司自身启动公开征集提供服务,但占业务比例极低,仅面向上市公司服务,缺少面向投资者层面提供投票建议以及参与股东大会各项服务的服务商。

(五)信息披露质量需强化

对代理权征集的相关行为进行信息披露是保护股东利益的关键。[①] 只有征集人完整准确的表达其征集股东权利的动机与目的,才可以为股东进行授权委托提供足够作出判断的依据。《暂行规定》第 12 条规定了 9 项征集公告应载明的内容,其中第 6 项为征集主张及其详细理由,并说明征集事项可能对上市公司产生的影响。第 19 条规定征集人征集提案权的,应当在征集公告中披露提案内容,以及为使股东对拟提案讨论的事项作出合理判断所需的资料或解释,提案事项有专项公告要求的,还应当同时披露专项公告。第 12 条与第 19 条的规定说明了征集理由为征集公告中十分重要的"决策信息",同时也是征集委托书重要的"信息披露"内容。沪深交易所在《上市公司公告格式》中对征集表决权和征集提案权的公告格式做了一定的细化规定,明确征集需披露"征集人的投票意向及理由,包括但不限于对上市公司的影响。"但这仅解决了披露内容"有没有"的问题,要达到投资者能足以作出理性判断决策的水平,需要在征集公告中向投资者充分解释征集的前因后果,将问题根源与判断标准充分展现,从而解决披露内容"能不能用"的问题。尤其在竞争式征集中,信息披露的充分性、可读性尤为重要,该要求往往很难通过规则进行明确,需要市场上的不断实践探索出最佳的案例,后续加以效仿才能达到最佳效果。

征集披露的文件存在不充分、不完整的问题。近年发布的征集公告,征集理由的表述不一、详略各异,但均存在着未完整披露征集理由的问题。在征集公告中出现的高频理由有"损害公司利益""损害股东合法权益"等,但就具体如何损害公司利益,如何损害股东合法权益并未继续详细阐述,亦没有提供相关的财务数据及其他客观证据予以支撑。征集理由的不充分在选举董事监事等重要征集事项中影响较大,缺乏对候选董事监事的关联交易以及其他对公司利益影响的内容进行强制性披露内容,导致对候选董事监事进行征集理由阐释时,征集人倾向于选择性披露,披露对己有利的内容而规避对己不利的信息。[②] 例如,从 *ST 美吉案的征集书披露的征集主张及理由来看,双方对所提名董事征集表决权的理由主要为"从业经验不丰富、未履行

---

① 梁上上:《论股东表决权——以公司控制权争夺为中心展开》,法律出版社 2005 年版,第 200 页。
② 李博翔、吴明晖:《论股东表决权征集制度的立法完善》,载《证券法苑》2017 年第 2 期。

业绩承诺、解决侵害股东利益问题、选举有利于公司治理"等话语,存在互相指责对方候选人不足的情况,对公司情况不够深入了解的投资者根本无法通过公告展现的寥寥数语了解该名董事的真实履职情况及股东征集的动机和理由,反而需要外部媒体公开报道对*ST美吉本次征集背后的公司控制权争夺情况进行解析后,投资者方能了解相关董事提名背后代表着控股股东与创始团队不同的利益,支持对应董事当选代表支持背后控股股东或创始团队对企业未来经营决策方向。[①] 因此,由于征集公告披露的一手信息缺乏导致投资者需要通过媒体等二手信息作出判断,反映出征集公告的信息披露质量无法满足决策需求,该次征集结果投票效果亦不明显。

因此,在公开征集制度本身的定位偏差、制度潜力未发挥的背景下,征集活动参与主体意愿不足、客观的市场服务与信息披露不到位,一定程度上弱化了该制度所应达到的效果。所以,导致了公开征集虽作为一项重要投资者保护措施推出,但近年的关注度逐渐弱于代表人诉讼、先行赔付、纠纷调解等其他投资者保护措施。需要对制度本身以及外部配套措施进一步优化,使得投资者尤其是中小投资者能通过公开征集活动更好维护自身权益,有实实在在的获得感。

三、制度的优化与思考

(一) 适应性调整规则,推动信息披露良好实践

以新公司法修订为契机,在配套规则修订过程中对涉及公开征集的制度条文进行适应性调整。删除《上市公司股权激励管理办法》对于独立董事征集委托表决权的强制性要求,降低制度运行成本。调整证券法、《暂行规定》《上市公司独立董事管理办法》对提案权、独立董事提名权的主体限制要求,探索进一步降低股东作为提案权征集人的持股比例限制,突出投保机构可以联合其他股东或董事开展征集提案权的功能,更好发挥征集提案权的制度作用。进一步完善证券交易所信息披露指引对征集公告的披露要求,完善征集理由、投票倾向的披露要素,通过定性定量的分析陈述征集人开展征集与投票理由,杜绝简单以"损害公司利益"的表述方式,增强披露信息的可读性、完整性。

推动形成公开征集股东权利信息披露的良好实践。当前关于公开征集股东权利

---

① 参见随卡:《"早教第一股"美吉姆股东激烈交锋 控股股东驱逐创始人》,载微信公众号"IPO参考",2023年11月13日。

信息披露的规定仅为一个最底线的要求,而要充分满足投资者阅读需求,需要从征集动机、征集行为对公司未来业绩规划、持续经营能力、内部治理结构等具体影响出发,设身处地从投资者利益角度考虑,才能推动中小投资者参与投票的意愿。如同中证投服中心在"中国宝安"案中,对于修改公司章程提出支持的征集理由,逐项列明了中国宝安公司章程中不合理的条款,并且详细说明相关条款对公司利润、投资者权利、公司治理方面带来的不利影响,帮助投资者进一步了解征集的目的,获得更多投资者的支持。因此,建议通过中证投服中心的征集实践,选择投资者切身利益议案,打造信息披露的典型案例向市场推广效仿;引入市场服务机构参与,通过多方力量实现披露的有效性;鼓励个性化信息披露,在禁止"蹭热点""炒概念"以及符合信息披露要求的基础上,鼓励征集公告上开展结合公司特点、经营战略的个性化披露,通过"互动易"问答等方式解读公告内容,择选优秀案例进行宣传。同时,严厉打击违规披露、利用公开征集信息披露操纵股价和进行违规利益输送等违法违规行为,发挥监管"长牙带刺"作用,对披露过程中存在的违法违规行为及时惩处与警示。

(二)发挥投保机构示范引领及证券基金机构作用

投保机构的征集活动具有天然的引导示范作用。"中国宝安""第一医药"案的成功,表明中证投服中心作为投保机构开展公开征集股东权利行为具有较强的号召力。如"中国宝安"案的该次股东大会的参与人数与代表份额也远高于中国宝安在该年度其他股东大会的参与人数与代表份额,中小投资者参与度、媒体关注度也远超其他征集案件,起到了较好的示范引领作用。因此,建议中证投服中心将公开征集股东权利作为股东行权的常备"武器",定期针对市场关注度高、中小投资者意见较为强烈的公司议案开展公开征集,并通过媒体渠道广泛宣传,调动中小投资者行权的积极性。优化开展征集提案权工作,联合公募基金、社保基金等主要机构投资者,充分利用好征集提案权制度对明显损害上市公司或中小股东利益行为进行制止、引导上市公司开展回报投资者相关举措。中证投服中心可以精选上市公司针对现金分红、回购注销以及异常敏感显失公平的关联交易、关联担保事项再次开展征集提案权活动,推动实现上市公司完善公司治理、提升上市公司对投资者的合理回报的目标。

发挥证券服务机构能动性。一是证券服务机构需针对投资者行权行为提供研究分析与引导。在证券投资价值研究基础上增加对治理结构、股东大会议案的分析,引导投资者理性行权。对于机构投资者需要在防范内幕交易、操纵市场的基础上引导其适当参与上市公司治理当中,对公司控制权争夺、公司僵局情况适时行权。二是引导建设权威性股东论坛,依托上市公司互联网互动平台,参照德国模式建立权威性股东论坛,通过实名制、制度化方式进行讨论,减少当前部分互联网平台、自媒体存在的情绪宣泄及误导信息对企业发展的影响,引导企业舆情健康发展。三是市场共建完善股东大会的基础技术开发服务,在新公司法支持股东大会电子化基础上,进一步加强股东大会服务产品开发,一方面对接交易与结算系统的实名认证完成股东身份核查,另外一方面提供参与股东大会提案与表决信息集成,通过收集市场数据进行云端建设与大数据分析,结合上市公司信息披露内容进行企业画像,分析上市公司股东参与治理情况及偏好,为投票建议提出数据支持,同时收集股东投票完成出席投票动作。

引导机构投资者发挥核心作用。强化对机构投资者行权引导,推动社保基金、养老基金、保险基金、公募基金等主要机构投资者加强对沪深 300 指数、中证 500 指数等市场主要指数的成分股公司治理关注度,切实发挥基金管理作用,加强行权频次,主动出席股东大会代表中小投资者进行交流,作为投资者代表与公司管理层沟通反馈市场关切,探索引入境外投票顾问机构为机构投资者行权提供参考,探索建立参与被投企业行权治理的披露机制与运行要求。

(三)完善中小股东激励机制设计

当前制度环境下,个体投资者参与公开征集获得利益不显,导致参与兴致不高,"用脚投票"情况普遍存在,尤其在新证券法已规定公开征集无偿性这一原则下,通过征集费用补偿、发放纪念品方式激发投资者参与征集方式显然违反相关规定。因此,完善股东的激励机制不得以征集费用作为前提,可以通过其他渠道对股东进行激励,一是对积极行权股东提供知识服务。实践中,单一征集人是无法通过个人力量征集到众多票数,势必要通过证券服务机构联络投资者,证券服务机构可以向参与征集的投资者提供数据分析、资料整理、研究分享等增值服务,并在后续提供定制化的财富管理及投教服务。通过知识交换的方式,激励股东参与热情的同时加深对上市公司的认识了解。二是探索优惠交易佣金或提供优于市场平均收益率的理财产品额度,交易佣金目前已实现市场差异化发展,各机构在万分之一到万分之三间不等;理财产品会根据客户适当性情况、投资额度设计不同差异化收益。因此,可以探索设计对单个公司股东大会达到相应次数、对相关公司股票拥有较长持股年限并积极参与公司治理的投资者,在某一年度降低一定额度的交易佣金或提供优势理财产品额度。上述让利方式可以有效促进持股数量较大的投资者参与公司治理,也使持股数较小的投资者拥有获得感，一定程度上促使投资者通过行权获得物质利益，引导投资者关注长期投资与持股行权。

（四）强化公开征集活动的多方监管

公开征集股东权利活动时间短、环节及涉及相关方多，外界关注度高，尤其竞争式征集未来持续多发的情况下，更需要监管方提升敏感性，密切跟踪公开征集活动的进度及影响，强化公开征集的监管，保障信息披露的公平性。例如某公司征集人开展征集活动时，由于上市公司不配合披露征集公告，导致征集人被迫在第三方媒体发布征集公告，经证监局、证券交易所下发关注函后公司方于股东大会召开前四日披露征集公告，但已晚于《暂行规定》披露时间的规定。因此，监管机构及交易所的日常监管往往是实现公开征集股东权利活动救济的最快最直接的途径，能够有效保护征集人及中小股东的合法权益。但监管机构及交易所应当在新证券法及《暂行规定》的框架下对征集资格、征集程序及信息披露情况进行监管，及时释明规则，保障征集过程的合规性、公平性，而不能对征集提案、股东大会效力等涉及法院诉讼问题过多干预。对于公开征集过程中涉及违法违规的行为，更要依照证券法第 199 条以及相关信息披露违法条文加以处罚，防止公开征集股东权利制度的滥用。

市场实务

中证资本市场法律服务中心纠纷化解实证分析[*]

——基于调解"大数据"的分析与思考

连　环[**]　　陈惠惠[***]　　李亚鹏[****]

摘要：本文主要以中证资本市场法律服务中心成立五年来的纠纷调解"大数据"为基础，从资本市场纠纷调解的来源、类型、特征入手，分析资本市场纠纷化解工作的痛点、难点问题，并结合当前实际情况提出了意见、建议，以期更好发挥中证法律服务中心在投资者保护中的专业作用。

关键词：投资者保护　纠纷调解　大数据　资本市场

为落实习近平总书记"把非诉讼纠纷解决机制挺在前面"的重要指示，深入贯彻中央全面深化改革委员会第十八次会议"坚持和发展新时代'枫桥经验'"精神，中证资本市场法律服务中心（以下简称中证法律服务中心）自 2020 年成立以来，始终坚定站稳资本市场人民性立场，秉承"依法、中立、专业、便捷"的宗旨，把资本市场纠纷多元化解工作作为社会矛盾治理体系现代化的重要一环，以实际行动践行新时代"枫桥经验"，"着力破解中小投资者维权痛点、难点问题。"截至 2024 年底，中证中小投资者服务中心（以下简称中证投服中心）原纠纷调解部及中证法律服务中心累计受理纠纷26 846 件，成功调解 20 233 件，纠纷金额超 115 亿元，投资者获赔金额达到 41.45 亿元，以实际行动有力维护了投资者特别是中小投资者的合法权益，纠纷受理和成功调解数量均占市场总量五成以上，已经成为全国资本市场纠纷化解的主渠道。

本文将主要以中证法律服务中心成立以来的有效样本为基础，重点针对困扰当

---

  *   本文仅代表作者个人观点，与所供职单位无关。

  **   中证中小投资者服务中心执行经理。

  ***   中证资本市场法律服务中心资深经理。

  ****   中证中小投资者服务中心高级经理。

前调解工作的难点、痛点问题进行详细分析,并提出应对意见建议。

一、纠纷调解基本情况

(一) 结案数多且呈 U 型趋势

2020 年至 2024 年,中证法律服务中心经调解结案的纠纷(以下简称结案数)共计 17 715 件,年均 3 543 件,呈现 U 型趋势,其中 2020 年结案数为 4 068 件,2021 年、2022 年受外部因素影响,结案数相对较少,在 2 000 件左右,2023 年同比增长 98.57%,达到 4 304 件,2024 年超过 5 400 件,创历史新高(见图 1)。

图 1　最近 5 年中证法律服务中心历年结案数及同比增长率

(二) 纠纷来源三大渠道

人民法院委托委派、"12386"热线转办以及投资者自行申请构成了中证法律服务中心三大纠纷来源渠道,合计占比达 89.44%[①](见图 2)。其中人民法院委托委派渠道占比最高,为 40%,反映出近年来中证法律服务中心与全国各级人民法院诉调对接合作成效显著。

(三) 六大纠纷类型总体平稳,个别纠纷类型波动明显

(1) 上市公司类纠纷、投资咨询类纠纷以及证券类纠纷[②]为主要纠纷类型,合计占比 82.57%。其中上市公司类纠纷为第一大纠纷类型,单项纠纷结案数占比达到 40.10%(见图 3)。

[①]　除三大纠纷来源外,中证法律服务中心纠纷其他渠道,主要指证监会各派出机构、会管单位及各协会等转办渠道。

[②]　证券类纠纷,是指以证券公司作为被申请人,聚焦于证券公司在展业过程中与投资者发生的纠纷,主要包括证券交易委托代理合同纠纷、融资融券合同纠纷以及产品代销纠纷等。

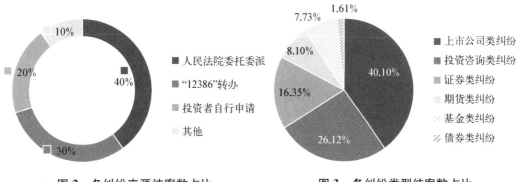

图2　各纠纷来源结案数占比　　　　图3　各纠纷类型结案数占比

（2）投资咨询类纠纷结案数自2022年开始连续3年同比大幅度增长,2024年度首次跃居第一大纠纷类型(见图4)。

图4　最近五年投资咨询类纠纷结案数及同比增长

（3）受法规、政策和市场等外部因素影响,个别纠纷类型结案数出现波动,如基金类纠纷结案数受涉众群体性产品纠纷影响,2020年度该类纠纷结案数达到峰值,之后占比回归常态;受中国期货业协会于2021年9月颁布并施行的《期货公司居间人管理办法(试行)》①(以下简称《居间人管理办法》)的影响,期货类纠纷结案数从2021年度开始增长,2022年度达到峰值,在一年过渡期结束后结案数相应下降(见图5)。

（四）纠纷调成率整体向好

（1）最近五年,中证法律服务中心经调解成功结案的纠纷共计14,047件,平均调成率为79.29%。总体上来看,历年纠纷调成率走势向好,2023年、2024年调成率分别达到86.99%和85.42%(见图6)。

---

① 中国期货业协会《关于发布〈期货公司居间人管理办法(试行)〉的通知》明确,自2021年9月10日起至2022年9月9日为过渡期,期货公司应于此期间完成相应居间人整改和善后工作。参见中国期货业协会网站,https://www.cfachina.org/index/zygx/202209/t20220908_30143.html。

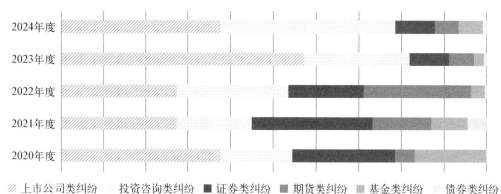

图 5　最近五年各纠纷类型数量占比变化情况

图例：▨ 上市公司类纠纷　▦ 投资咨询类纠纷　■ 证券类纠纷　▨ 期货类纠纷　▧ 基金类纠纷　□ 债券类纠纷

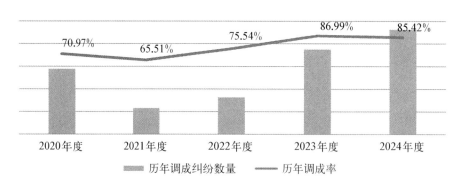

图 6　历年调成数及调成率变化趋势

图例：▨ 历年调成纠纷数量　── 历年调成率

（2）从纠纷类型来看，上市公司类纠纷、投资咨询类纠纷历年调成率皆保持在高位，基本高于平均调成率；证券类纠纷、期货类纠纷的历年调成率保持平稳；基金类纠纷、债券类纠纷的历年调成率受个案影响大，波动较大。

（五）群体性纠纷有效化解

最近五年，中证法律服务中心群体性纠纷[①]结案数为 8 千余件，为投资者挽回损失约 12.65 亿元。其中涉及 34 家上市公司证券虚假陈述纠纷，1 只公募债券虚假陈述纠纷以及 4 只资管产品代销或基金管理人责任纠纷。

群体性纠纷呈现三高特征，即结案数占比高（46%）、调成率高（88%）以及调解赔付率[②]高（63%）。

---

① 群体性纠纷，是指申请人为 10 人以上且被申请人以及涉及的法律关系皆相同的纠纷。
② 此处所指的调解赔付率＝获赔金额/纠纷金额。

二、纠纷调解现状与面临的困境

（一）上市公司类纠纷

1. 纠纷数量多，且调成率高

2020—2024 年，中证法律服务中心共调解结案上市公司类纠纷 7 233 件，证券虚假陈述类纠纷占绝对多数（7 218 件），该类纠纷调成率逐年提高，尤其是最近两年调成率均高于 98%。

调成率高的主要原因：一是诉调对接机制运转良好。95% 的上市公司类纠纷来源为人民法院委托委派渠道，并以诉前委派调解为主。实践中，管辖法院通常先行向中证法律服务中心委托委派少量案件进行调解。中证法律服务中心通过首批案件的调解来逐步明确当事人尤其是虚假陈述行为人以调解化解纠纷的意愿、调解方案以及后续调解协议细节等。待首批案件调解成功后，中证法律服务中心方分批次收到管辖法院后续涉及同一上市公司虚假陈述纠纷大批量委托委派案件。

二是"损失测算+示范判决+专业调解"机制助力证券虚假陈述纠纷成功化解。2019 年，中证法律服务中心与上海金融法院通过方正科技虚假陈述一案联合推进这一机制首次落地。上海金融法院选取 4 名投资者作为示范案件，并依职权委托中证投服中心作为损失测算机构。前述 4 起案件的示范判决生效后，中证法律服务中心就平行案件进行调解，即采用示范判决所认定的事实和法律适用标准，采纳中证投服中心损失测算标准进行损失核定，通过调解化解纠纷。2019—2023 年间，中证法律服务中心调解了上海金融法院立案前委派的方正科技案平行案件共 2 078 件，投资者获赔金额达 1.06 亿元。"损失测算+示范判决+专业调解"机制有效降低投资者维权成本，使得纠纷数量增长的同时还能维持高调成率。此外，部分虚假陈述纠纷中，管辖法院未委托中证投服中心进行损失测算，而在对虚假陈述纠纷进行示范判决或类示范判决后，再将纠纷委托委派给中证法律服务中心调解，以有效减少双方当事人争议。

2. 投资者维权积极，但上市公司调解意愿低

2024 年，投资者通过中证法律服务中心在线调解平台主动提起调解申请的上市公司类纠纷共 4 980 件，其中上市公司同意进入调解的纠纷仅有 8 件。中证法律服务中心根据调解规则在征询上市公司调解意愿过程中，上市公司往往以争议事实有待法院审理认定、可能造成国有资产流失等为由拒绝调解。调解遵循自愿原则，在上市

公司无法定的强制调解义务的前提下,若其对调解采取消极态度,不仅没有负面影响,甚至可以起到拖延时间,避免更多投资者申请调解、减少赔付金额的效果。

3. 若无生效判决,纠纷主要事实难达共识

证券虚假陈述纠纷调解成功取决于当事人对于"三日一价"、重大性以及因果关系等事实是否达成共识。2022 年《最高人民法院关于审理证券市场虚假陈述侵权民事赔偿案件的若干规定》(以下简称新司法解释)出台,进一步细化和明确了证券市场虚假陈述侵权民事赔偿责任的构成要件及追究机制等各项主要内容,对虚假陈述行为认定中有关实施日、揭露日、基准日、重大性和交易因果关系等关键内容进行了优化完善,各方争议空间进一步压缩。实践中,如证券虚假陈述纠纷无生效判决,即使调解员结合事实并依据新司法解释出具专业意见,上市公司往往仍以虚假陈述行为不具有重大性、不存在因果关系等为由主张其不承担损失赔偿责任。目前,中证法律服务中心经调解结案的证券虚假陈述纠纷中,仅有 2 件在无生效判决情况下调解成功。

(二) 投资咨询类纠纷①

1. 互联网不当营销推高纠纷数量

投资咨询类纠纷在中证投服中心早期(2017—2018 年)纠纷调解中曾经占据一定规模,后来随着部分违规投资咨询机构被监管机关限制发展客户后,纠纷数量逐步减少,2021 年为最低谷,2021 年之后特别是近 2 年,投资咨询类纠纷出现爆发性增长(见图 7)。

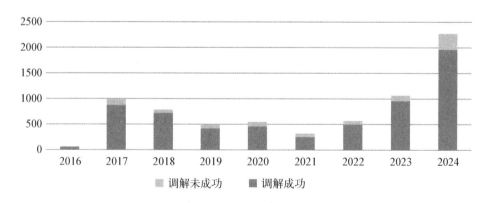

图 7　投资咨询类纠纷历年数量变化趋势

① 中证法律服务中心将投资咨询类纠纷单独分类,仅指证券投资咨询机构在从事证券投资顾问业务过程中与投资者发生的纠纷。

此类纠纷的大量增长,主要受互联网不当营销的影响。一方面,在股民数量增多、赚钱效应显现的时候,证券投资咨询机构通过聊天群、网络直播等互联网营销方式,打破了地域限制,开发了大量新增用户。另一方面,所谓代理维权机构(以下简称代维机构)亦通过互联网营销唤醒了本不会发生的纠纷,即非法获取客户信息,捏造"维权"事实,向投资者声称"快速维权""法律援助",牟取非法利益。① 代维机构这一运作挤占了投资者服务反馈渠道和宝贵的调解资源。

2. 机构积极调解,纠纷调成率高

近三年,投资咨询类纠纷调成率约为90%,远高于中证法律服务中心历年平均纠纷调成率。究其原因,是因为同意调解的证券投资咨询机构倾向于向投资者提供相对高额的退费以达成调解方案,从而控制负面舆论,防止纠纷转至监管,避免纠纷影响其业务的开展。随着该类纠纷数量的增多,为控制成本,遏制代维机构恶意维权操作,部分证券投资咨询机构的调解方案出现大幅度退坡,该类纠纷调成率相应降低。

3. 规则规范缺失,业务发展无序

在此类纠纷化解过程中发现,证券投资咨询机构在展业过程中普遍存在不同程度的虚假、不实、误导性营销宣传行为。投资者提供的聊天记录等证据显示,证券投资咨询机构在前期营销时通过集中展示个例赚钱宣传投顾服务效果"套路"投资者首次签约,服务过程中用加价服务更好来诱导投资者升级服务等。然而,规制证券投资顾问业务的规则规范少、层级低且制定时间较为久远而与当前业务发展存在一定脱节②,故即使证券投资咨询机构存在前述行为,调解员却无直接规则依据,阻碍了进一步为投资者争取合法权利。

同时,各地监管部门亦囿于规则规范缺失,在针对投资咨询业务的监管执法尺度存在明显的步调不一的现象,部分地区形成了监管洼地,导致投资咨询纠纷向监管洼地集中。以互联网直播引流为例,部分地方监管部门要求投资咨询公司须报备直播场次和时间,部分地方监管部门则要求投资咨询公司须报备直播内容。为规避相对严格的监管要求,部分投资咨询公司通过设立分公司或者工商变更登记的形式将证

① 参见第一财经《公检法重拳打击投顾"代理维权",被告人被判有期徒刑四年半并处罚金》,载微信公众号"第一财经",2024年2月5日。
② 目前,规范证券投资咨询机构开展证券投资顾问业务的规则主要包括:一是证监会颁布的相应规章,《证券、期货投资咨询管理暂行办法》(证委发〔1997〕96号)、《证券投资顾问业务暂行规定(2020第一次修正)》《关于加强对利用"荐股软件"从事证券投资咨询业务监管的暂行规定(2020第一次修正)》《发布证券研究报告暂行规定(2020修正)》(证监会公告〔2020〕20号);二是中国证券业协会制定的自律规则,《证券投资咨询机构执业规范(试行)》(中证协发〔2019〕147号)、《证券投资顾问业务风险揭示书必备条款》(中证协发〔2010〕200号)等。

券投资顾问业务从原注册地转移,钻各地监管"落差"的空子。

中证法律服务中心在线调解系统上线的人脸识别功能,对于防范代维机构代替投资者申请调解发挥了重要作用。但要解决大量爆发的投资咨询纠纷,应该从规则规范层面出发从严规范证券投资顾问业务,引导行业健康有序发展,真正从源头上减少纠纷。

（三）证券类纠纷

一是从纠纷案由看,传统的开、转、销户类纠纷减少,涉交易软件纠纷增多,证券交易代理服务线上化的趋势显现。2017 年至 2020 年期间,证券公司有关开、转、销户类纠纷平均数量为 194 件,而该类纠纷在 2021 年至 2024 年期间平均数量降至 24 件,仅为之前的 1/8。与之相对应,2024 年度涉交易软件纠纷数量攀升至 99 件。

二是纠纷以个案为主。以 2024 年为例,经调解结案的证券类纠纷共计 524 件,无一起群体性纠纷,纠纷当事人、纠纷事实和涉及法律关系皆不同。每起纠纷均需根据个案具体情况进行调解,即使纠纷情况类似,最终调解结果也存在较大差异。

三是纠纷经多次处理,调解难度大。61% 的证券类纠纷来源于"12386"渠道转办。一般流程为,投资者拨打"12386"热线投诉,机构履行首要责任即在规定时限内联系投资者以期解决纠纷,如超期仍未解决纠纷的,则"12386"热线经投资者同意将相应纠纷转办中证法律服务中心进行调解。因此,此类由"12386"渠道转办的证券类纠纷一般案情复杂,"疑难杂症"率高,或双方存在较大意见分歧,投资者对机构不信任,沟通成本高。从纠纷调成率看,历年证券类纠纷调成率皆低于中证法律服务中心年平均调成率（详见图 6、图 8）。

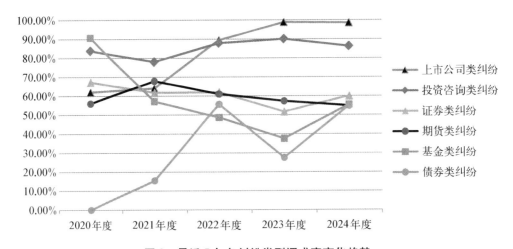

图 8　最近 5 年各纠纷类型调成率变化趋势

四是证券经营机构提供的调解方案受限,与投资者预期差距大。2024年调解成功的此类纠纷中,以降低费率、改善服务、消除误会等非现金方式达成调解方案的纠纷占比25.49%,赔偿金额低于1万元的纠纷占比55.9%。

（四）期货类纠纷

历年期货类纠纷主要案由包括期货公司居间人喊单纠纷、强行平仓纠纷和手续费纠纷。受《居间人管理办法》影响,2020年至2022年期间,期货公司居间人喊单纠纷跃至期货类纠纷主要类型,其中2022年纠纷占比达到85.66%;一年过渡期满后,2023年占比降为69.35%,2024年滑落至14.86%。《居间人管理办法》的施行在短期内冲高了纠纷数量,但长远看,实现了行业的有序、健康发展。

强制调解有利于期货纠纷化解。以2022年为节点,在期货类纠纷结案数下降的背景下,参加调解的期货公司数量反向增长:2022年有66家期货公司,同比2021年的57家,增长了15.79%;而2023年、2024年分别有75家、72家期货公司参加调解。这表明《期货和衍生品法》实施后强制调解机制有效运行,纠纷化解质效提高。

（五）基金类纠纷

1. 私募基金纠纷调解显优势,协议强制力待解决

以私募基金的募、投、管、退四阶段划分,中证法律服务中心调解的私募基金纠纷集中于基金退出阶段,投资者以基金销售机构、基金管理人未依法履行适当性义务或基金投向不符合约定等为由主张机构应承担相应的损失赔偿责任。如没有在先判决或行政监管机关对机构方的过错进行认定,则机构方一般不愿承担责任。因此,在剔除群体性纠纷数据后,近年来私募基金纠纷平均调成率仅为28.92%。

然而,部分"敢于吃螃蟹"的机构通过调解化解私募纠纷发现了调解的优势,即调解的保密性和灵活性为机构带来一定的处理纠纷空间,而中证法律服务中心的品牌效应为投资者带来信任,纠纷化解达到了案结事了的效果。值得注意的是,由于私募基金纠纷金额大,调解往往依赖司法确认、公证、仲裁等方式赋予调解协议强制力。

2. 公募基金机构调解意愿低,投资者维权难

公募基金机构无法定强制调解义务,超过50%的投资者提起的针对公募基金的调解申请因机构方的拒绝而未能进入调解程序。公募基金的纠纷主要包括交易软件净值估算差额争议、基金持仓问题等,投资者因举证能力有限,仅能依据自身经验、判断和公开信息数据主张权利,难以获得公募基金机构的有效回应,投资者维权难。2024年调解结案的116件公募基金纠纷中,仅有46件调解成功。

三、思 考 和 建 议

（一）牢牢把握群体性纠纷化解主线，抓住上市公司类纠纷调解牛鼻子

随着证监会严格执行退市制度，"零容忍"打击资本市场违法违规行为，严惩欺诈发行、财务造假等市场乱象，上市公司监管力度逐渐加大，投资者赔偿救济需求爆发性增长。上市公司虚假陈述纠纷涉及投资者众多，市场影响大、关注度高，最能体现投资者保护工作质效。因此，只有抓住上市公司群体性纠纷化解这个牛鼻子，资本市场纠纷化解质效方能有效彰显。

一是整合资源，创新示范判决维权救济机制。中证法律服务中心与中证投服中心维权业务协同，掌握维权诉讼主动性，创新纠纷调解业务，探索"支持诉讼+示范判决+专业调解+司法确认"模式。中证投服中心作为投资者保护机构提起支持诉讼，积极推动法院将此纠纷作出示范判决，对侵权行为重大性、证券违法行为与原告损失之间是否存在因果关系、揭露日的认定、是否存在系统性风险、被告各方的责任分担等重要焦点问题进行认定。中证法律服务中心进行平行案件调解，批量解决投资者纠纷，再由法院进行司法确认，赋予调解协议强制力，实现投资者赔偿救济诉求的集约化处理。

二是继续推广"损失测算+示范判决+专业调解"机制。中证法律服务中心自与上海金融法院在方正科技虚假陈述群体性纠纷中首创"损失测算+示范判决+专业调解"机制以来，该机制已经逐渐成熟，可以有效减少双方当事人争议，降低投资者维权成本，提高矛盾化解效率。目前，该机制主要运用在三个金融法院以及东南沿海地区的法院，下一步，可以在现有98家诉调对接法院基础上，进一步扩大诉调对接法院范围，充分利用与法院建立的联席会议机制，将该机制推广到全国，进一步提升上市公司群体性纠纷化解质效。同时，升级和开发非系统性风险损失测算以及操纵市场、内幕交易、债券损失测算功能，为法院提供更为专业的支持。

三是推动建立上市公司纠纷强制调解机制。目前，新证券法和期货和衍生品法规定了证券公司、期货公司对普通投资者(交易者)负有强制调解义务，但上市公司等其他主体无法定强制调解义务。为了解决上市公司调解意愿低的问题，本文建议上市公司协会可以在其行业自律规则中制定调解示范条款，鼓励、引导上市公司将调解列为争议解决前置程序。条件成熟时，可以研究立法推动建立上市公司"强制调解"机制。

（二）统一和强化对市场经营机构通过互联网和信息技术展业的监管和执法力度

近年来,随着网络和信息技术迅猛发展,互联网直播引流、量化交易、AI 技术深度融入我国资本市场的各个方面,极大地影响、改变了资本市场的运行方式以及投资者的投资行为,也产生了新的监管和执法领域,需要监管部门跟进和介入。如前所述,2024 年投资咨询类纠纷的大幅增长与互联网直播和引流带来的业务量的暴涨呈现明显的正相关关系,亟须监管介入。建议监管部门和行业协会顺应时代发展趋势,针对投资咨询机构运用互联网和信息技术展业,做好监管规则、行业自律规则的顶层设计,统一监管执法和行业自律标准,明确展业边界,做到执法有据。监管部门也可以借助通过"互联网+"、大数据、AI 大模型等先进生产力,充分利用信息技术带来的正向作用和价值,提高监管执法和自律规范的能力和成效。

（三）密切跟踪市场变化,充分调动现有调解资源

从纠纷调解数据来看,无论是 2020 年私募基金纠纷的异军突起,还是 2021—2022 年期货公司居间人纠纷大量爆发,以及 2023—2024 年间投资咨询纠纷数量的高速增长,近五年来调解的案件总量在波动中不断增长,但每年各个案件类型的占比并不稳定,而是跟随着市场和监管的情况不断变化。为了有效应对某些特定类型纠纷的爆发式增长,有必要在以下几个方面下功夫:

一是加强调解数据监测。对引发大量同类型调解案件或者群体性案件的情况,及时分析研判,对于在纠纷调解过程中发现的趋势性、苗头性问题,及时向监管机构、自律组织通报,通过加强与监管机构、自律组织的协同配合,共同研究应对措施。

二是加强调解员培训和指导。中证法律服务中心可以在监管机构领导下,与行业自律组织加强协作,共同指导市场机构组织专门力量逐步建立类案调解工作指引,更好指导调解工作。同时,动态调整培训资源,进一步加强培训的针对性和时效性,提升调解员队伍的专业性,保证调解员队伍能有效应对证券期货纠纷调解工作的新矛盾、新问题。

三是吸纳专业调解力量。针对期货纠纷、基金纠纷调解力量不足的问题,可以广泛发动行业协会、市场机构有情怀、愿意为资本市场纠纷调解工作贡献力量的行业专家、学者、律师等专业人才,将他们吸纳进调解员队伍,优化调解员组成结构,解决调解资源与市场需求不匹配的问题。

论债券虚假陈述案件中专业机构投资者权益保护的合理边界

张保生*　李瑞轩**　杨苏豫***

摘要： 区别于股票虚假陈述案件，债券虚假陈述案件的原告多为专业机构投资者。各地法院在认定专业机构投资者的权益保护范围时，态度普遍较为审慎。以虚假陈述、损失范围、因果关系为核心要件，相关判例基本构筑了关于合理确定专业机构投资者权益保护边界的裁判思路。但在具体问题的认定上，司法实践中的意见仍有分歧。如果回归债券虚假陈述责任的侵权责任本质、司法解释的立法目的，重视并切实发挥专业机构投资者在资本市场的资源配置中的重要功能，则应进一步精细化审查有关交易因果关系等构成要件，将并非将基于价值发现而作出投资决策的专业机构投资者排除在赔偿范围以外，充分发挥司法裁判引导职能，培育资本市场买方专业力量的规范运营与发展壮大。

关键词： 专业机构投资者　债券虚假陈述　交易因果关系　优化资源配置

一、问题的提出

近年来，我国债券市场违约规模迅速增长，债券发行人破产重整、清算愈发常见。截至 2023 年末，我国债券市场累计有 256 家发行人发生违约，共涉及到期违约债券 773 期，到期违约金额合计约 6 958.24 亿元。[①] 为挽回损失，大量债券投资者的索赔诉求集中涌向债券虚假陈述诉讼这一救济路径。特别是自 2020 年以来，我国债券虚假

* 北京市中伦律师事务所合伙人。
** 北京市中伦律师事务所非权益合伙人。
*** 北京市中伦律师事务所律师。
① 联合资信：《2023 年中国债券市场违约回顾与展望》，载微信公众号"联合资信"，2024 年 2 月 27 日。

陈述纠纷案件数量迎来爆发式增长,"五洋债"案、"康得债"案、"大连机床债"案等一批债券虚假陈述标杆性案件作出判决。

不同于我国股票市场以散户为主的投资者构成,债券市场发行规模大、标准化程度高,专业机构投资者①是最大的债券持有人主体。在银行间债券市场,专业机构投资者占比约为98.55%②,而在交易所市场,机构投资者占比约为81%,一般机构投资者占比约为17.37%③。我国债券市场的自然人投资者直接投资的比例相对较低(大多通过金融产品、由金融机构受托管理来间接投资债券)。司法实践中,绝大多数债券虚假陈述的原告也是专业机构投资者,而非普通散户。④ 如何精准认定专业机构投资者权益的保护范围,是摆在各地法院面前的难题。笔者通过梳理近30份裁判文书,可以观察到,法院在审理专业机构投资者提起的债券虚假陈述案件时,整体上采取了较为审慎的态度。法院对虚假陈述行为、损失认定、因果关系等要件的审查,更为精细化。相较于股票类虚假陈述诉讼,在债券虚假陈述诉讼中,原告举证责任要更高。但在具体构成要件的理解上,司法实践中的看法仍有分歧。

值得讨论的是,在债券虚假陈述诉讼中,是否有必要将专业机构投资者与普通散户投资者相区分,专门讨论其权益保护的合理边界问题? 如有必要,又应从哪些要件合理确定其权益保护的边界,以及应采取何种标准适用这些构成要件? 就此,本文在全面研究现有可搜集到的债券虚假陈述诉讼案例的基础上,总结法院审查认定不同构成要件的共识与分歧,进而从责任本质、立法目的、金融功能、司法目标等角度论证合理限定专业机构投资者权益保护边界的合理性与正当性,最后再将目光转回到司法实践中遇到的问题中去,提出解决相关问题的初步建议。

---

① 本文所称"专业机构投资者",系《证券期货投资者适当性管理办法(2022 修正)》(证监会令第 202 号)第 8 条第 1 款前三项规定的经金融监管部门批准设立的金融机构、上述金融机构面向投资者发行的理财产品以及社保保障基金等社会公益基金,合格境外机构投资者等,不包括普通的法人机构或组织。具体如下:(1)经有关金融监管部门批准设立的金融机构,包括证券公司、期货公司、基金管理公司及其子公司、商业银行、保险公司、信托公司、财务公司等;经行业协会备案或者登记的证券公司子公司、期货公司子公司、私募基金管理人。(2)上述机构面向投资者发行的理财产品,包括但不限于证券公司资产管理产品、基金管理公司及其子公司产品、期货公司资产管理产品、银行理财产品、保险产品、信托产品、经行业协会备案的私募基金。(3)社会保障基金、企业年金等养老基金,慈善基金等社会公益基金,合格境外机构投资者(QFII)、人民币合格境外机构投资者(RQFII)。

② 《2024 年 11 月债务融资工具持有人统计》,载交易商协会官网,https://www.nafmii.org.cn/sjtj/cyrjg/,2024 年 12 月 19 日访问。

③ 《主要券种投资者持有结构 2024 年 11 月》,载深交所官网,https://bond.szse.cn/marketdata/statistics/report/struc/index.html,2024 年 12 月 19 日访问。

④ 据笔者统计,在笔者搜集的 24 个债券虚假陈述案件中,仅有三个案件涉及自然人投资者,其他均为专业机构投资者。

二、整体的一致与局部的分歧：
对近 30 个判例的分析

笔者搜集了自 2017 年江苏高院审理的"超日债"虚假陈述案件①以来的近 30 个债券虚假陈述案件的判例。可以观察到，整体上，各地法院均倾向于合理限定专业机构投资者的权益保护范围，尤其在要件审查的精细化程度、举证责任分配、证明标准等方面，明显区别于股票类虚假陈述案件。但在局部，对于具体构成要件的认定，不同法院在不同个案中的裁判思路仍存在一定的分歧。因债券虚假陈述案件通常事实复杂、涉案因素多元、责任后果重大，这些分歧，哪怕是不大的分歧，仍会对最终的裁判结果产生直接且关键的影响。

（一）债券虚假陈述行为的认定

《最高人民法院关于审理证券市场虚假陈述侵权民事赔偿案件的若干规定》（法释〔2022〕2 号，下称《虚假陈述司法解释》）取消了行政处罚或刑事判决作为起诉依据的"前置程序"，为专业机构投资者自行举证证明发行人的虚假陈述行为提供了机会。相较于个人投资者，专业机构投资者资金实力雄厚、专业性强，能够持续关注发行人舆情、发行人及其关联方信息披露违法的监管文件，也能够委托更专业的律师深入挖掘"虚假陈述"的相关证据。类似的证据包括自媒体文章②、自行委托会计师事务所作出的审计鉴证报告③、发行人关联方的行政处罚决定④、交易所纪律处分、行政监管措施等。此外，由于发行人债券违约后往往会进入破产清算或重整程序，且企业集团合并重整非常常见，很多破产程序中管理人、审计机构、破产法院出具的司法审计报告、破产裁定等相关文件事后认定的事项可能与债券发行、交易文件披露的信息存在"出入"，也被作为"虚假陈述"的证据。⑤

各地法院普遍采取了较为审慎的态度审查专业机构投资者提交的"初步证据"，对原告的举证责任提出了一定的要求。例如，在"洪业债"案中，原告某基金管理公司

---

① 下文如无特别说明，"××债"案均指"××债"虚假陈述纠纷案件。如存在同一债券涉及多个不同案件的情况，具体案件以裁判文书编号区分。

② 重庆市第五中级人民法院民事裁定书，(2022)渝 05 民初 110 号。

③ 北京金融法院民事判决书，(2021)京 74 民初 1 号。

④ 北京金融法院民事判决书，(2021)京 74 民初 1 号；河南省高级人民法院民事判决书，(2024)豫民终 142 号。

⑤ 北京金融法院民事判决书，(2021)京 74 民初 1 号；江苏省南京市中级人民法院民事判决书，(2020)苏 01 民初 305 号。

向法院提交了发行人的破产裁定,用以证明债券发行文件中有关"发行人独立性"的内容构成虚假陈述。但二审法院认为实质合并破产审计报告所涉公司主体范围、财务信息的时间区间,均与《募集说明书》不同,进而认定原告主张的虚假陈述不成立。① 又如,在"华业债"案中,法院甄别了有关行政处罚决定书认定的投资业务不审慎与信息披露违法之间的区别,同时未采信原告自行主张的虚假陈述。②

（二）损失的认定

专业机构投资者投资债券,既有债券发行时的首发投资,也有在债券存续交易期间的买入。由于市场上的债券价格存在一定的波动性,甚至出现严重折价的情况,就导致投资者真正买入债券的价格可能与面值存在较大出入。一旦进入虚假陈述诉讼,如何认定专业机构投资者的实际损失,司法实践存在较大分歧。

在早期江苏高院审理的"超日债"案③、广州中院审理的"海印转债"案④中,审理法院均采用实际投资差额的方法计算投资者损失。但在最高人民法院《全国法院审理债券纠纷案件座谈会纪要》（下称《债券座谈会纪要》）发布后,损失认定问题的裁判观点出现了一定的变化。在后续"致富债"案⑤、"鸿润债"案⑥、"大连机床"案等一系列案件中,法院均直接按照债券票面本息金额来认定专业机构投资者的损失,而没有考察其实际买入的价格是否低于债券票面金额。但实务界对此争议颇多,理论界亦呼吁应以实际投资差额来认定债券投资者因虚假陈述导致的损失。⑦

在"胜通债"案中,一审法院认为根据《虚假陈述司法解释》第25条规定,被告的赔偿范围应以原告因虚假陈述而实际发生的损失为限;依据侵权法理论,损失填平原则是侵权损害赔偿的基本原则;若以债券票面金额进行损失赔偿有违侵权法的损失填平原则,故应以投资者实际支付的价格为基础计算差额损失。⑧ 但该判决后被二审法院以"需要考虑案涉债券所具有的还本付息属性"为由,发回重审。而在东北地区审理的"大连机床"案的情况却恰与"胜通债"案相反。在该案中,一审判决按照债券

① 陕西省高级人民法院民事判决书,(2021)陕民终935号。
② 北京金融法院民事判决书,(2023)京74民初1986号。
③ 江苏省高级人民法院民事判决书,(2017)苏民终1172号。
④ 广东省广州市中级人民法院民事判决书,(2020)粤01民初14号。
⑤ 北京市高级人民法院民事判决书,(2021)京民终244号。
⑥ 山东省高级人民法院民事判决书,(2020)鲁民终2712号。
⑦ 参见叶林、王艺璇:《债券虚假陈述赔偿中的因果关系认定》,载《债券》2022年第6期;李姝晨、樊健:《债券虚假陈述民事责任皇冠上的明珠:投资损失计算》,载《投资者》2024年第1期;史淑梅、夏东霞、杨婷、刘颖、高红:《债券虚假陈述案件中的投资差额损失认定》,载《债券》2024年第3期。
⑧ 山东省青岛市中级人民法院民事判决书,(2022)鲁02民初1063号;山东省高级人民法院民事裁定书,(2023)鲁民终1249号。

票面本息损失计算投资者损失;但是辽宁省高院二审裁定认为,专业机构投资者系从二级市场买入案涉债券,必须考虑案涉债券第一手购买人主张权利的可能性,避免案涉债券第一手购买人主张权利时导致相关赔偿主体最终高于发行人收取的本金数额承担债券本金赔偿责任,据此撤销一审判决而发回重审。[①] 目前,上述两个案件尚未作出最终判决,司法实践对于债券投资损失的认定有待进一步观察。

(三) 交易因果关系的认定

交易因果关系是专业机构投资者所涉债券虚假陈述案件中审查的重点。一方面,理论界与实务界对专业机构投资者是否当然适用“推定信赖”原则,尚未形成一致意见,而这直接影响举证责任的分配。另一方面,专业机构投资者的投资决策过程是否审慎、合规,是否真的是基于对其诉称的虚假陈述的合理信赖而作出买入决策,是绝大多数法院特别关注的实体问题。

1. “推定信赖”原则的适用:举证责任的分配与转置

司法实践中,法院普遍认为,在债券虚假陈述案件中,专业机构投资者也应当根据《虚假陈述司法解释》的规定适用推定信赖原则,仅有个别法院认为不应当直接适用推定信赖原则。是否适用推定信赖原则,直接影响举证责任的分配。

在“康美债”案中,广州中院认为,对于通过证券交易所报价系统进行的“非面对面”证券交易,不论是机构投资者还是普通投资者,均是信赖上市公司披露的信息进行交易,机构投资者并不负有更高的注意义务。[②] 又如,在“国安债”案[③]和“华业债”案[④]中,北京金融法院均认为,《虚假陈述司法解释》在适用范围上并未区分普通投资者还是专业投资者,且虚假陈述行为通常具有一定的隐蔽性,无论是机构投资者还是普通投资者在进行投资决策时都难以发现虚假陈述行为,不能苛责机构投资者对发行人的调查和决策达到精准预判虚假陈述实施可能性的程度,也即二者都应受到推定信赖的保护。但在“辅仁债”案中,法院认为对专业机构投资者不应适用“推定信赖”原则,且原告应就侵权行为、主观过错、因果关系、侵权结果等全部侵权责任构成要件承担举证责任。[⑤]

---

① 辽宁省大连市中级人民法院民事判决书,(2022)辽 02 民初 998 号;辽宁省高级人民法院民事裁定书,(2023)辽民终 1680 号。
② 广东省广州市中级人民法院民事判决书,(2022)粤 01 民初 24 号。
③ 北京金融法院民事判决书,(2023)京 74 民初 1606 号。
④ 北京金融法院民事判决书,(2023)京 74 民初 1986 号。
⑤ 河南省高级人民法院民事判决书,(2024)豫民终 142 号。

在适用"推定信赖"原则的前提下,各地法院普遍认为,在有初步反证证明专业机构投资者的交易因果关系要件存疑时,因专业机构投资负有的法定与约定审慎投研注意义务,应发生举证责任的转置——即转而应由专业机构投资者提交投资决策依据证明对诉称的虚假陈述存在合理信赖。否则,其应承担举证不力的不利后果。例如,在"华晨债"案中,审理法院认为,原告专业机构投资者未能提供证据证明作出投资决策时受到虚假陈述的影响,且系在债券出现诸多重大风险信号后买入债券,系抱着发行人能够摆脱经营困境或者低价投资本金能够获得清偿的侥幸心理,不存在交易因果关系。① 又如,在"洪业债"案中,审理法院认为,原告在发行人偿债能力显著下降、案涉债券长期停牌且违约风险很高的情况下买入债券,不能径行适用推定信赖原则,而应由其举证证明投资行为的决策依据,但原告未提交任何如可行性研究报告等当时据以作出投资决策的文件材料,应承担举证不利的法律后果。②

可以观察到,如果专业机构投资者在债券已经暴露明显风险信号的情况下买入,该买入时机已相当异常,这种异常性足以阻却交易因果关系的推定。此时,应由原告就其投资决策的过程进行举证,否则,应承担举证不能的不利后果。但是,不同法院对于何种程度的债券风险信号足以阻却交易因果关系要件的推定,存在相当的分歧。在认定"交易异常性"的标准宽严方面,法院有着较大的自由裁量权,或需更多的判例样本来进一步观察与总结。

2. 阻却交易因果关系的事由

作为硬币的另一面,如果专业机构投资者存在明显违法违规的投资行为,或者有证据证明其因信赖虚假陈述之外的其他因素而做出投资决策,则可彻底推翻交易因果关系要件。

例如,在"洪业债"案中,审理法院经审理查明,部分专业机构投资者系基于其或其股东与发行人之间的合作协议等因素而购入案涉债券,并非基于对公开募集文件中虚假信息的信赖,不存在交易因果关系;③部分专业机构投资者违反了私募基金合同"应投资良好流动性的金融工具"的约定义务,买入之前案涉债券评级下调、停牌不能公开竞价交易,不具有因对公开募集文件信赖而作出投资决策的合理性。④ 又如,

---

① 辽宁省沈阳市中级人民法院民事判决书,(2024)辽 01 民初 521 号。
② 江苏省南京市中级人民法院民事判决书,(2020)苏 01 民初 305 号。
③ 江苏省南京市中级人民法院民事判决书,(2020)苏 01 民初 2364 号。
④ 江苏省南京市中级人民法院民事判决书,(2020)苏 01 民初 305 号。

在"胜通债"案中,青岛中院认为机构投资者购入案涉债券系为履行《投资顾问协议》约定、收取发行人返费,且为避免未完成认购而承担违约责任,与案涉虚假陈述行为无关,不存在交易因果关系。[①] 但是,对于债券投资领域常见的"结构化发行""收取返费""投资涉嫌违法违规"等典型的阻却事由,部分法院在认定其能直接推翻交易因果关系方面仍略显保守,不同法院之间的认定标准存在较大的分歧。

(四)损失因果关系的认定

专业机构投资者因买卖债券产生的损失,未必由虚假陈述造成。特别是专业机构投资者具有较强的风险识别、风险防范能力。对于投资损失的发生与扩大,已有部分法院勇于突破,积极审查了损失因果关系要件,并关注到了专业机构投资者避免损失扩大的义务(duty to mitigate)。例如,在"华汽债"案中,审理法院认定,原告诉称的虚假陈述与嗣后债券违约、投资者损失之间不存在因果关系。[②] 又如,在"大连机床"案中,虽然北京金融法院认定专业机构投资者的决策与案涉虚假陈述行为之间存在交易因果关系,但是认为专业机构投资者在发行人违约风险极高的情况下买入案涉债券,未尽审慎决策义务,因此,应当减轻各侵权方的赔偿责任。[③] 再如,在"华汽债"案中,审理法院认为发行人在 2020 年经营已经陷入困难、机构投资者已经处置部分债券的情况下,仍持有剩余债券,系其基于专业投资者注意义务和防范能力自行作出新的决策行为,故即便存在损失,其亦存在过错,应承担相应后果及责任。[④]

在扣除虚假陈述之外其他因素影响投资损失的问题上,或因缺乏专业的测算方法与机构,法院普遍采取了较为保守的态度。但已有个别案件开始尝试将系统风险、非系统风险因素纳入损失因果关系的考察范围。例如,在"富贵鸟"债案中,法院综合考虑债券投资自身风险、宏观经济风险、行业风险及富贵鸟公司实际经营状况等因素,结合会计师过错程度,酌定会计师承担 2%—3% 的连带赔偿责任。[⑤] 又如,"胜通债"案中,青岛中院一审酌定扣除"行业下行、区域性担保圈爆雷和自身经营不善"等因素造成投资者 40% 的损失。[⑥]

① 山东省青岛市中级人民法院民事判决书,(2022)鲁 02 民初 1721 号。
② 辽宁省沈阳市中级人民法院民事判决书,(2023)辽 01 民初 1811 号。
③ 北京金融法院民事判决书,(2021)京 74 民初 1 号。
④ 辽宁省沈阳市中级人民法院民事判决书,(2023)辽 01 民初 1811 号。
⑤ 北京市高级人民法院民事判决书,(2021)京民终 697 号。
⑥ 山东省青岛市中级人民法院民事判决书,(2022)鲁 02 民初 1063 号。

三、合理限定专业机构投资者的
权益保护范围的正当性

透过上文总结的司法裁判趋势可以看出,各地法院均尝试通过不同构成要件的精细化审查、举证责任的分配与转置来合理限定专业机构投资的权益保护范围。但将专业机构投资者区别于普通散户投资者,并限定对前者权益的保护范围,是否具有法理与司法政策上的正当性,值得进一步探讨。而且,即便在整体上的一致之下,各地法院在不同构成要件的认定标准、证明标准方面仍存在局部分歧,或可通过进一步的理论与司法政策研究,找到分歧解决的方案。

（一）回归侵权责任本源

债券虚假陈述纠纷作为一种特殊的侵权责任纠纷,应当回归侵权责任的本源。侵权责任应承担的赔偿责任范围,旨在填平投资者的实际利益损失,与债券本息预期利益并不直接相关,应以虚假陈述行为给原告造成的实际损失为限。[①] 但仍有大量判例在认定损失时,直接以债券票面本息作为投资者损失,实质上是将虚假陈述责任范围与债券违约责任范围画上了等号,这会导致产生以下两个问题。

第一,在二级市场低价买入债券的投资者可能获得超出实际损失的赔偿。对于在二级市场上以低于债券票面金额买入的投资者,其因虚假陈述遭受的实际利益损失显然低于债券全额本息数额。如果不考虑投资者实际买入债券的成本低于债券票面金额的情况,仍然按照债券本息损失赔偿投资者,则可能导致投资者获得的赔偿超过投资者实际损失,有违侵权损害赔偿的"禁止得利原则"。

第二,可能让中介机构不当成为债券兑付的担保主体。要求发行人在虚假陈述案件中对一审判决作出前仍持有债券的投资者承担债券本息的赔偿责任,对于发行人而言并无实质不公,且能够解决投资者的核心诉求。但是,在债券发行人因违约基本陷入破产境地、丧失偿付能力的情况下,原告要求债券中介机构对其债券本息损失承担赔偿责任的情况越来越突出,在很多案件中,中介机构成为了投资者的首选目标甚至唯一目标。《债券座谈会纪要》将发行人虚假陈述责任等同于债券违约责任本无实质不公,但在连带责任的情形下,这将导致中介机构虚假陈述责任范围的起点也

---

① 参见李姝晨、樊健：《债券虚假陈述民事责任皇冠上的明珠：投资损失计算》，载《投资者》2024 年第 1 期。

被不当提高至"投资者债券本息预期利益"，有违侵权损害赔偿的损害填平原则，使中介机构成为了债券兑付的担保主体。这会给中介机构带来过重的负担，损害债券市场的健康发展。[①]

证券虚假陈述责任作为一类特殊侵权责任，旨在填平投资者的实际利益损失，与债券本息预期利益并不直接相关。因此，相关责任主体虚假陈述责任范围的起点，也应当是债券投资者的实际利益损失（主要体现为投资差额损失）。《债券座谈会纪要》认为在一审判决作出前仍然持有债券的投资者损失按照本息计算，有违侵权损害赔偿的损害填平原则。

（二）重申因果关系要件精细化审查的必要性与重要性

因果关系是侵权责任成立及确定责任范围的前提，是法院审理侵权责任纠纷应予充分查明的构成要件。因果关系被称为"石器时代的玄学"，复杂抽象，大陆法系侵权法理论将其分为责任成立和责任范围两类因果关系。前者指可归责的行为与权利受侵害之间具有因果关系，后者指权利受侵害与损害后果之间的因果关系。[②] 具体到证券虚假陈述案件中，前者即交易因果关系，后者即损失因果关系。原则上，因果关系应由原告举证，被告可以提出反证，并最终由法院查明认定。但普通散户投资者并无留存投资决策证据的习惯，举证难度很大。最高人民法院在 2003 年制定《关于审理证券市场因虚假陈述引发的民事赔偿案件的若干规定》（法释〔2003〕2 号）时即引入推定信赖原则，以解决中小投资者举证难的困境，并在实践中取得良好效果。

然而，在专业机构投资者提起的债券虚假陈述案件中，因果关系的认定相较普通散户提起的股票虚假陈述案件具有明显的特殊性，没有必要以推定信赖原则为专业机构投资者提供举证上的便利，同时应特别重申因果关系要件精细化审查的必要性。

一方面，专业机构投资者具有雄厚的资金与专业优势，负有法定或约定的审慎投研、保留投研决策依据的义务，不存在客观上无法举证的问题，且应证明其主观上的投资决定是基于对诉称虚假陈述的合理信赖。由专业机构投资者承担因果关系的举证责任，并不会额外增加专业机构投资者的负担，反而有利于督促其履行审慎投研义务，有利于投资者和资本市场的健康发展。

从法律规定看，根据《证券投资基金法》《信托法》《证券公司客户资产管理业务

[①] 李姝晨、樊健：《债券虚假陈述民事责任皇冠上的明珠：投资损失计算》，载《投资者》2024 年第 1 期。

[②] 陈广辉、张琳琳：《"歧路"并轨：银行机构违反适当性义务民事责任路径优化》，载《经贸法律评论》2023 年第 1 期。关于因果关系二分为责任成立的因果关系与责任范围的因果关系观点，亦见王洪亮：《债法总论》，北京大学出版社 2016 年版，第 396 页。

管理办法》等规则,基金管理人等专业机构投资者本身即负有谨慎勤勉的特殊义务。例如,《证券投资基金法(2015 年修正)》第 9 条规定:"基金管理人、基金托管人管理、运用基金财产,基金服务机构从事基金服务活动,应当恪尽职守,履行诚实信用、谨慎勤勉的义务。基金管理人运用基金财产进行证券投资,应当遵守审慎经营规则,制定科学合理的投资策略和风险管理制度,有效防范和控制风险。"

此外,部分专业机构投资者依据投资合同负有约定的审慎投资义务。例如,在"洪业债"案中,法院认为私募基金合同载明应投资良好流动性的金融工具,在案涉债券评级下调、停牌不能公开竞价交易的情况下,完全不具有良好的流动性,不符合基金合同约定的投资策略,不具有因对公开募集文件信赖而作出投资决策的合理性。[①]有观点指出,对于资管型专业机构投资者而言,"他们本身负有收集和分析信息、审慎决策的义务,以自身收集、分析信息的工作能力和时间精力投入作为收取费用、分享收益的依据,显然不应满足于依赖或主要依赖证券发行人的信息披露文件的表面文义或结论,而具有自行调查分析的应然性。""倒逼其重视投资的研究和决策过程、尽到法律要求的勤勉尽责义务,这最终会使其投资者受益。"[②]

就专业机构投资者对因果关系的举证责任问题,最高人民法院相关意见曾明确指出:"投资基金设有专门的市场投资者研究机构,在投资之前会实地考察和提出可行性研究报告,所以一般难以受到虚假陈述侵害";[③]"法人或者其他组织等机构投资主体还须提交其投资可行性调研或分析报告、投资决策报告,以证明其投资行为是理性和善意的","如果等同于对自然人投资主体信赖推定的证明标准而适用因果关系认定,支持投资机构的诉讼请求,不仅不利于保护中小投资人,而且无辜加重了虚假陈述行为人的民事责任,更重要的是危害了民事赔偿诉讼制度"。[④]

另一方面,无论因果关系的举证责任如何分配,审理法院均应充分地、精细化地查明专业机构投资者的交易决定与诉称虚假陈述之间是否存在交易因果关系,也即原告是否对其诉称的虚假陈述形成了合理信赖。这已基本成为各地法院审理涉专业机构投资者的债券虚假陈述案件的共识。特别是在我国债券投资市场较早的阶段,存在大量的结构化发行、收取返费、违反审慎投研决策规范、违反投资集中度限制等

---

① 江苏省南京市中级人民法院民事判决书,(2020)苏 01 民初 305 号。
② 参见杨婷、王琦:《"参照"规则视角下的证券虚假陈述侵权适用范围之辨》,载《财经法学》2022 年第 4 期。
③ 李国光主编:《最高人民法院关于审理证券市场虚假陈述案件司法解释的理解与适用》,人民法院出版社 2015 年版,第 109 页。
④ 参见贾纬:《证券市场侵权民事责任之完善》,载《法律适用》2014 年第 7 期。

情况。不少专业机构投资者脱离了价值发现与价值投资的正途,参与了债券发行与交易的违法违规活动,显然应排除在债券虚假陈述责任制度的保护范围之外。

笔者认为,对于专业机构投资者,不应直接适用"推定信赖"原则,而是首先应当要求其提交可行性研究报告等投资决策依据,证明其已经尽到了审慎决策义务,并合理信赖其主张的发行人及其他责任人的虚假陈述行为。在专业机构投资者本身就有法定的或约定的审慎投研义务的情况下,要求其提交可行性研究报告等投资决策依据并不会成为专业机构投资者的"不能承受之重",而是其履行审慎投研义务的应有之义。这也是债券虚假陈述责任回归侵权责任本源的必然要求。

(三)充分落实"买者自负"原则

在现代资本市场中,风险与收益共存,"买者自负"是资本市场运行中的基本原则之一。民法上的"自己责任",是指行为人应该对自己的行为负责,系过错责任,"买者自负"则是传统民法中的"自己责任"原则在证券法领域的具体体现。有学者认为,司法实践中,适用"买者自负"原则应重点考查投资者的个人能力和相关经验、相关人的信息披露情况等因素,在与传统侵权要件之间的关系,"买者自负"条件的具备情况可以协助认定其他主体的主观过错状况以及相应的因果关系认定。[①]

对专业机构投资者而言,由于其在专业知识、投资经验等方面高于普通投资者,其在债券投资中应具有特殊的注意义务。专业机构投资者的特殊注意义务来源于资本市场中的"买者自负"原则、符合侵权法"自己责任"的原理[②],有利于提高专业机构投资者的审慎投研能力。如果其未尽到审慎投研义务,则不存在交易因果关系,并自行承担损失,符合"买者自负"原则。

特别是在发行人违约风险已经较高的情况下,如专业机构投资者仍然自甘风险选择买入或继续持有案涉债券,与有过失,应回归虚假陈述侵权责任的本质,判决减轻或免除侵权方的赔偿责任。例如前文分析的"华汽债"案,法院即认为在发行人已经陷入经营困难、机构投资者已经处置了部分案涉债券的情况下,仍然选择持有剩余债券,系其基于专业投资者注意义务和防范能力自行作出新的决策行为,自身存在过错,应承担相应后果及责任。这有利于督促和引导专业机构投资者更好地履行审慎投资义务,在发行人违约风险较高的情况下及时卖出止损,避免造成更大的损失,并

---

① 参见徐明、卢文道:《证券交易"买者自负"原则的司法适用及法制化初探》,载《证券法苑》2011 年第 1 期。
② 参见姜帅:《机构投资者适用交易因果关系推定的注意义务要件研究——以中车金证案为中心》,载《投资者》2023 年第 3 期。

充分发挥资产定价的作用,促进市场资源的优化配置。

（四）促进专业机构投资者履行其合理优化资源配置的金融职能

"市场经济是最有效的资源配置方式,只有充分发挥市场在资源配置中的决定性作用,才能让一切劳动、资本、技术、管理的活力竞相迸发,才能让一切创造社会财富的源泉竞相涌流。"[①]在资本市场中,专业机构投资者以其雄厚的资金实力、专业的投资策略和风险管理能力,在资产定价、维护证券市场稳定、促进资源优化配置、改善上市公司治理结构等方面发挥着极为重要的作用。对于健康良性的资本市场,专业机构投资者承担着"压舱石"的作用,它是资本市场的稳定器。[②]正如有学者所指出的,"专业投资者是证券市场信息的接收者、分析者,他们基于证券信息而非证券价格开展交易,是价格的制造者、调整者而非被动接受者,可谓有效市场假说的真正的基石。所以专业投资者并不理所当然地完全适用欺诈市场理论的保护。"[③]

证监会吴清主席在 2024 年 8 月 25 日召开的"学习贯彻党的二十届三中全会精神 进一步全面深化资本市场改革机构投资者座谈会"上也指出,"近年来资本市场机构投资者队伍不断发展壮大,交易占比明显提高,已逐步成为理性投资、价值投资、长期投资的标杆性力量,对促进资本市场健康稳定发展发挥了重要作用。希望机构投资者继续坚定信心,保持定力,坚持长期主义、专业主义,不断提升专业投研能力,更好发挥示范引领作用,持续壮大买方力量"。[④]

但如前述,实践中,专业机构投资者存在债券违约风险大幅提高的情况下仍然购买"垃圾债"、试图博取超额收益的投机行为,这些投机行为并非基于对其诉称虚假陈述的合理信赖作出,显然应当与价值投资行为相区分,而不应受到债券虚假陈述责任制度的保护。此外,部分专业机构投资者还存在帮助发行人减轻回售压力、掩盖流动性风险的涉嫌违法违规行为,这些行为不利于证券真实价格的发现,长期来看也不利于资本市场的健康发展。

因此,具体到债券虚假陈述案件中,可充分发挥司法的指挥棒作用,通过对因果

---

① 中国经济体制改革研究会:《见证重大改革决策——改革亲历者口述历史》,社会科学文献出版社,2018 年第一版,第 8 页。

② 参见贾春新、马梦璇:《机构投资者的"机构化"——基于公募基金持有者结构的实证分析》,载《农村金融研究》2024 年底 3 期;吴晓晖、杨静、郭晓冬:《中国大型机构投资者的"颗粒性"与公司价值》,载《经济管理》2024 年底 4 期;王春、袁晓婷:《机构投资者长期持股与金融稳定》,载《南京审计大学学报》2024 年第 6 期。

③ 参见缪因知:《证券虚假陈述与投资者损失因果关系否定的司法路径》,载《证券法苑》2020 年第 3 期。

④ 证监会官网:《证监会召开学习贯彻党的二十届三中全会精神 进一步全面深化资本市场改革机构投资者座谈会》,http://www.csrc.gov.cn/csrc/c100028/c7502540/content.shtml,2024 年 12 月 19 日访问。

关系等核心要件的充分审查与裁判,引导专业机构投资者的行为:投前,专业机构投资者要履行审慎投研义务;投后,对于已经出现违约风险的债券投资,应考虑及时卖出止损,充分运用专业能力、发挥债券定价的功能。同时,专业机构投资者要严格遵守相关法律法规,避免出现操纵市场、内幕交易、协助发行人掩盖风险等违法违规行为。专业机构投资者作为资本市场的基本力量,承担着价格发现、促进资源合理配置的重要功能,其承担较高的审慎注意义务有助于其提高投研能力、壮大买方力量。

四、结论与建议

债券虚假陈述责任纠纷是一类较为复杂、多元的专业金融纠纷,特别是涉及虚假陈述行为认定、损失范围认定、交易因果关系、损失因果关系等多重法律问题。对于专业机构投资者的保护而言,既不能简单地完全类推适用股票虚假陈述案件中对自然人投资者保护的规则,忽视专业机构投资者身份的特殊性,也不能过于苛责专业机构投资者、堵塞其通过诉讼挽回合理损失的路径,导致走向另一个极端。应当充分考虑专业机构投资者的特殊性,探索在个案中保护专业机构投资者权益的合理边界。具体建议如下:

第一,在是否构成虚假陈述行为的审查上,主要依靠证券监管机构的专业认定,并在证券监管机构专业认定的基础上"做减法",进一步排除不具有重大性的行为等。对专业机构投资者自行提交的发行人存在虚假陈述的"初步证据",法院应当严格审查、审慎认定是否存在虚假陈述行为。

第二,在损失范围认定上,应回归侵权责任的本源,坚持以"实际损失"为原则。特别是对于专业机构投资者从二级市场低价买入债券的损失,应充分考虑投资者的实际损失,避免投资者获得超过其损失的额外收益,违反侵权法的"禁止得利"原则。同时,也避免债券虚假陈述责任不当成为中介机构对发行债券的"担保责任"。

第三,在交易因果关系的认定上,对专业机构投资者不应直接适用"推定信赖"原则。应当首先要求专业机构投资者提交可行性研究报告等投研决策文件,以证明其履行了审慎投研义务,并合理信赖其主张的虚假陈述行为而作出交易决策。同时,法院应重点审查交易因果关系要件,不应在证据不充分时即径行推定满足"合理信赖"要求;而应充分查清专业机构投资者购入案涉债券是否存在其他原因、是否有违法违规行为等,对于专业机构投资者系由于其他原因买入案涉债券、存在违法违规行为的,应认定不存在交易因果关系。

第四,在损失因果关系的认定上,法院应审慎考察虚假陈述行为对案涉债券损失的原因力大小,并应当扣除系统性风险和非系统性风险的影响,避免在发行人破产的情况下,将损失转嫁由中介机构承担。对于专业机构投资者自甘风险买入、未能及时止损的,可依法减轻或免除相关主体的责任。

综上所述,针对债券虚假陈述中专业机构投资者权益保护的合理边界,司法实践已经进行了很多有益探索。本文在梳理相关司法实践案例的基础上,回归债券虚假陈述责任纠纷系侵权责任的本源,探究虚假陈述司法解释的立法本意,考量专业机构投资者身份的特殊性,对专业机构投资者保护的合理边界进行了分析并提出建议。希冀能为该类司法案件的裁判提供参考,并通过司法判决的引导作用,发挥专业机构投资者在资本市场上的"买方筛选"与"买方定价"作用,真正实现债券市场的优胜劣汰,积极促进我国资本市场健康有序发展。

投资者保护视角下证券纠纷调解制度研究

张虞茗[*]

摘要：证券纠纷调解制度是我国证券市场"多元化纠纷解决机制"的关键组成部分，亦是替代性纠纷解决措施的主要工具之一。过去的十年间，在新旧"国九条"等资本市场政策的引领下，证券纠纷调解制度在规则体系的建立和实践案例的应用方面都成果斐然。然而，目前我国纠纷调解制度仍受困于调解组织力量薄弱、诉调衔接机制不畅等现实问题，无法发挥其定位预期中高效、及时定分止争的理想效能。为此，在后续的制度建设中，除了加强规则的体系性与可操作性，还须继续完善各纠纷解决机制的衔接通路，加大对调解组织的成本投入，提升调解人员专业素养，并引入证券申诉专员制度对现行调解机制形成补充，持续优化证券纠纷调解制度。

关键词：投资者保护　证券纠纷调解　诉调对接　证券申诉专员

　　证券纠纷调解是证券市场中的投资者在感知到权益受损后，其可采取的非诉讼维权渠道之一。相较于诉讼，证券纠纷调解具有经济、高效的功能优势，能够有效缓解司法资源有限导致的"投资者维权难"问题。早在《关于进一步促进资本市场健康发展的若干意见》（国发〔2014〕17号）（以下简称旧"国九条"）出台时，"建立多元化的纠纷解决机制"已被列为资本市场保护投资者的目标路径之一。其中，培养专业人才队伍、建立调解与其他纠纷解决的对接机制、完善证券市场纠纷调解制度，更是这一命题下的工作中心[①]。因此，在新"国九条"强调"以人民为中心"的金融改革背景下，如何建设多元化的纠纷解决机制，畅通中小投资者通过非诉讼手段及时、有效地

---

　　* 华东政法大学博士研究生。

① 参见《国务院关于进一步促进资本市场健康发展的若干意见》（国发〔2014〕17号），https://www.gov.cn/gongbao/content/2014/content_2679315.htm，2024年9月27日访问。

获得权益补偿,仍然是我国目前阶段证券市场投资者保护机制完善的核心。

2024 年 5 月 15 日,证监会发布了《关于完善证券期货纠纷多元化解机制 深入推进诉源治理的工作方案》(以下简称《工作方案》),强调要"把各类纠纷解决机制纳入法治轨道,在法律框架内实现定分止争。"《工作方案》指出,充分发挥调解的基础性作用,提升证券市场纠纷的预防化解能力和法治化水平,对保护投资者合法权益具有重要的现实意义。本文在此背景下梳理了我国证券纠纷调解制度的建立历程,立足其价值功能对该制度的应用现状从规则体系、适用频率中存在的不足进行剖析,并在检视证券纠纷调解制度困境成因的基础上提出未来改进的可行进路,以期为证券纠纷调解制度在"建立多元化纠纷解决机制"政策导向下的持续完善和推广应用提供助益。

一、证券纠纷调解制度的规则演进与体系建立

相较于有奖举报制度(即"吹哨人制度")、证券代表人诉讼制度等投资者保护机制,证券纠纷调解制度属于我国较早建立的投资者保护直接工具之一,并是证券市场替代性纠纷解决机制的重要组成部分。但正如多数证券市场投资者保护工具一般,调解制度的规则完善与机构设置并非一蹴而就,而是在实践中根据市场的发展阶段与投资者的需求变化不断演进,最终形成了现今的证券市场纠纷调解制度体系。

(一)证券纠纷调解制度的条文演进

早在 1998 年证券法首次颁布时,其第 164 条就授予了证券业协会对证券市场纠纷进行调解的工作职责。但囿于当时市场化程度和立法技术的局限性,这一授权性规定并没有及时形成后续的配套应用规则。在此后的近十年中,我国证券纠纷调解制度有且仅有此条原则性规定作为权限来源,但缺乏具体规则与典型案例激活这一制度,证券纠纷调解实则处于发展的停滞阶段[①]。直到 2011 年,我国证券业协会开始陆续出台了一系列试行规则与管理办法,并在此后的五年间通过对规范的反复调整,尝试提升证券纠纷调解制度规则的体系性与可操作性,这才真正从机构组织的建立和条文规则的完善两方面推动了这一制度的发展应用。

具体而言,2011 年 6 月,证券业协会颁布了《证券纠纷调解工作管理办法(试

---

① 郑晓满、金昊、郝建熙等:《进一步完善我国证券纠纷调解机制的思考——来自地方协会工作的思考》,载《创新与发展:中国证券业 2018 年论文集》,中国证券业协会主编,中国财政经济出版社 2019 年版,第 1628—1625 页。

行)》①，尽管该规则现已废止，但其首次尝试在自律性规则层面就证券纠纷调解制度的使用规范提供明确的指引，从组织框架、受理案件范围、调解协议效力以及适用流程等方面着手，完善了制度规则的条文细化。作为广义上的监管机构，证券业协会出台这一试行管理办法是为其调解职能提供细则的第一次努力，旨在促进当事人自愿和解，缓解证券市场的纠纷对立。次年，《中国证券业协会证券纠纷调解规则(试行)》②问世，该试行规则旨在规范调解活动，对调解过程中的程序问题进行明确，以提升证券业务纠纷处置的时效性。2016 年，证券业协会对上述两个试行文件进行了修订，形成了新的《工作管理办法》和《调解规则》并替代了原有文件，正式确立了我国由证券业协会主导、敦促证券公司主动参与调解、中央和地方协同调解证券市场纠纷的"三位一体"证券纠纷调解机制。③ 至此，我国证券市场纠纷调解机制从法律授权到实施细则、从程序要求到实操规范等具体方面初具雏形，证券调解制度从原则性概念演进为具有现实可操作性的实用工具，在证券市场诉讼压力日益增长的当下，为投资者解决证券纠纷提供了另一条更低成本、更高效率的替代性道路。

(二)证券纠纷调解制度概述及其特征

规则体系的逐步完善是制度确立的基础，而制度进一步发展的需求则对机构设置、权能分配以及央地协同等环节提出了更高要求。由于证券市场纠纷的数量庞大，单一调解机构的设置模式不仅无法满足投资者的纠纷解决需求，亦可能为调解双方带来了不必要的适用成本，并挫伤双方接受调解的意愿。因此，当前我国证券纠纷调解制度采取了多主体中心的策略，旨在为调解对象提供专业、高效和就地的纠纷解决服务。概括来看，一方面，证券业协会陆续成立了由其主管的证券纠纷调解专业委员会和证券纠纷调解中心，从专业、重大问题的集中解决和调解制度的日常工作两部分入手，发挥证券业协会在调解机制中的核心作用；另一方面，证券业协会重视地方上证券调解自治的重要性，与地方证券业协会合作建立了资本市场纠纷调解的协作机制，重视"就地解决纠纷"这一要求在调解制度中的可行性与必要性。

不仅如此，在证券市场中，尽管调解双方原则上居于平等的民事主体地位，但鉴

---

① 该规则已废止，被《中国证券业协会证券纠纷调解工作管理办法》(2016)取代。

② 该规则已废止，被《中国证券业协会证券纠纷调解规则》(2016)取代。

③ 沈伟、黄桥立：《论证券调解机制的优化路径——以日本证券金融商品斡旋咨询中心为镜鉴》，载《山东科技大学学报(社会科学版)》2020 年第 3 期。

于我国当前中小投资者占比超99%的市场现状①，在证券纠纷调解制度的建设中，强调对中小投资者的保护符合证券市场发展的一贯要求。因此，证监会于2014年主导设立了中证中小投资者服务中心有限责任公司（以下简称"中证投服中心"）。2020年5月15日，由中证投服中心全额出资的中证资本市场法律服务中心（以下简称"中证法律服务中心"）在上海正式揭牌，成为我国首个跨区域、跨市场的全国性证券期货纠纷专业调解组织。

目前，中证投服中心已成为现行证券纠纷调解制度的核心参与主体，其调解职能则主要由中证法律服务中心承担。根据《中证资本市场法律服务中心调解规则》，中证法律服务中心的受理范围主要是涉及投资者的资本市场纠纷。随着新"国九条"及后续规范性文件的出台，目前中证投服中心对健全"多元化纠纷解决机制"的机制间协调以及在线提交调解申请的系统完善工作正持续推进②。中证投服中心及其下设的中证法律服务中心俨然已经成为当前证券纠纷调解机制的"新主力"。

此外，在地方上，证监会和地方证监局联合创设了地方性调解机构，旨为在"就地调解"的便利要求提供可行性，进一步推广调解制度在证券市场的适用，提升当事人的调解意愿并降低制度成本。我国已陆续建立了以深圳证券期货业纠纷调解中心、广东中证投资者服务与纠纷调解中心以及天津市证券业纠纷人民调解委员会等地方上的纠纷调解机构，提供试点调解服务。

从监管机构、行业自律组织、司法机关等在建立规则体系、联动中央地方、协调多元化纠纷解决机制等方面作出的不懈努力可以看出，调解一直是我国证券市场纠纷解决机制中不可或缺的投资者保护工具，更是我国立法、司法、执法机关乃至自律组织共同关注的重点制度。纵览我国证券纠纷调解制度中规则条文的颁布及演进、主体机构的设置及扩张历程，调解已经成为监管部门为证券市场主体提供了"基础设施"的一条替代性纠纷解决道路。从规则体系来看，各调解机构已通过授权性规定及自律性规则，明确了自身的案件受理范围和调解程序；而从机构设置的布局角度来看，从证监会到证券业协会，从中证法律服务中心到地方性证券纠纷调解组织，我国证券纠纷调解制度的建立涉及行政机关、自律性协会、公益性组织及地方机构等多重组织，调解机制的可及性以及对中小投资者的特殊保护要求已经在过去十数年的制

---

① 郭博昊：《证监会：加强程序化交易监管 保护中小投资者权益》，载《证券时报》2024年4月13日，第A03版。
② 参见《中证资本市场法律服务中心调解规则》第6条、第7条和第12条。

度建设中得到了贯彻。

二、证券纠纷调解制度的功能优势

从旧"国九条"到新"国九条"，调解制度在证券市场纠纷解决宏观布局中的大力推进主要是基于其显著的功能优势。一方面，在证券市场违法违规行为亟须规制的今天，调解制度能缓解法院在证券市场诉讼爆发后倍增的受案压力；另一方面，调解机制本身具有特殊的"成本—收益"经济优势，更符合证券市场对效率的价值追求。

（一）缓解司法系统受案压力

证券纠纷调解制度可以对资本市场日益频发的民事诉讼纠纷起到分流作用，有助于投资者，尤其是中小投资者，有效实现对自身权益的维护。随着我国证券市场的发展，发行主体的违法乱象横生伴随着投资者维权意识不断增强，导致我国近年来证券纠纷数量显著增加[①]，司法机关由此面临着庞大的纠纷处理压力。

由于证券纠纷中对主体资格、时间认定、责任承担以及损失计算等专业判断问题的复杂性，即使当前证券纠纷（以证券欺诈责任类案件为主）中标的额 50 万元以下的纠纷占比超 90%，司法系统在案件中需要投入的精力仍旧不会因小额诉讼的涉案金额差异而下降。因此，随着证券市场纠纷案例数量持续走高，金融法院承担的诉讼压力也持续增长[②]。然而，相较于发达国家，我国金融与法律复合型人才的紧缺等资源制约以及司法裁判耗时长久等低效问题更为严峻，难以满足日益繁重的证券纠纷解决需求。不仅如此，由于中小投资者在诉讼中较侵权主体相比，在经济和专业能力处于弱势地位，受制于严重的信息不对称，难以取证、举证（鉴于当前举证责任倒置的规定，此处主要指对受损金额的证明）甚至可能无法聘请与被告方同等实力的律师获得法律帮助，这使中小投资者面临的败诉可能更高，可能无法利用诉讼机制保护自身权益。

调解制度为此窘境提供了另一种可能出路。一方面，一部分纠纷案件不需要进入诉讼程序就通过双方的协商和调解组织的居中协调得到了解决，缓解了司法系统

[①] 杨东、毛智琪：《日本证券业金融 ADR 的新发展及启示》，载《证券市场导报》2013 年第 7 期。
[②] 沈伟、黄桥立：《论证券调解机制的优化路径——以日本证券金融商品斡旋咨询中心为镜鉴》，载《山东科技大学学报（社会科学版）》2020 年第 3 期。

的资源压力;另一方面,当事人自愿协商、灵活调整的调解制度,也有利于维护证券市场的宏观稳定[1]。而调解制度中监管机构的参与,则能在尊重双方合意、平等沟通的基础上,对中小投资者的弱势地位起到一定的保护作用,保障我国证券法对保护投资者权益免受侵犯这一目的的实现。近年来,2018年证监会发布的"证券期货纠纷多元化解决十大典型案例"中,除一例适用先行赔付制度外,均选择了调解机制作为纠纷化解的手段途径[2];2024年证监会发布的"(十大)投资者保护典型案例",亦有将近1/3采取了调解方式保障投资者的合法权益[3]。可见,证券纠纷调解机制愈发凸显其专业化、高效化的优势,展现出其巨大的潜在应用空间。

另外,随着我国对证券调解制度的重视与制度完善,"诉调协同机制"的建立为调解制度进一步发挥"案件分流"作用提供了可能。2016年,最高人民法院和证监会联合下发了《关于在全国部分地区开展证券期货纠纷多元化解机制试点工作的通知》,强调试点地区就地解决纠纷、协调地区联动工作的机制特性。在试点工作基础上,两部门在2018年发布了《关于全面推进证券期货纠纷多元化解机制建设的意见》,要求在诉讼与非诉讼制度协调、多元化纠纷机制解决保障、调解组织人员和资金管理等方面推广试点经验。

上述条例亦侧面佐证了当前司法机关对于替代性纠纷解决机制的急迫诉求。调解与诉讼本身并不是非此即彼的对立选项,即使已经进入证券诉讼程序,法院亦可能采取调解制度推动双方当事人达成合意。例如在"中国证券集体诉讼和解第一案"泽达易盛案[4]中,法院实际上采取了"诉中调解"的方式结案。尽管这与证券纠纷调解机制的单独适用或移交适用有所区别,但其例证了调解机制与诉讼之间快速转换、案件移交的可行性[5],对于缓解司法资源有限和诉讼需求增长之间的张力问题具有重要意义。

① 董新义、王馨梓:《新〈证券法〉证券纠纷调解的保障机制建设——以域外经验为借鉴》,载《银行家》2020年第2期。

② 参见证监会:《证券期货纠纷多元化解十大典型案例》(2018),https://www.court.gov.cn/zixun/xiangqing/133471.html,2024年9月28日访问。

③ 参见证监会:《(十大)投资者保护典型案例》(2024),http://www.csrc.gov.cn/hainan/c105462/c7484531/7484531/files/%E6%8A%95%E8%B5%84%E8%80%85%E4%BF%9D%E6%8A%A4%E5%85%B8%E5%9E%8B%E6%A1%88%E4%BE%8B%EF%BC%882024%E5%B9%B4%E6%9C%8815%E6%97%A5%E5%8F%91%E5%B8%83%EF%BC%89.pdf,2024年9月28日访问。

④ 参见证监会:《投资者保护典型案例(十九):泽达易盛欺诈发行特别代表人诉讼案》,http://www.csrc.gov.cn/fujian/c105584/c7520645/content.shtml,2024年11月29日访问。该案例为上海金融法院2023年度十大典型案例。

⑤ 参见《中证资本市场法律服务中心调解规则》第7条第3项、第45条。

（二）实现证券纠纷解决"降本增效"

证券纠纷调解制度在我国的应用存在特殊的文化土壤。相较于其他纠纷解决机制，调解制度实则更符合我国"以和为贵"的传统文化价值取向，在我国矛盾处理方式中具有独特的历史渊源和现实地位。因此相较于仲裁和代表人诉讼制度，调解更易为我国个人投资者接受。诚然，随着证券市场的发展和现代法治思想的普及，证券市场投资者对其他纠纷解决机制，尤其是诉讼，也愈发呈现出认可态度，但这并不意味着对调解机制接受度的降低。

相较于证券民事诉讼高成本、长时间、低效率、重负担的特点，替代性纠纷解决机制可以有效解决监管机构以及司法机关在人力和经济方面的资源局限性。调解制度格外强调当事人意愿，因而程序相对灵活简便、法律强制性规范较少，可以最大限度地尊重双方当事人的合意，能最为直接地交换调解双方当事人的诉求。由于证券市场的特殊性，证券纠纷解决对专业性、效率性、保密性相较于一般民事甚至部分商事纠纷的要求更高，而调解制度满足了对于上述要求的同时契合调解制度的内在价值取向。以中证法律服务中心的调解流程为例，从时效性来看，中心必须在接到调解申请 7 日内征询被申请人意见，并要求对方 10 日内进行有效答复后，无论对方同意与否，将结果告知申请人。一旦调解程序启动，除非当事人同意，否则调解员必须在被选定后的 30 日内完成调解[①]。相较于民事诉讼从受理至审结动辄长达数月甚至数年的时间跨度，证券纠纷调解制度在显著降低了当事人的时间成本的同时，亦节约了紧张的诉讼资源。

2019 年新修订的证券法在第 94 条第 1 款中规定，普通投资者在发生证券业务纠纷时提出的调解请求，证券公司不得拒绝。调解制度在体现效率优势的同时，通过强制调解制度的建立等新发展，对投资者保护的质量提供了保障。新证券法这一条文主要是对证券市场中处于弱势地位的投资者进行的倾斜性保护，因此对调解程序的启动进行了强制性规定。从合法性上来看，监管机构基于市场中原本的实力不平等现象给予特殊的启动规范，并不意味着其会对后续调解中会对双方的协商过程进行干预，所以并不违背调解制度的自愿性、平等性原则，亦不违反上述流程中调解中心只处于居中第三方地位，接受申请并提供服务而不干预双方具体协商过程的特性。相反，这一规定集中体现了证券市场调解制度在尊重原有平等自愿原则基础上，最大限度地保护投资者合法权益，使投资者得以快速进入纠纷解决程序，尽可能及时地获

[①] 刘辉、唐毅：《投服中心参与特别代表人诉讼调解机制的完善——以泽达易盛案为例》，载《中国证券期货》2024 年第 4 期。

得最大程度的受偿①。

相较于注重"程序正义"的司法诉讼,调解制度结合机构中立与当事人意思自治的优势,不仅具有程序和人员选择上的灵活性,更具有成本上的经济性优势。无论是对监管机构、司法机关还是当事人来说,能够就地解决纠纷、尽快化解争议,都是证券市场稳定发展的前提。随着科学技术的进步,当前线上调解平台的建立与推广应用,更为当事人快速提交申请、调解中心在线受理申请并及时公示进度提供了可能。正是由于调解机制在证券纠纷争议解决中的功能优势,在新"国九条"强调加强监管权力,从严、从重打击市场违法违规行为的同时,从未停止对这一制度的建设工作。新出台的《工作方案》进一步提出了对调解服务的便利性、调解组织的专业性、调解功能的在线性以及强制调解制度的可操作性这四个方面的后续建设要求。此外,据媒体报道,中国证券业协会拟公布新的《中国证券业协会证券纠纷调解规则(征求意见稿)》,并征求行业意见。据悉,新版征求意见稿将在之前工作的基础上,将委托调解、示范判决、无争议事实记载等创新举措纳入了调解规则,旨在继续提升调解工作的规范化、法治化水平,提升调解服务效能②。

三、我国证券调解制度的现实困境

尽管我国已经基本建立了证券纠纷调解制度的规则体系,并在过往的试点及推广工作中取得了诸多成就,但证券调解制度在实践中仍受到诸多现实条件的掣肘,使得其无法发挥应有的定位效能。

其一,我国调解中心人员力量薄弱、机构数量匮乏,专业性上亦有不足。根据中证资本市场法律服务中心公告,其公益调解员总数为 536 人,专职调解员仅 12 人③;中国证券业协会公布的调解员名册中,截至 2023 年 9 月,全国范围内聘用的调解员仅有 279 名,且各省人数严重不均④,从中可窥见调解人力资源的相对紧缺。至于调

① 唐家南:《证券特别代表人诉讼调解机制的建构路径研究》,载《证券法律评论》2022 年卷。
② 参见中国经济网:《中证协拟修订证券纠纷调解规则》,https://baijiahao.baidu.com/s?id=18091302392 60886076&wfr=spider&for=pc,2024 年 9 月 28 日访问。但截至 2024 年 9 月底,中国证券业协会尚未正式发布相关公告。
③ 参见《中证资本市场法律服务中心调解员名录》,http://lsc.isc.com.cn/home_3544/tjy/zztjy/index.shtml,2024 年 9 月 28 日访问。
④ 公示数据中国证券业协会官网《调解员名录》(更新日期:2023 年 9 月),https://www.sac.net.cn/hyfw/zqjftj/ tjymc/201904/P020230911594941093546.pdf,2024 年 12 月 5 日访问。

解组织的数量,我国证监会于 2016 年发布首批《证券期货纠纷多元化解机制试点调解组织名单》后并未更新[1],当时调解组织数量仅有 8 家;2021 年全国证券期货在线调解平台上线时,仅有 36 家调解组织入驻[2],而截至 2024 年 12 月,3 年间该平台调解组织增量仅为 3 家[3]。这样的结果固然存在信息更新不及时、地方数据统计汇总不到位的可能性,但综合上述数据来看,我国证券纠纷调解人员和组织数量增长速度较为缓慢。调解制度发挥投资者低成本、高效率解决纠纷的前提,是调解组织的可获得性以及调解人员的可选择性。而相较于我国对证券纠纷调解制度的制度构想,我国调解组织的数量过于匮乏,显然无法满足投资者"就地解决"的理想需求。同时,在调解人员数量本就欠缺的前提下,我国调解机构并未建立规范、定期的专业培训制度。调解人员的专业能力不仅影响着纠纷主体选择这一制度的意愿程度,亦可能对投资者在调解制度中的权利保障产生作用。同时,调解机构与人员数量的缺少,意味着对投资者形成规模效应条件的缺乏,即无法通过规模经济的形式降低调解机制下各主体的纠纷解决成本,影响了证券调解制度的效能发挥[4]。

其二,尽管我国已经就调解制度的规则体系作出了一系列努力并取得了斐然成果,但无论是同域外发达证券市场进行横向比较,还是与司法诉讼机制进行同向对比,当前调解制度尚存在适用条件模糊的问题,其具体规则仍有完善的空间。尽管新证券法中正式确立了强制调解制度,但其条文仅对适用情形作出了一般规定,对于具体流程、特殊条件等方面尚未出台细则以提供指引,因此无法保障制度顺畅运行。而就证券纠纷一般调解制度而言,规则不明问题同样存在。应当意识到,调解制度的灵活性与便捷性的确意味着其必然在程序性和规范性上有所取舍。因而,虽然多数调解组织都规定了不同模式的调解程序供主体选择,包括但不限于一般程序、简易程序、单方承诺调解程序等方案,但部分调解组织存在不同调解程序的适用条件以及具体流程规则不够明晰的问题。当前,诸多调解中心并未在规则中列明不同程序的适用条件,或在官方网站公示页面的设置上存在不合理,导致调解对象无法快速、有效获取与所需调解制度的相关的指引信息。如此,调解机构的

---

① 参见最高人民法院、证监会《关于在全国部分地区开展证券期货纠纷多元化解机制试点工作的通知》(法〔2016〕149 号)。

② 参见证券日报:《36 家调解组织入驻全国证券期货纠纷在线调解平台　有效提升机构处理客户投诉效率》,https://baijiahao.baidu.com/s?id=1720560208160018604&wfr=spider&for=pc,2024 年 9 月 28 日访问。

③ 参见"全国证券期货在线调解平台",https://tiaojie.investor.org.cn/toubaojuService.html#/,2024 年 12 月 5 日访问。

④ 陈明克:《我国证券纠纷调解机制研究》,载《武汉金融》2018 年第 4 期。

能动空间实则一定程度上损害了当事人的权益。具言之,其条文的模糊带来了权力边界的不确定,进而导致实践中调解制度运作混乱,争议双方限于信息获取和解读的能力,实则并未自由选择意向程序,调解制度必须蕴含的灵活性与自愿性无法真正发挥作用。

其三,调解制度的实践困境还在于其实践中的现实有效性。相较于司法裁判的强制效力,调解协议的约束力较弱,执行力不足。这本身属于调解制度的内生问题,可以通过建立与诉讼等机制的衔接,供当事人权衡选择。问题在于,即使我国已经不断努力为调解制度与其他纠纷解决机制、执行机制的衔接提供方案,但在实践中仍然存在地区发展不平衡、各组织间协调推诿的现象。因此,这样的现状一方面无法满足对为投资者提供一站式纠纷解决服务的目标需求,另一方面也使得调解协议约束力低下的问题无法通过理论构想中的"诉调衔接"机制解决。具言之,虽然我国正在推动并已经建立了一定数量的在线纠纷解决平台,亦为投资者提供了专线进行投诉咨询,但在流程注册、案件流转、统计分析等方面不同程序之间的衔接仍有不足。尤其是考虑到调解协议民事合同的本质,其不能作为强制执行的依据,投资者需要付出额外的成本进行公证或申请司法调解书以获得强制效力[①]。在此期间,如对方主体恶意拖延甚至毁约,司法确认很难完成[②],然而,我国现行制度没有为投资者在这方面提供完善的救济途径。因此,调解制度,尤其是强制调解制度在尊重主体意愿的同时,对于投资者保护的价值取向存在强化效力的完善空间。

四、基于证券纠纷调解制度困境检视的解决路径

当前,无论从理论发展还是机构建立,从落地案例还是配套设施来看,随着相关各方机构、部门的不断努力,我国证券市场纠纷调解制度的建设已经取得了丰硕的成果,坚持在发展资本市场的同时践行"金融为民"的根本理念,始终坚持中小投资者权益保护的价值取向。然而,正如前文所述,现行纠纷调解制度仍有诸多不足,为此,应当在检视制度困境成因的基础上,从理论与实践两方面入手,推动"多元化纠纷解决

---

① 沈伟、黄桥立:《论证券纠纷调解机制的优化路径——以日本证券金融商品斡旋咨询中心为镜》,载《山东科技大学学报(社会科学版)》2020 年第 3 期。
② 调解协议的司法确认规则参见《中华人民共和国民事诉讼法》第 194 条、《中华人民共和国人民调解法》第 33 条。

机制"的建立、健全与完善进程。

（一）强化规则指引性与可操作性

证券市场的发展并非一蹴而就,各种投资者保护工具的出现是为了基于解决市场发展中遇到问题的现实需求,证券纠纷调解机制亦不例外。究其根本,证券市场的法律和刑法、民法等基本法律有所不同,其本身是基于商事活动发展到一定阶段,资本市场的出现后引发现实问题带来的规制需要。而在过去的几十年间,我国的证券市场虽然已经取得了非凡的成就,但从交易量、交易品种、交易速度等方面来看,距离真正发达的金融体仍有不小的差距。因而,在证券市场仍处于发展转型阶段的当下,投资者保护机制作为资本市场的重要命题,同样具有因时制宜、不断改进的必要性,而这一要求落实到制度构建上,首先即为规范整体的体系化与具体规则的精细化。

由于我国证券市场较发达市场起步较晚,虽然调解制度在我国由来已久,但证券市场调解制度的建设却直到近十年才真正开始。事实上,包括先行赔付制度、行政和解制度、集体诉讼制度等新兴投资者保护工具,本质上都是注册制的逐步推进后,我国证券市场违法违规行为层出不穷,监管机构面对陡然上升的被监管对象的数量和需要处理的违法违规案件面临资源、精力不济的窘境后,开始寻求解决路径的结果。基于此,我国投资者保护机制的建立普遍经历"摸着石头过河"的建设阶段,一般采用试点先行、监管机构规范性文件跟上,在相对成熟后再写入正式法律法规的流程。而在正式的法律法规进行制度确认后,一般司法机关、公安机关、监管机关以及其他行政部门会根据新法的修订版本配合出台新的实施细则。这就意味着法律规则的建立与完善需要过程,更需要充足的时间。此外,法律规则本身较时间就存在一定的滞后性,而监管理念和立法理念更是需要有关部门不断学习先进理论、顺应市场需求、及时改变策略才能进行扭转,进而体现在法律规则的改写修订中。

截至目前,调解制度本身在正式法律甚至规范性文件中仍以原则性、授权性规定为主,缺乏明确、清晰的规范指引。然而,当前我国证监会等监管部门已经意识到了制度规则在证券纠纷调解制度完善进程中的基础作用,并在新"国九条"出台后拟发布系列关于调解制度的配套规则。良法是善治的前提,证券市场纠纷调解制度的推行需以规则的明确性和可操作性作为前提,在规则条文中明确不同调解程序的适用条件,有利于投资者根据真实意愿作出选择,从而推动制度的应用;同时,加强规则的体系性,即在条文中厘清不同调解组织的权限范围以及调解制度与其他纠纷解决机制的转换程序,也有助于我国当前"三位一体"调解机制①的受案内部协调,以及"诉调衔接"等问题在制度规范层面的畅通。

(二)畅通多元化纠纷解决机制中部门间协调机制

当前证券纠纷调解制度未能发挥价值功能的另一点掣肘在于,我国部门之间的互通机制不畅。多元化纠纷解决机制涉及多样化的机构部门,而部门间权责归属不明导致了衔接机制的运转失灵。换言之,"各司其职"只是机制运行的最基础的要求,在此基础上彼此间协调合作、同频共振才能使得投资者保护机制能有效发挥作用。值得注意的是,我国不同部门在职能定位中存在一定的重叠,这本身无可非议,因为一项职能的行使可能确实需要数个机构协同工作,权力与功能定位的完全相切也不符合证券市场监管的现实需求。但问题在于,在纠纷解决机制运作时,可能需要数个有权部门之间明确案件受理和移转的具体规则,以及在部分发挥协同作用的情形下,需要确立特定的主体作为主导,并在不同阶段如何平衡纠纷解决机构的作用重心。这些实践中复杂问题的悬而未决才是我国协调机制不畅的原因所在。

从2014年"诉调协同"的提出已将近十年,在这十年中,监管机构在条文规则以及协调机制的试点操作上都在不断努力。但在我国证券市场纠纷调解制度依旧不能谓之"成熟"的当下,即使明确了移交案件进行调解或诉调衔接应用的具体情形,依然会在实际操作中面临包括角色中立、证据协调等多方面的问题。由于机构在具体机制的施行中可能涉及特殊的权力让渡或者责任新增问题,因此厘清各部门在行使公权力中的权责范围是一个"因案而异"的命题,需要更清晰的规范性文件进行协调。另外,实践中还需要解决案件移交时既有证据的适用性,以及对移交条件的具体解读。这要求在建设部门间协调机制过程中,明确各机关在投资者保护大框架下具体情形中"各司其职"的"职责"解释,证据适用的规则必须根据不同纠纷解决工具中机构定位以及案件性质来判断,例如行政处罚在民事案件移交证据时,不应作为调解员考虑的当然因素。

目前,理论界及实务界已经意识到了该问题沉疴已久,一再强调要畅通各纠纷解决机构之间的协调机制,建立协同工作系统,也建立了一网通办的在线门户,旨在纾

---

① 即前文所述"证券业协会主导并敦促证券公司主动参与调解、中央和地方协同调解证券市场纠纷的证券纠纷调解机制",参见沈伟、黄桥立:《论证券调解机制的优化路径——以日本证券金融商品斡旋咨询中心为镜鉴》,载《山东科技大学学报(社会科学版)》2020年第3期。

解不同纠纷解决机制间的移转和协同作用乏力问题,提升资本市场纠纷解决中非诉讼化解机制的地位,全面推动证券领域纠纷溯源、就地治理①。针对证券纠纷调解便利性的需求,应当重视以"全国证券期货在线调解平台"为代表的在线门户,同时在"智慧司法"领域优化司法确认在线办理功能,对应当转至诉讼程序的案件及时移交材料,尽早进入诉讼程序以保护投资者利益。在纠纷解决协调机制的构建中,应当注重对于机构间权责归属以及程序性规则的明确,并在制度嵌套中厘清机构在不同制度环节的法律定位和职能,更好发挥不同机制的"合力"效果。不仅如此,为促进调解制度对诉讼压力的缓解,尽管应当充分尊重当事人意愿而不宜对反悔主体采取惩戒措施,但可以通过激励机制引导市场主体积极达成调解协议并积极履行,例如在后续行政处罚和自律处分中适当减轻,以调动市场主体使用调解制度解决证券纠纷的积极性。

（三）缓解投资者信息劣势地位困境

证券市场纠纷解决机制的困境还在于,固有的信息不对称问题从未解决,即投资者始终处在信息市场中的劣势地位。信息对于市场机制具有重要作用,提高投资者对信息的获取程度是对投资者知情权、决策权的基本保障,亦是证券纠纷诉源治理的必由之路。然而在现实中,一方面,证券公司等基于经济实力、专业能力等优势因素,即使受到种种机制的制约甚至制裁,依然有滥用信息支配地位的可能;另一方面,我国官方机构对于信息的披露,尤其是细节的公示也存在不足,投资者被置于双重的信息困境。

严格来说,证券市场违法违规行为丛生、证券纠纷频发、投资者利益受损的根源之一,恰在于信息披露制度的不完全,这已成为全球所有发达证券市场的共识。证券纠纷调解制度虽然旨在解决纠纷,但其同样立足保障市场稳定、维护投资者利益的基本目标。倘若投资者的信息劣势困境不得到改善,则在全面注册制推行后,受困于专业知识能力局限性的投资者将在取消前端审核的市场中,为更加多元、丰富和包装后的信息所迷惑。投资者不仅在纠纷产生时无法获取对手方的必要信息,对于调解流程与调解员构成等切身利益相关的调解因素亦了解不足,在争取自身的合法权益的调解过程中存在弱势。全面注册制的核心要求是完善信息披露制度,唯有保证投资者的信息知情权,才能对其决策权的行使提供保障,因而投资者保护机制的健全和信

---

① 参见证监会《关于完善证券期货纠纷多元化解机制 深入推进诉源治理的工作方案》,http://www.csrc.gov.cn/csrc/c100210/c7480484/content.shtml,2024 年 11 月 30 日访问。

息披露制度的完善相伴相生。随着全面注册制的推进,及时、准确以及具备可读性的信息披露有助于投资者了解真实信息,缓解其在信息市场中的劣势地位,避免其因无法获取或正确解读信息而作出有悖真实意愿的投资决策,甚至受到虚假陈述、价格操纵等证券欺诈行为的侵害。因此,应当持续推进对上市公司、中介机构等义务主体的信息披露要求,对于违反强制性信息披露规则的主体建立全方位、立体化的追责机制,并配合问询函等以激励、互动、协调为主要手段的柔性监管机制,"刚柔并济"加强对信息披露真实性、及时性以及可读性的要求。

除了对市场主体的要求外,作为监管机构的公权力机关以及其设立公益性机构,也应当强化信息披露、阳光监管的要求。官方监管执法、司法以及纠纷解决的信息披露不仅有利于投资者明确调解机制的作用和运行流程,更是对调解制度最直接的宣传。反之不仅可能为权力寻租提供空间,亦加剧了投资者的信息劣势,有悖投资者在调解制度中的倾斜保护。因此,应当及时更新监管机构及各调解组织涉及的人员数量、组织名录等信息,并在官方门户网站上做好公示,以提升投资者对证券市场调解机制中资源和程序规则的了解程度。

（四）探索建立证券纠纷申诉专员制度

除上述问题外,鉴于我国当前调解制度的资源短缺和人员专业性不足的困境,可镜鉴域外金融申诉专员制度,探索建立证券纠纷申诉专员制度[①]。具体而言,即在现有调解制度的基础上,以中证投服中心为主要单位,设立专岗受理投资者针对证券市场既有纠纷的投诉,投诉的受理以纠纷主体间的既有内部沟通为前置程序要求。

证券纠纷申诉专员制度是申诉制度在证券领域的具体应用,作为新型非诉讼救济机制,其在我国学界的提出主要滥觞于以欧洲为代表的金融督察服务(Financial Ombudsman Service),服务人员将在金融监管机构的指导下完成独立、专业、中立的审查服务。证券纠纷申诉专员制度之所以被提出,在于其作为非诉讼纠纷解决机制,将行政监管与行业性自律进行了结合,强调人员队伍的专业化与处理机构的专门化,重在通过对申诉主体与纠纷对象间的协商和调解,敦促被投诉对象主动与投诉人沟通,并由申诉专员作为中立第三方进行调解。如调解不成,申诉专员可基于自身专业性展开居中独立调查,并在一定时限内作出裁决决议。值得注意的是,调解程序在多数

---

① 沈伟、沈平生:《我国证券纠纷调解机制的完善和金融申诉专员制度合理要素的借鉴》,载《西南金融》2020年第5期。

已建立金融市场申诉专员制度的国家和地区,属于法定必经程序①。而相较于一般调解程序,证券申诉专员制度中强调发挥市场自治和行业自律以保障专业性的同时,"适度倾斜、加强保护"投资者,即虽然在调解过程中申诉专员居于中立地位,并不干预实质调解过程,但鉴于申诉专员拥有后续的调查与监管权,其对金融机构无疑具有更强的威慑力和约束力②。

因此,证券纠纷申诉专员制度实则兼具了和解、调解与作出行政决定的三重权力身份,一方面,这一制度安排极大地提高了纠纷解决的成功率与现实效率,"一站式"解决投资者的投诉问题;另一方面,这也对我国证券市场的专业人才队伍建设和机构设置提出了更高的要求。具体来说,对于申诉专员队伍的组成,考虑到其可能涉及的监管权能,除了与高校、研究机构联合招聘培养专职申诉专员外,还可考虑从监管部门工作人员、退休司法人员、行业自律组织原有成员、证券市场从业专家等队伍中聘请兼职申诉专员,对重大疑难案件的裁决提供专家建议甚至组成专案委员会③,以满足证券申诉专员制度对专员能力的更高要求,从而提升调解制度的约束力和公信力④。

证券专员制度不仅延续了调解制度的高度专业性、便捷灵活性以及尊重当事人隐私的特点,更能通过向双方当事人收取一定费用并建设一支专业化队伍的方式,弥补当前调解制度面临资金不足、人员专业性不够的问题,从而通过"协商—调解—调查—处理"一站式服务降低金融消费者维权的时间成本,避免监管真空和监管套利的现象,在提升纠纷处理效率的同时对现有调解制度形成补充。

五、结 语

作为我国多元化争议纠纷解决机制的重要组成部分,证券纠纷调解制度的改进对证券市场的稳定与投资者权益的保护具有重要意义。在新旧"国九条"均强调"多元化纠纷解决机制"建立完善的政策指导下,如何发挥调解制度的基础性作用,开展证券市场纠纷的就地解决、溯源解决,是实践与理论界共同亟须解决的问题,对证券市场的稳定发展、投资者权益保护具有重要意义。因此,基于这一证券市场的迫切需

---

① 范愉:《申诉机制的救济功能与信访制度改革》,载《中国法学》2014 年第 4 期。
② 范愉:《证券期货纠纷解决机制的构建》,载《投资者》2019 年第 4 期。
③ 卢勇:《中国证券申诉专员制度的探索构建——以投服中心为样本的思考》,载《投资者》2018 年第 1 期。
④ 陈明克:《我国证券纠纷调解机制研究》,载《武汉金融》2018 年第 4 期。

求应当将视角回归调解制度的特征与功能价值,从规则完善与制度补充两方面入手,推动调解制度的优化进程。

一方面,规则体系的完善与具体方案的可操作性是制度运行的前提,应当坚持并贯彻我国多元化纠纷解决机制出台规章制度以及其他规范性文件的立法计划,对于现有规则体系及时修订。同时发挥大数据平台作用,完善在线门户网站的公示功能,对全国性和地方性的调解组织和调解人员及时更新,并加大宣传力度;另一方面,为了纾解纠纷调解制度的资源限制,除了传统输入端的加大资金与人员成本投入方案,还可以考虑引入新兴制度,即"证券申诉专员制度",形成合力以更好发挥调解制度在证券市场的基础作用。

综上,证券调解制度对我国证券市场的纠纷解决至关重要,未来,我国应当在总结当前证券纠纷调解制度丰硕理论和实践成果的基础上,强调以中证法律服务中心为核心的跨区域调解服务机构统摄地位的同时,完善地方性调解机制,提升证券市场调解服务的专业性、可及性以及规则的明确性,为证券市场纠纷的及时解决以及诉源治理发挥基础性作用。

案例探析

私募基金股权回购纠纷的主要实务争议观察

何海锋* 何运晨** 关 震***

摘要：本文对私募基金股权回购纠纷中的主要争议问题进行了研究梳理。在合同效力上，对赌主体、股债定性以及未经国资审批原则上均不影响合同效力，股权回购合同原则上作有效认定。在回购权的行使上，其行使条件一般包含上市型、业绩型和违约型；回购条件可能因相对人预期违约而提前成就；若基金管理人不履行回购义务的，投资人可行使代位权而代为主张。此外，投资人是否参与目标公司经营、目标公司是否破产以及后轮投资人未及时行使回购权均对回购权行使有一定影响。就回购权的性质而言，其存在请求权和形成权的争议，这会对行使期限产生影响。回购价款则可能会受制于民间借贷的利率上限。在回购义务的承担上，当事人应清楚约定回购义务的连带责任，实务中并不一概认定配偶应负连带责任。

关键词：私募基金 股权回购 实务争议

一、私募基金股权回购纠纷概述

（一）概念

私募基金股权回购纠纷是指根据私募投资机构和目标公司的股东、双控人、第三人或目标公司等签订投资协议，约定在出现特定情形时，由目标公司的股东、实控人或目标公司按照约定的价格和数量回购私募投资机构所持有的目标公司股权所产生的纠纷。股权回购纠纷和业绩补偿纠纷是对赌协议纠纷的两个主要类型。二者的主

---

* 北京国枫律师事务所合伙人。
** 北京国枫律师事务所律师。
*** 中国政法大学硕士研究生。

要区别在于,后者只涉及现金的支付,前者还涉及股权的变动,因此更为复杂。

(二) 纠纷现状与产生原因

近几年来,私募基金股权回购纠纷高发。以上海市高院的数据为例,上海法院近六年审结的涉私募基金案件数量呈总体上升趋势,涉及基金产品"募、投、管、退"的各个阶段,发生于投资、退出阶段的纠纷更为集中。[①] 退出阶段纠纷高发的原因是多元的。首先,全球在过去的几年内都处于经济下行周期,各种复杂的经济问题又在新冠疫情的催化下显露,各个行业尤其是实体产业遭受毁灭性打击,诸多企业的经营陷入困顿状态,投资领域各种黑天鹅、灰犀牛事件频发,私募基金投资领域的不确定性愈发显著。与此同时,证券市场也面临着越来越严格的监管。恰逢过去十年,股权投资行业蓬勃发展,而近年来许多存量私募股权基金临近或已进入退出期,退出需求迫切。[②] 各种复杂的矛盾交织在一起,造成了投资者"要钱不要股,只想抓紧时间回收现金"的普遍心理。因此,私募基金投资领域的股权回购纠纷自然呈现陡然上升的趋势。并且这些原因仍在持续,甚至有加剧之势,私募基金股权回购纠纷会长期处于高发态势。

二、私募基金股权回购纠纷的实务争议

(一) 合同效力问题的实务争议

合同的效力问题是所有股权回购类案件的前提性问题。在中国裁判文书网检索 2019—2022 年的股权回购纠纷案例,可以发现争议焦点集中在合同具体履行争议的共有 534 件,占比 94.35%;合同效力争议的共有 32 件,占比 5.65%,[③] 由此可见,近年来股权回购纠纷中对合同效力的问题鲜有争议。在实务中,约定不同主体作为回购义务人对合同的具体履行有着直接影响,也会引起合同效力争议。

1. 股东、双控人或第三人作为回购义务人对合同效力的影响

投资协议约定由股东、双控人或第三人作为回购义务人,只要不存在违反法律强制性规定等合同无效的情形,合同就是有效的。而且,由于回购义务人的回购义务来源于协议约定,所以即使在后续其股东身份、实际控制人身份或者高管身份丧失,也

---

① 具体来讲,涉及退出阶段的案件 332 件,占比 61.25%,涉及投资阶段的案件 187 件,占比 34.50%,详情参见上海市高级人民法院课题组:《私募基金纠纷法律适用问题研究》,载《法律适用》2023 年第 8 期。
② 参见罗鸣、林炬荣:《私募股权基金退出路径研究——S 交易的视角》,载《银行家》2024 年第 6 期。
③ 参见贾璐:《对赌协议履行障碍之纾解——基于资本维持原则的反思与建议》,载《投资者》2024 年第 1 期。

不影响其承担股权回购义务。

值得注意的是意思表示真实性所引发的合同成立问题。有一些回购义务人会以投资协议并非回购义务人本人实际签名为由提出抗辩,主张其不应承担回购义务,实务中就有因为签字不具备真实性而被法院认定自然人的意思表示不真实从而导致诉讼请求被驳回的案例。比如有的法院认为:"黄某否认协议中'黄某'的签字字样由其亲笔所写,也从未授权他人在该协议上签字……本院无法判断该协议系黄某的真实意思表示,故该协议对黄某并不产生法律效力。"①但是,法院一般会结合全案的证据材料来综合判断回购义务人是否对投资协议的内容知悉并表示认同,比如有的法院认为:"被告虽表示《增资协议》及其《补充协议》并非其本人所签,但认可相关约定,其亦于《通知函》送达回执上确认了协议内容,理应受协议约束。"②这也提示投资人在与回购义务人进行每一次商谈时都要做好留痕工作。此外还需要注意的是,如果涉及法人意思表示的真实性问题,则应注意,由于我国法律对公司中有权保留印章及证照的主体并无明确规定,所以需要按照公司章程的约定管理公章。恶意侵占公章并利用公章签署协议的行为也有可能被认定为意思表示不真实,从而影响回购义务的履行。

2. 目标公司作为回购义务人对合同效力的影响

投资协议约定由目标公司作为回购义务人的有效性被《九民纪要》所认可,但《九民纪要》提出的"先减资、再回购"标准难以让投资方实现权利,③公司的现金补偿、股权回购等金钱债务仍可能因为违反资本维持原则、未完成减资程序等而"履行不能",④从而使得股权回购的"可履行性"受影响。比如有的法院认为:"因巡远公司系目标公司,在无证据证明巡远公司已完成减资程序的情况下,亿筹客公司要求巡远公司承担支付股权回购款的责任,依据不足,本院不予支持。"⑤这一点在公司法中也有所体现,公司法规定公司只有在例外情形下或者作出了关于减资的决议时才可以回购自身股权。并且,减资决议属于公司内部事项,法院一般不会干预公司自治,即通过作出判决的方式强制要求公司作出减资决议,公司需要进行前置性安排,自觉作出减资决议。所以,在公司减资决议未作出的情况下,即便对赌协议有效,法院也会

① 盐城中路利凯投资咨询中心(有限合伙)与黄某等股权转让纠纷,上海市浦东新区人民法院(2022)沪0115民初75585号民事判决书。

② 汪某与余某股权转让纠纷,上海市普陀区人民法院(2022)沪0107民初10848号民事判决书。

③ 参见最高人民法院民事审判第二庭编著:《〈全国法院民商事审判工作会议纪要〉理解与适用》,人民法院出版社2019年版,第117—119页。

④ 贺剑:《对赌协议何以履行不能?——一个公司法与民法的交叉研究》,载《法学家》2021年第1期。

⑤ 谢某与钟某等合同纠纷,北京市第二中级人民法院(2021)京02民终3825号民事判决书。

认为投资人请求目标公司回购股权的条件未能满足。在这种情况下，有必要进一步考察目标公司是否有配合办理减资程序从而确保回购权顺利行使的义务，如果由于其未配合而导致回购权无法行使，便可以向其主张违约责任，赔偿由于其未配合作出减资决议而给投资人造成的损失。

3. 股和债的定性对合同效力的影响

包含股权回购协议、业绩补偿协议在内的对赌协议在实务中还经常被称为"股债融合协议"。在实务中多有以"名股实债"否定合同效力的主张。从司法案例来看，股和债的定性不会影响协议效力，但股权投资关系还是债权关系的认定可能影响最终的回购金额。即，如果法院认为协议约定的股权回购不是股权投资关系，而是普通的债权投资关系，则需要受到民间借贷利率上限相关规则的规制，回购金额可能会被酌情调整。实务中区分股和债需要考量的主要因素包括：是否取得股东身份（在股东名册上进行登记或者进行工商变更），基金管理人是否实质参与公司治理（比如享有表决权或者向目标公司委派董事或监事），是按股权比例分红还是按固定回报收益来收取投资回报等。

4. 未经国资审批对合同效力的影响

实务中关于未经国资审批的股权回购条款的效力，存在不同观点。有观点认为股权回购涉及国有资产重大交易，对国家和社会公共利益有重大影响，未经国资审批的股权回购条款应认定未生效；但也有观点认为股权回购仍属于私法领域，法无禁止皆可为，因为法律未明确规定需要审批。因此，只要合同中未约定回购条款须经国资审批才能生效的，则应当认定该股权回购条款已生效。总体认为，国资审批并非股权回购条款的法定生效要件，只要当事人在合同中没有约定合同必须经过国资审批，则未经审批并不影响合同的效力。比如有的法院认为："双方对于股权退出进行了明确的约定，该条款并未违反法律法规的强制性规定，应属于合法有效。现秦某主张《合作协议》损害社会公共利益和国家利益属于无效合同，但其并未向一审法院提交有效证据予以证明，一审法院不予采信。"[①]

（二）回购权是否成就的实务争议

1. 回购权的行使条件

（1）回购权行使条件的类型。回购权的行使条件也就是回购权的触发条件，一

---

① 秦某等与贫困地区产业发展基金有限公司股权转让纠纷，北京市第二中级人民法院（2021）京 02 民终 12165 号民事判决书。

般包含上市型、业绩型和违约型。其中,上市型和业绩型在私募基金股权回购类案件中最为常见。

一是上市型条件。上市型条件的典型表述如:"中科华誉应于 2014 年 8 月 18 日前在中国境内证券交易所或各方同意的其他资本市场进行首次公开发行上市……如果公司在 2014 年 8 月 18 日前未能在中国境内的证券交易所或各方认可的其他资本市场实现首次公开发行上市,信达投资有权在 2014 年 8 月 18 日后的一个月内的任何时间要求创始股东回购信达投资所持有的全部公司股权。"①

近年来频发的实务争议主要是针对未成功上市的原因。比如,回购义务人主张由于投资人与目标公司部分股东另行设立其他公司,没有对目标公司尽到最大限度的勤勉义务,也没有悉心经营,最终导致目标公司未按约定上市,以此为由进行抗辩,法院一般不予支持。比如有的法院认为:"原告作为某某公司 2 股东,另行设立其他公司并不违反法律禁止性规定,涉案《投资协议》《投资协议之补充协议》亦无相关限制约定……故本院对被告刘某的上述抗辩意见难以采信。"②在实务中还存在回购义务人以新冠疫情是不可抗力为由进行抗辩,法官一般会综合判断。比如有的法院认为:"早在 2019 年 5 月,新冠肺炎疫情尚未发生,2019 年年底第三人的净利润均为负值,亦不符合上海证券交易所上市条件中的最近 3 个会计年度持续盈利的财务指标要求……新冠肺炎疫情的影响并非主要原因。"③由此可以看出,要结合目标公司的营业额和上市准备工作综合判断未上市的原因,不能直接归咎于疫情。不过也有观点认为,只要协议没有将新冠疫情作为无法上市的排除条款,就不能以新冠疫情影响上市为由进行抗辩,比如有的法院认为:"至于被告刘某称第三人未能上市的原因在于疫情而非被告刘某本身的抗辩意见,因涉案协议未对回购情形的产生原因作条件限制或约定了排除适用条款,故本院对被告的该抗辩意见不予采信。"④也就是说,不论是新冠疫情,抑或是行业政策收紧,只要当事人没有把这些因素通过协议约定为回购条件触发的排除情形,就不能影响回购权的行使。

二是业绩型条件。业绩型条件的典型表述如:"实际控制人及金沐投资在此共同

---

① 赵某等与马某等合同纠纷,北京市高级人民法院(2022)京民终 330 号民事判决书。

② 上海启嘉创业投资合伙企业(有限合伙)与王某等股权转让纠纷,上海市嘉定区人民法院(2023)沪 0114 民初 21351 号民事判决书。

③ 上海利保华辰投资中心(有限合伙)与郭某股权转让纠纷,上海市长宁区人民法院(2022)沪 0105 民初 18985 号民事判决书。

④ 王某与刘某等股权转让纠纷,上海市浦东新区人民法院(2022)沪 0115 民初 51039 号民事判决书。

向投资方承诺：公司 2016 年、2017 年、2018 年经审计的合并报表口径下税后净利润及扣除非经常性损益后净利润额按孰低原则，分别不低于 3 亿元、3.4 亿元、3.9 亿元（承诺净利润或业绩目标）。"①需要注意的是，如果当事人在协议中没有对"扣除非经常性损益"这一条件约定清楚，可能会产生争议。同时，净利润是否经过有资质的审计机构出具无保留意见审计报告，甚至必须是有资质且当事人选定的审计机构出具，这些都需要在协议中约定清楚。此外，业绩承诺不一定只看净利润，有些投资协议会约定将目标公司的亏损情况作为业绩要求，典型表述为："甲方需要自本协议签订之日起一年内保证公司不出现连续三个月的亏损。如出现该情况甲方承诺按乙方出资原价收回 25% 的股权。"②

不过目标公司和高管在投资中需要特别注意的是，不要作出虚假且不符合实际经营状况的业绩承诺，更不要铤而走险进行财务造假，否则有被认定为合同诈骗罪的风险。比如有的法院认为："被告人高某等人以非法占有为目的，在签订、履行合同过程中，骗取对方当事人财物，数额特别巨大，其行为均构成合同诈骗罪。"本案中，被告人被判处合同诈骗罪最本质的原因就是"虚增公司业绩，制作虚假财务账目，提升公司的估值。在不具备合同履行能力的情况下，做出高额业绩承诺，诱骗上市公司与其签订协议"，以此可以看出其非法占有目的。③

三是违约型条件。违约型条件的典型表述如："在本协议签署后及公司存续期间，当发生新公司关键人离职，或者新公司关键人出现技术泄密、违反竞业限制或禁止协议，或者新公司关键人未经甲方书面同意开设其他公司等可能损害公司长期利益的行为的……则甲方有权强制要求乙方回购甲方的股权……"④在实务中，当事人约定的违约型条件经常出现"重大、严重"这样的表述，至于是否达到了触发回购权行使的程度则需要法官进行自由裁量。比如有的法院认为："协议第 7.4.2 条中约定的条件为'实际控制人出现重大诚信问题'，7.4.4 条约定的条件为'甲方或丙方发生严重违约行为'，足以导致乙方的股权比例遭受不利变化，或导致乙方的股东优先权遭受影响。被告小伏合伙企业系合伙企业，与被告李某 1 均为独立主体，被告小伏合伙

---

① 深圳东方小微兴股权投资基金合伙企业（有限合伙）与大连远洋渔业金枪鱼钓有限公司等合同纠纷，北京市高级人民法院（2022）京民终 44 号民事判决书。

② 龚某与徐某等股权转让纠纷，上海市松江区人民法院（2023）沪 0117 民初 17101 号民事判决书。

③ 参见徐帅、孙静曲：《典型判例说并购：（六）业绩对赌怎么就变成了合同诈骗？》，载微信公众号"证券律师论坛"，2024 年 6 月 7 日。

④ 某某公司 1 与某某公司 2 股权转让纠纷，上海市嘉定区人民法院（2023）沪 0114 民初 23580 号民事判决书。

企业被列入经营异常名录无法得出被告李某1出现重大诚信问题的结论。而列入异常经营名录也并非合同中约定的严重违约行为,也不可能导致原告的股权比例遭受不利变化,或导致原告的股权优先权遭受影响。"①

此外,同时约定上市型和业绩型的条件,典型表述如:"2021年、2022年'辰华能源'经审计的营收总和不低于15个亿,2021年和2022年净利润总和不低于6 000万人民币;'辰华能源'启动IPO申报程序包括但不限于向公司所属当地证监局备案;向证监会申请受理;向海外其他资本市场申请登陆等,承诺不晚于2023年6月29日……"②

(2)回购权行使条件的提前成就。在经济下行的大环境下,是否可以在约定的日期之前就根据目标公司的具体经营状况不佳来判断未来不可能达成约定条件,进而提前行使回购权呢?民法典第578条规定了预期违约的情形,即,在履行期届满之前,当事人一方明确表示或者以自己的行为表示不履行主要债务,也就是明示预期违约和默示预期违约。比如在上市型回购中,当事人直接撤回上市申请或者根本就不做任何上市的准备,也不与金融机构积极沟通,这些行为都会导致预期违约的发生。如果这种预期违约构成了民法典第563条规定的根本违约,致使合同目的根本不能实现,则可能产生合同解除权,达到和股权回购同样的效果,即减少损失,收回投资款。不过,法定解除权需要受到民法典中除斥期间规定的限制。

2. 回购权的行使期限

股权回购权的具体行使期限由其法律性质所决定,目前实务中尚无定论。如果股权回购权是请求权,则权利的行使受诉讼时效的约束;如果股权回购权属于形成权,则其权利的行使受除斥期间的约束,在过去的司法实践中,有关股权回购权性质之争议从未停息,从而附随导致回购权的行使期限在法院裁判中逐渐分化出不同观点:

(1)认为股权回购权是形成权。比如有的法院认为,此类协议中的回购权本质上是赋予了投资方在特定条件下以单方意思表示形成股权转让关系的权利,回购义务人并无缔约选择权。因此,此种回购权系由当事人约定产生的形成权,能够单方变更法律关系,与合同解除权类似,应适用除斥期间的规则。③

① 某某公司与胡某等股权转让纠纷,上海市浦东新区人民法院(2023)沪0115民初31729号民事判决书。
② 唐某与马某等股权转让纠纷,上海市青浦区人民法院(2023)沪0118民初35534号民事判决书。
③ 崔某与廖某等股权转让纠纷,上海市第一中级人民法院(2023)沪01民终5708号民事判决书。

（2）认为股权回购权是请求权。比如有的法院认为，投资人所享有的是要求回购义务人向其支付特定价款并承诺将所持股权交付给回购义务人的综合权利义务，回购权的标的是包含价款给付及股权交付的一项交易行为，不符合法律规定的形成权的特征。① 从而应适用诉讼时效的规则。

如果合同中未明确约定权利行使期限或者义务履行期限，法院一般会有三种情况的认定：第一，将股权回购权视为请求权；第二，将股权回购权视为形成权；第三，认定投资人也可随时要求义务人行股权回购义务，仅在投资人首次要求义务人履行义务的宽限期届满之日起，才开始计算诉讼时效。不论法院采取哪一种认定方式，投资人都需在合理期限内主张并行使回购权，在实务中就出现过不在合理期限内积极行使回购权而败诉的案例。比如有的法院认为："目标公司未于 2016 年 6 月 30 日挂牌时，股权回购条件已成就。后来，目标公司延期一个多月挂牌，投资人的合同目的已实现。投资人一直到挂牌上市后股价下跌时才主张通过回购退出，显然超过合理行权期限。"②此时投资人不能主张，虽然挂牌上市，但股价下跌，所以需要行使回购权减少损失，因为合同约定的回购条件是挂牌上市型而非业绩型。

2024 年 8 月 29 日，最高人民法院发布了法答网精选问答（第九批）（以下简称"问答"），问答中最高人民法院对于"对赌协议中"股权回购性质及行权期限如何认定这一问题首次作出了解答与回应，认为："如果当事人双方没有约定投资方请求对方回购的期间，那么应在合理期间内行使权利，为稳定公司经营的商业预期，审判工作中对合理期间的认定以不超过 6 个月为宜；诉讼时效从 6 个月之内、提出请求之次日起算。"③尽管问答中仍旧未对股权回购权的法律性质究竟属于形成权还是请求权作出直接且确切的界定，但通过对问答的文本描述进行分析，我们能够得出结论，最高人民法院从合同订立与合同履行两个阶段区别认定回购权之性质，因此回购权实则为兼具了形成权与请求权的复合型权利。

一方面，从尊重当事人意思自治的视角出发，最高人民法院认可对赌协议中当事人关于回购期限的约定，这一认可实则就代表了对于投资人单方选择权的认可。因此在合同订立阶段，合同约定赋予投资人的股权回购权属于形成权，从而适用除斥期

---

① 郭某等与朱某等股权转让纠纷，北京市第一中级人民法院（2020）京 03 民终 5204 号民事判决书。

② 胡某、宋某与上海隽盛股权投资基金管理有限公司公司增资纠纷，上海市高级人民法院（2020）沪民再 29 号审判监督民事判决书。

③ 最高人民法院，法答网精选问答（第九批），https://www.court.gov.cn/zixun/xiangqing/441371.html，2024 年 9 月 10 日访问。

间的规定,最高人民法院将其称之为"合理期间",同时最高人民法院也明晰,超过合理期间行权,人民法院将对回购请求不予支持,这与除斥期间的行权逻辑一致,进一步论证了在此阶段回购权属于形成权的法律属性。另一方面,当投资人确认行使回购权时,此时合同随即进入履行阶段,最高人民法院明确回购权的行使需要适用诉讼时效的规定,而只有请求权才能够适用诉讼时效。因此可以确认,在合同履行阶段,股权回购权的性质实则为请求权,权利内容即为投资人有权请求债务人支付股权价款,并回收股权。尽管问答并非任何法律法规,不属于强制性规范,其作用也仅限于法律适用问题的学习、研究和参考使用①,但是作为最高人民法院出具的指导意见,其体现了最高司法机关的裁判理念与价值取向。

3. 回购权的行使主体

在私募基金股权回购案件中,如果基金管理人怠于行使回购权,甚至在实务中有的基金管理人已经涉嫌刑事犯罪,处于未决羁押状态,无法行使回购权,投资人是否可以代基金管理人行使回购权呢?应当认为,在诉讼程序中,法院会认为投资人享有代位权,可以代基金管理人行使回购权,但是在仲裁案件中,由于投资人通常不是投资协议的相对方,所以其行使代位权存在阻碍。为了避免出现这一行权障碍,建议投资人在签订投资协议时,约定嗣后由投资人通过现状分配的方式继承原管理人的所有权利,使得不论是在诉讼还是仲裁中,投资人都可以代位行使回购权。

4. 投资人参与目标公司经营对回购权行使的影响

在股权回购纠纷案件中,投资人也是目标公司的股东,不可避免以不同程度参与目标公司的经营与管理。如果是投资人一般性地参与公司经营,比如只是单纯地向目标公司委派董事,一般不影响回购权行使。这是由于委派的董事数量一般不占董事会多数,不会给目标公司的经营造成实质影响。除非投资人实质控制了目标公司并滥用权利,比如在合同中约定了投资人的一票否决权,但其加以滥用,恶意促使回购条件成就,则有可能阻碍回购权的行使。

5. 公司破产对回购权行使的影响

由于出现回购纠纷一般是因为目标公司的资信状况不佳,不排除会进入破产程序。目标公司一旦破产,对回购权行使也可能会产生影响。一方面,在目标公司作为回购义务人且进入破产程序的特殊情况下,由于《中华人民共和国企业破产法》相关

---

① 参见最高人民法院,法答网精选问答(第九批),https://www.court.gov.cn/zixun/xiangqing/441371.html,2024年9月10日访问。

规定的限制,回购难度将进一步加大。首先,进入破产清算程序会导致目标公司出现减资不能,这是因为公司减资意味着减少公司的注册资本并向股东返还出资,该行为明显会影响债权人间的公平清偿,违背破产程序的实质目的;其次,目标公司破产还可能面临破产管理人解除对赌协议的风险。另一方面,在目标公司以外的主体作为回购义务人的情形下,一旦进入破产程序,首先,不影响股权变更登记,双控人可以继续履行回购义务;其次,破产管理人也无权解除投资人和双控人之间的股权回购关系;最后,约定目标公司对双控人的回购义务承担连带保证责任仍有可能得到法院支持。

6. 后轮投资人未及时行使回购权的影响

在多轮私募股权投资中,后轮投资人通常要以更高估值及成本进行投资,承担了更大的风险。因此,在回购条款中往往会安排后轮投资人享有优先于早期投资人的回购权。对于此类条款,司法实践一般予以肯定,比如有的法院认为存在回购权行使优先顺序约定的情况下,B+轮投资人未被回购的情况下,B 轮投资人行使回购权的条件亦未成就。但这一问题也会产生实务争议:

一方面,依照公司法的规定,增资扩股只需三分之二的股东同意,可能会出现最后一轮增资扩股协议约定了后轮投资人享有优先权,但早期投资人没有签署该协议的情形,此时,该协议关于回购条款的约定对早期投资人不必然具有约束力,除非有证据表明早期投资人参与了该协议各条款的谈判过程,可以合理推断其知晓最后约定的回购条款内容。

另一方面,有一些原本约定由股东作为回购义务人的情形,嗣后由于后轮投资人的加入使得股东难以有履行能力,于是在最后一轮增资扩股协议中变更目标公司为回购义务人,此时,最后一轮增资扩股协议关于回购义务人的约定对早期投资人不必然具有约束力,除非有证据表明早期投资人参与了意思表示的变更,比如有的法院认为,各轮投资人均参与了最后一轮投资协议的签订,且结合磋商过程邮件,可以认定各方对回购权条款进行了实质变更,回购主体变更为"仅限于目标公司"。[①]

（三）回购价款计算的实务争议

1. 回购价款计算的起止时间

股权回购价款计算的起始时间存在实务争议。如果当事人没有明确约定,法院在此情形下多会以投资本金实际支付之日作为起始时间。不过,实际出资日、多次出

---

① 参见符标:《争议视角看股权回购:意想不到的障碍辨析》,载微信公众号"汇业法律观察",2024 年 6 月 19 日。

资的完成日、股权回购日等,也可能会被用来作为起始时间。

同时,股权回购价款计算的终止时间也存在实务争议。在实务中,终止时间可能被认定为回购义务人不履行股权回购义务的逾期日,也有可能被认定为回购价款的实际清偿日,总体来说还是要取决于当事人之间的协议约定以及具体的诉讼请求。如果合同条款和诉讼请求均明确计算至逾期日或者均明确计算至实际清偿日,法院一般会尊重当事人的意思自治,依照当事人约定作出判决;如果合同条款约定计算至逾期日,但当事人在具体的诉讼请求中主张计算至实际清偿日,以求对方多承担一些赔偿义务,则存在不被支持的风险。比如有的法院认为:"'回购日'应为浙农合伙企业向鲁某发出股权回购通知之日即 2020 年 3 月 30 日。浙农合伙企业主张回购日为鲁某实际支付股权回购款之日,缺乏合同依据。"[①]

2. 回购价款计算的方法

至于回购价款的具体计算方法,投资人一般会在投资协议中约定回购价款的计算利率,法院可能基于当事人之间约定的投资收益利率标准显著高于合理的股权市场价值及资金损失范围,对其进行酌减。酌减的参照标准一般参照《民间借贷司法解释》第 25 条规定的四倍 LPR,比如有的法院认为,回购协议约定回购方迟延履行回购义务按照回购本金加收益的每日千分之一进行补偿,该约定显著高于回购权人的损失,将违约金调整为以出资本金为基数,以四倍 LPR 标准计算。[②]

但实务中也有少数案例会根据案件的具体情况进行灵活调整。前文提到,一些法院会基于新冠疫情对目标公司的经营有一定负面影响的考量,灵活调整回购价款。比如有的法院认为:"第三人是研发、出售农业化肥、原材料的公司,2020 年的封控,以及在《股权转让协议》履行期间的相关疫情防控措施,一定程度上会对第三人相关产品的销售产生影响。"[③]所以法院根据公平原则,并结合案件实际情况和原、被告的磋商过程,酌情将股权回购的利息计算标准调整为 8%。因此,投资人应当明确该等约定是各方真实意思表示下形成的按照回购价款计算公式中利率计算的收益,而不是借贷利息,这样可以降低由于过高而按照民间借贷利率被调整的可能性。

---

① 杭州浙农科众创业投资合伙企业、鲁某与樊某、上海徽翔阆投资管理合伙企业等股权转让纠纷,上海市第一中级人民法院(2021)沪 01 民终 1387 号民事判决书。

② 参见王广巍、冯天玥:《轻舟可过万重山:股权回购的实务要点及应对之道》,载微信公众号"中伦视界",2023 年 7 月 12 日。

③ 兆瑞环球资本管理(北京)有限公司与沈某股权转让纠纷,上海市奉贤区人民法院(2023)沪 0120 民初 1629 号民事判决书。

此外,实务中还出现了双方当事人直接就回购违约的相关事宜另行约定《还款协议》的情形,法院可能直接依据《还款协议》所约定的赔偿金额进行审理,但违约金同样面临被下调的风险。[①] 比如有的法院认为:"本院综合认定 2020 年《补充协议》应系各方当事人最终的真实意思表示,各方理应按该协议履行义务。但利息、滞纳金计算明显过高,本院依法予以调整。"

3. 同时主张回购和业绩补偿时计算回购价款所产生的争议

实务中还有部分股权回购协议中同时约定了业绩补偿条款,这就存在同时主张股权回购和业绩补偿是否可以被法院支持的问题。如果同时主张,存在不被同时支持的风险。部分观点认为对投资人的司法保护应限定在实际投资本金及适当的资金占用补偿之和的范围内。若股权回购价格的计算方式,已经充分考虑了违约行为给投资人造成损失的弥补,则不会再支持投资人的业绩补偿请求,否则投资人的综合投资回报率明显过高,有违对赌协议的初衷,也违背了创业投资的商业规律。因此,法院或仲裁机构可能会对两项金额进行相互抵扣,比如在前述判决中,法院认为业绩补偿与股权回购是排斥关系,股权回购是对更高程度违约的救济,主张回购后不可再主张业绩补偿。对于投资人来说,为了最大程度上降低投资风险,建议投资人在对赌协议中明确股权回购与业绩补偿条款是择一行使还是同时行使,如果不能明确,则至少应该从实质上为两个条款的触发设置明显不同的条件。

(四) 回购义务与连带责任的实务争议

1. 连带责任约定不明的争议

实务中,在约定多名回购义务人的情况下,回购条款中通常会进一步约定由他们按份或连带地履行回购义务。在协议未明确约定是连带责任还是按份责任的情况下,司法实务尚无统一标准。同时,投资人为了避免直接约定目标公司作为回购义务人受到公司减资程序的限制,从而约定由目标公司承担连带责任。但司法实务对此时所约定的连带责任的性质的认定也尚未形成统一意见,究竟是具有债务加入性质的连带责任抑或是具有从属性的连带保证责任则需要当事人在协议中给予明确定义。如果明确为前者,会产生是否需要有效决议的争议。

2. 目标公司承担债务加入性质连带责任的争议

如果当事人明确在对赌协议中约定目标公司对回购义务承担具有债务加入性质

---

① 参见潘君辉、简怡倩:《对赌违约款项支付司法裁判倾向研究及实务建议——基于对上海市近五年对赌回购裁判文书的分析》,载微信公众号"国枫律师事务所",2024 年 7 月 16 日。

的连带责任,无疑是为公司施加了更多义务。在实务中,对于这种给目标公司施加更多义务的情形,需要进一步核实在签署投资协议时,目标公司是否已经有关于承担债务加入性质连带责任合法有效的决议文件。如果在签署投资协议时没有形成合法有效的决议,此类连带责任可能不被法院支持。[①]

3. 回购义务人的配偶是否需要承担连带责任的争议

在实务中中较多存在由回购义务人的配偶共同承担回购义务的情形。比如有的法院认为:"李某与马某确认家庭收入来源为共同经营目标公司,双方并无其他收入,李某对马某回购股权的相关事宜理应知晓。因此,被告马某所负案涉债务符合夫妻双方共同生产经营负债的情形,属于夫妻共同债务。"[②]所以,法院最终支持了原告要求被告李某承担连带清偿责任的诉讼请求。

但需要注意的是,不能认为只要存在夫妻关系就一定产生夫妻共同债务,如果回购义务人的配偶不参与目标公司的管理经营,也不是目标公司的股东,则大概率不对回购义务承担连带责任。比如有的法院认为:"《确认函》约定创始股东持有的全部公司股权归创始股东单独所有,创始股东持有公司全部股份的出资来源并非夫妻(家庭)共同财产,亦未曾做夫妻(家庭)共同生活之用,不属于夫妻(或家庭)共同财产,不参与任何形式的夫妻(或家庭)财产份额……明某作为回购义务人的配偶无须对回购义务承担连带责任。"[③]

三、结　　语

在私募基金股权回购纠纷实务中,虽然在回购权的行使条件和行使期限、回购价款的计算、回购义务与连带责任等问题上均存在争议,但这些争议对投资协议的效力并不产生实质性影响,而且在新公司法进一步完善相关制度后,双方当事人可以通过越来越细致的意思自治来预防和解决争议。对于投资人来说,要以更积极的心态看待纠纷解决。第一,积极行使权利,争取及时发送股权回购的函件并要求回函;第二,以打促谈,一起等待资本市场的春天;第三,由于能与投资人产生股权回购纠纷的目

①　参见刘洋、黄馨颐:《投资回购实务系列(一):一文读懂私募股权投资人如何实现回购(境内篇)》,载微信公众号"盈理律师事务所",2022 年 3 月 21 日。

②　唐某与马某等股权转让纠纷,上海市青浦区人民法院(2023)沪 0118 民初 35534 号民事判决书。

③　嘉兴宸宝投资合伙企业(有限合伙)与林某等股权转让纠纷,上海市虹口区人民法院(2022)沪 0109 民初 10056 号民事判决书。

标公司和股东一般都不具备良好的资信状况,所以私募基金股权回购案件从实质上有逐渐演变为清收类案件的趋势,投资人需要综合判断回购义务人是否有实际履行能力,注重保全,力求实现"早介入,早启动"的效果,避免赢了诉讼一场空;第四,不妨搭便车,对其他的私募基金股权回购纠纷保持高度关注;第五,积极利用新公司法中的有利因素,增加回购义务的责任主体。而对于基金管理人而言,核心问题是对投资人做好充分的信息披露,定期召开持有人会议,秉承勤勉尽责的态度,将每一次工作内容留痕,避免资产端纠纷与资金端纠纷同时爆发,从而引发更为严重的后果。

ST 摩登案例评析：控股股东资金占用引发投保机构代位诉讼的多维审视与省思

朱列玉[*]　郭晓颖^{**}　谭琇文^{***}

摘要：本文聚焦于中证中小投资者服务中心有限责任公司（简称中证投服中心）代摩登大道时尚集团股份有限公司（简称 ST 摩登公司）诉其控股股东广州瑞丰集团股份有限公司及董监高损害公司利益纠纷案。文中详述了瑞丰集团占用 ST 摩登公司资金的违规手段及信息披露违规情形，剖析了诉讼进程中起诉资格、诉讼与破产程序交错、侵权之债与合同之债辨析等焦点问题，探讨了投保机构面临的诉讼费用、律师费处理等维权成本困境及解决路径，并对强化监管、赋能投保机构等立体化追责前景予以展望，旨在为完善我国投资者保护体系、优化资本市场生态环境提供实践经验与理论思考。

关键词：股东代位诉讼　损害公司利益纠纷　破产程序　立体化追责

2024 年 10 月 15 日，广东省高级人民法院就中证投服中心代上市公司 ST 摩登公司诉其控股股东广州瑞丰集团股份有限公司（简称瑞丰集团）、董监高损害公司利益纠纷案（以下简称本案）作出二审判决，维持了中证投服中心的一审胜诉结果，即瑞丰集团应向 ST 摩登公司返还占用资金及利息，公司董监高林某某、翁某某、刘某某应对瑞丰集团占用的资金承担不同范围的连带赔偿责任。这宣告了我国首起由中证投服中心提起的，以判决形式结案的股东代位诉讼圆满收官。

本案是中证投服中心依据证券法第 94 条第 3 款的规定，以股东身份提起的第二

＊　广东国鼎律师事务所主任律师。
＊＊　广东国鼎律师事务所合伙人律师。
＊＊＊　广东国鼎律师事务所律师。

起股东代位诉讼案件,也是首个法院判决案件,具有里程碑意义。本文拟从代理律师的视角出发,通过剖析案件疑难点、挖掘代理经验,并立足于现有法律规范,对如何进一步完善我国的投资者保护体系、优化资本市场的生态环境进行前景展望。

一、ST 摩登案全景洞察:控股股东侵权的多维呈现

(一)资金占用违规:上市公司资金的"暗度陈仓"

瑞丰集团操控 ST 摩登公司资金流向,借虚假交易、违规拆借、隐秘资金混同等手段,长期、巨额占用资金,挪作偿债、投资、挥霍等非法用途,严重削弱公司运营根基、扭曲财务状况,致使 ST 摩登公司发展受阻、股东权益蒙尘,其手段隐蔽、危害深远,在同类案件中极具典型性。

自 2018 年 12 月至 2019 年 8 月,瑞丰集团以预付账款、预付投资款、预付工程款等一系列形式,累计非经营性占用 ST 摩登公司资金 2.4 亿余元。类似案例屡见不鲜,如 ST 康得新案中,控股股东通过虚构销售业务、违规关联交易等手段,占用上市公司资金高达数百亿元,致使公司资金链断裂,陷入绝境;ST 华铁案中,控股股东也曾通过关联交易、资金往来等方式,长期占用上市公司资金,导致公司资金链紧张,经营发展受到严重制约;ST 中利案中,控股股东则通过虚构工程项目、预付款项等手段,将上市公司大量资金据为己有,使得公司陷入财务困境,面临退市风险。ST 摩登案性质同样恶劣,严重损害了上市公司的资金流动性与运营根基,使得公司在发展的关键阶段面临重重困境,众多项目因资金短缺被迫搁置,错失市场良机。

(二)信息披露违规:投资者知情权的"公然践踏"

信息披露是上市公司与投资者之间沟通的桥梁,是投资者了解公司运营状况、财务信息的重要渠道。然而,ST 摩登公司在信息披露方面却存在严重违规行为。

在资金占用问题上,ST 摩登公司长时间未按规定如实披露控股股东瑞丰集团的非经营性占用资金情况。ST 摩登公司在 2018 年至 2019 年期间的多份定期报告中,均对这一重大事项有所遮掩。2018 年半年报、年报以及 2019 年半年报,对于瑞丰集团占用资金的关联交易未作披露或仅披露部分,使得投资者无法及时察觉 ST 摩登公司真实财务状况。另外,在违规担保方面,ST 摩登公司同样存在未及时履行审批程序与披露义务的问题。例如 2018 年 4 月,其控股子公司广州连卡福名品管理有限公司以定期存款作质押,为瑞丰集团的子公司广州花园里发展有限公司 1 亿元借款提

供担保,此事直至后续监管介入才浮出水面。

这种信息披露的缺失,使得投资者无法及时了解公司的真实财务状况和潜在风险,在决策过程中处于严重的信息不对称状态。投资者依据失真信息做出投资判断,如同在黑暗中摸索,风险骤增。如投资者未得知公司资金被大量占用的情况,而在股价虚高时买入股票,随后公司因资金问题经营恶化时,股价大幅下跌,投资者将遭受巨大的经济损失,而市场信心也将因此受创。

(三) 责任主体:"关键少数"的难辞其咎

1. 控股股东主导:资金占用的"黑手"

瑞丰集团作为 ST 摩登公司的控股股东,在整个利益侵占过程中扮演着主导角色。自 2018 年起,瑞丰集团凭借对上市公司的控制权,通过操纵关联交易,指令 ST 摩登公司向特定供应商预付巨额款项,这些供应商大多受其控制或与之存在紧密利益关联。操纵关联交易是控股股东实现上市公司资金占用的常见手笔,例如在康美药业事件中,控股股东通过操纵财务报表,虚构业务往来,将大量资金转移至关联方,最终导致公司财务造假丑闻曝光,股价暴跌,投资者遭受巨大损失;在乐视网事件中,控股股东贾某某通过一系列关联交易,将乐视网的资金输送至自己控制的其他公司,使得乐视网资金链断裂,陷入严重的经营困境,最终走向破产边缘。这些案例都表明,控股股东的不当行为不仅会对上市公司造成致命打击,还会严重损害广大投资者的利益,破坏资本市场的正常秩序。

2. 董监高协同:违规行径的"帮凶"

董监高作为公司治理的重要主体,本应肩负起维护公司利益、保障股东权益的重任,但 ST 摩登公司的部分董监高却背离了这一职责,成为控股股东违规行为的协同者:林某某作为 ST 摩登公司的原董事长及实际控制人,组织、指使相关人员进行资金占用和信息隐瞒等违法违规行为;翁某某作为原董事兼总经理,在资金审批过程中却对多笔未签订合同的资金付款申请大开绿灯,未对资金的实际用途和流向进行有效监管,导致公司资金轻易地被控股股东占用;刘某某作为原董事兼财务总监,在明知资金流向异常的情况下,依然按照林某某的指示进行付款审批,并且未采取任何措施阻止资金的不当流出,也未对资金占用情况进行及时披露;林某某滥用职权、操纵信息;翁某某违规审批资金、忽视监管;刘某某财务管理失察、隐匿风险。董监高的上述行为违反忠实勤勉义务,构成共同侵权,加剧公司与投资者损失,相关责任人难辞其咎。

在类似案例中,有 ST 康得的董监高未能履行职责,对控股股东的资金占用行为视而不见,甚至参与其中,导致公司财务造假,最终面临法律的严惩;还有 ST 雏鹰的董监高在公司资金被占用、经营出现重大问题时,未能及时采取有效措施,导致公司陷入困境,最终破产退市。董监高的"装睡",将严重破坏公司的内部治理结构,使公司的决策机制和监督机制形同虚设。

二、诉讼进程中的焦点解构与剖析

（一）起诉资格之辩：前置程序的解释分歧

1. 中证投服中心行权：督促与起诉请求的交织

中证投服中心自 2020 年起,便密切关注 ST 摩登公司控股股东资金占用问题,多次以股东质询建议函等形式积极行权:2020 年 7 月 3 日,中证投服中心向 ST 摩登公司第一次发出《股东质询建议函》明确指出非经营性资金占用,要求公司就相关问题作出详尽说明;2022 年 7 月 27 日,中证投服中心再度向 ST 摩登公司发出《股东质询建议函》,明确要求公司及时向原控股股东的破产管理人申报债权,并敦促监事会向法院起诉追究相关责任人赔偿责任;2022 年 8 月 9 日,中证投服中心第三次向 ST 摩登公司邮寄《股东质询建议函》,书面建议公司监事会向人民法院提起诉讼以追究相关责任人赔偿责任。在函件发送过程中,中证投服中心采用多种方式确保送达效力,通过电子邮件、邮寄纸质函件等,分别向公司证券部、董事会秘书、董事长、总经理、监事会主席以及前任董事长等关键人员投递,全方位覆盖公司决策管理层,力求信息传达到位,以敲响公司行权的警钟。

同类型的大智慧案中,中证投服中心同样在发现公司存在虚假陈述问题后,迅速介入行权。通过多次质询、建议,督促公司向责任人追偿,最终成功推动案件解决,为上市公司挽回损失。中证投服中心作为专业的投资者保护机构,在多个案件中展现出高度的责任感与行动力,亦是激活股东代位诉讼制度的重要力量。

2. 公司消极应对：形式维权的伪装

面对中证投服中心的多次督促和建议,ST 摩登公司虽于 2022 年 8 月 9 日、8 月 12 日书面回复,但仍然未采取诉讼手段维权。

一审诉讼中,ST 摩登公司以违规担保与资金占用为整体风险事件,其已争取由部分担保人豁免 ST 摩登公司担保责任,加上已通过向瑞丰集团发函的形式催要款项,以及责任人不具备清偿能力为由,主张已积极行权,从而否认中证投服中心享有提起本案诉讼的权利。但中证投服中心一方始终认为,ST 摩登公司以发函替代诉讼、借口破产逃避追责,实质是公司治理失灵、内部监督缺位,凸显股东代位诉讼的紧迫性和必要性。一审、二审判决对此予以支持,明确对外担保与资金占用性质有别,豁免担保不能等同于积极行权;而 ST 摩登公司最早于 2019 年便发现资金占用,却仅发函四次催款;不具备清偿能力亦不能构成未主张权利的合法抗辩事由。本案对于股东代位诉讼的前置程序司法认定标准的再度明晰,也将有效防止公司滥用自治架空投资者救济渠道,规避股东代位诉讼制度本义。

(二) 诉讼与破产程序的交错:规则适用的困境

1. 程序节点碰撞:诉讼启动与破产受理的时序先后

在程序方面,根据企业破产法第 16 条以及《九民纪要》第 110 条第 3 款的规定,人民法院受理破产申请后,债权人新提起的要求债务人清偿的民事诉讼,人民法院不予受理。在 ST 摩登案中,中证投服中心于 2022 年 9 月 9 日向广州市中级人民法院提交本案的网上立案申请,而瑞丰集团于 2022 年 9 月 15 日被裁定进入破产清算程序,9 月 28 日广州市中级人民法院正式出具本案的受理通知书,上述时间节点的微妙交错,使得诉讼与破产程序的时序问题成为案件争议焦点。

判断本案是否为破产后新提起的诉讼,应明晰"提起诉讼"的节点认定。参考民法典第 195 条规定,权利人提起诉讼或申请仲裁,诉讼时效中断。参照黄薇主编的《中华人民共和国民法典释义》对该条的阐释,只要权利人提交起诉材料或者口头起诉,就可认定其向人民法院提出了权利主张,无须等待人民法院受理。另《最高人民法院关于审理民事案件适用诉讼时效制度若干问题的规定》第 12 条亦明确,当事人一方向人民法院提交起诉状或者口头起诉的,诉讼时效从提交起诉状或者口头起诉之日起中断。从这些规定可知,提起诉讼的时间应为提交立案申请、提交诉状的时间,故本案中证投服中心起诉时点早于瑞丰集团的破产受理日。

再看《全国法院民商事审判工作会议纪要》第 110 条规定:"人民法院受理破产申请后,已经开始而尚未终结的有关债务人的民事诉讼,在管理人接管债务人财产和诉讼事务后继续进行。债权人已经对债务人提起的给付之诉,破产申请受理后,人民法院应当继续审理,但是在判定相关当事人实体权利义务时,应当注意与企业破产法及其司法解释的规定相协调……人民法院受理破产申请后,债权人新提起的要求债务人清偿的民事诉讼,人民法院不予受理,同时告知债权人应当向管理人申报债权。"这一规则设计旨在平衡债权人的诉讼权利与破产程序的有序推进,确保在破产背景下,合法的诉讼请求能够得到妥善处理,避免债权人因债务人破产而丧失维权途径,同时维护破产程序的统一性与权威性。

因此,本案中证投服中心提起诉讼在瑞丰集团破产程序裁定受理之前,依据上述规定,瑞丰集团进入破产程序,不应影响本案诉讼的继续进行。

2. 实体权益权衡:侵权赔偿与破产清偿的纠葛化解

在实体权利层面,本案的诉讼请求与破产申报存在一定冲突:一方面,在股东代位诉讼中,中证投服中心代表上市公司主张控股股东及董监高的侵权赔偿责任;另一方面,瑞丰集团进入破产程序后,依据破产法规定,所有债权人需统一向管理人申报债权,按照破产清偿顺序参与分配,而 ST 摩登公司已向瑞丰集团管理人申报债权。此时,ST 摩登公司的债权申报与股东代位诉讼中的侵权赔偿请求可能出现重叠。尤其在本案二审中,瑞丰集团管理人称其确认的摩登大道公司债权数额与本案要求返还的占用资金数额不一致,此时管理人对于债权数额的确认能否直接对侵权数额认定起决定作用亦存在争议。二审判决认为,尽管瑞丰公司管理人对摩登大道公司申报的相应债权仍然存在部分异议,但并不能因此否认该债权最终归属于摩登大道公司的事实,况且摩登大道公司同意本案中证投服中心的起诉,破产申报并不影响诉讼中债权数额的认定。

然而,实务中侵权赔偿与破产债权清偿规则迥异,侵权赔偿聚焦个体权益修复,破产清偿追求全体债权人公平分配。具体案件中,仍需依循法律原则与精神,精准界定赔偿范围、合理确定清偿顺位,在程序间寻得精妙平衡,以实现法理情的有机统一。

(三) 侵权之债与合同之债辨析:责任定性的分歧

1. 侵权本质认定:公司利益受损的根源追溯

本案二审中,ST 摩登公司高管刘某某上诉认为,瑞丰集团与 ST 摩登公司之间存在借贷关系,因双方未约定亦未实际支付过借款利息,故本案关于利息偿付的诉讼请求不应获得支持。但《上市公司监管指引第 8 号——上市公司资金往来、对外担保的监管要求》第 5 条清晰地列举了上市公司不得将资金提供给控股股东、实际控制人及其他关联方使用的多种情形。瑞丰集团的资金占用行为完全符合该条款的禁止性规定,ST 摩登公司与瑞丰集团之间,不构成有效的借贷合同之债,而成立侵权之债。

而公司法第 21 条的规定,为控股股东及董监高等"关键少数"的行为划定了红线,强调其对公司负有忠实义务,不得借关联之便行侵害之举。故此,本案二审判决对于刘某某作为上市公司高级管理人员欠缺相应的法律知识,配合控股股东等损害公司利益的行为予以否定评价。

2. 利息赔付争议:法定孳息的归属决断

依据法定孳息原理,利息作为本金的自然衍生收益,是财产使用权让渡的对价体现。在资金占用场景下,资金的时间价值被占用方无偿摄取,受损方理应获得相应补偿。参考(2018)最高法民再 449 号判例强调,只要资金被无权占用,利息作为法定孳息必然产生,占用方需为此承担赔偿责任。又如(2019)最高法民再 145 号判例,法院明确认可侵权导致的资金利息损失应纳入赔偿范畴,因其为侵权行为必然引发的间接损失,与侵权行为存在直接因果关联。

资金占用利息属法定孳息,其反映资金时间价值与使用成本,为侵权所致直接损失,应全额纳入赔偿范畴。本案瑞丰集团长期占用资金,使得上市公司不仅损失本金,更在资金占用期间丧失资金的增值机会,利息赔付是对上市公司损失的完整弥补,是侵权责任承担的应有之义,以帮助公司在经济层面尽可能恢复到未受侵害的状态。

三、投保机构维权成本之困境:实践争议与解决路径

(一)诉讼费用"困境":纯公益机构与高维权成本的矛盾

中证投服中心是证监会批准设立的公益性投保专门机构。历年来,中证投服中心在投资者教育、持股行权、纠纷调解、维权诉讼等方面进行了大量的投保实践。但中证投服中心亦是公益性投保机构,高额的诉讼费对其维权诉讼工作的开展产生了一定制约:在中证投服中心已依法提起的 3 单股东代位诉讼中,有 1 单案件因无力交纳诉讼费而被法院裁定撤诉处理。

ST 摩登案件同样出现此状况,幸运的是,中证投服中心起诉后向广州中院提请缓交诉讼费获得批准,有效纾解了中证投服中心在诉讼初期的成本难题。一审判决中,广州中院亦依据《最高人民法院关于适用〈中华人民共和国公司法〉若干问题的规定(四)》第 26 条规定,判决由 ST 摩登公司承担未支持诉请部分的诉讼费用。

(二)律师费处理争议:两种观点的对峙

《最高人民法院关于适用〈中华人民共和国公司法〉若干问题的规定(四)》第 26

条规定,股东依据公司法第 151 条第 2 款、第 3 款规定直接提起诉讼的案件,其诉讼请求部分或者全部得到人民法院支持的,公司应当承担股东因参加诉讼支付的合理费用。如前文所述,一审判决依据上述规定判决由 ST 摩登公司承担相应的诉讼费用、一审律师费用。但二审过程中,中证投服中心在新增诉讼阶段中的律师费成本负担问题,因存在争议而仍无着落。

1. 独立诉请"路径":另行起诉的实践难题

《最高人民法院关于适用〈中华人民共和国民事诉讼法〉的解释》第 326 条规定:"在第二审程序中,原审原告增加独立的诉讼请求或者原审被告提出反诉的,第二审人民法院可以根据当事人自愿的原则就新增加的诉讼请求或者反诉进行调解;调解不成的,告知当事人另行起诉。"实践中有观点认为,在二审新增的二审律师费用诉请属于独立诉请,若无法调解,当事人需另行起诉。但实践中,此模式亦容易引发累诉困境,当事人深陷循环诉讼、徒增成本,司法资源浪费严重,尤其对公益属性投保机构与中小投资者,维权雪上加霜,恐有碍投资者权益保护有关制度的功能释放。

2. 合并审理"进路":合理开支的范围归集

最高人民法院发布的《关于依法加大知识产权侵权行为惩治力度的意见》第 12 条的规定:"权利人在二审程序中请求将新增的为制止侵权行为所支付的合理开支纳入赔偿数额的,人民法院可以一并审查。"参考北京高院于 2016 年 5 月 9 日发表的《当前知识产权审判中需要注意的若干法律问题(三)》一文中,对于二审新增律师费、差旅费等费用的处理问题的意见,认为二审新增加的律师费,不属于新增的独立诉请,二审应当一并处理。对于上述规定,有(2019)最高法知民终 7 号等案件予以践行。但在知识产权纠纷之外,司法实践中亦有(2017)最高法民再 110 号等案件中,二审中增加的律师费被纳入应审理的范围。

笔者认为,就投保机构提起的维权诉讼而言,此种处理方式较为适宜:一是在诉讼请求仅被部分支持的情况下,二审律师费应当属于《最高人民法院关于适用〈中华人民共和国民事诉讼法〉的解释》第 326 条规定的必要成本支出,可由公司承担;二是二审审查新增律师费亦能契合诉讼经济、司法便民原则;三是考虑到投保机构的公益使命,其维权成本宜合理补偿,二审一并处理可避免累诉、减负增效。

(三)代位诉讼管辖"难题":代位诉讼和集中管辖的适配

目前,证券纠纷代表人诉讼适用集中管辖。《最高人民法院关于证券纠纷代表人诉讼若干问题的规定》第 2 条规定普通代表人诉讼和特别代表人诉讼适用集中管辖的相关内容。集中管辖,提高了代表人诉讼适用的便利性和审判效率。不过,本案不属于证券法第 95 条规定的代表人诉讼,其案由也不在《最高人民法院关于证券纠纷代表人诉讼若干问题的规定》第 1 条规定之列,因此并未适用集中管辖,仍适用民事诉讼一般地域管辖的相关规定。

但投保机构提起的代位诉讼案件有其特殊性,而且与代表人诉讼案件具有一定程度的相似性,存在着适用集中管辖的必要。首先,从侵害对象角度而言,两类案件的被告都侵害了中小投资者合法权益。虚假陈述等证券纠纷主要侵害了广大中小投资者的合法权益,破坏了市场的公平性和透明度。ST 摩登案中上市公司大股东通过不正当手段侵占上市公司资产,也损害了公司及其他股东(尤其是中小股东)的权益。其次,从行为方式来看,两类案件的违法行为都具有隐蔽性。虚假陈述等证券纠纷是通过发布虚假信息、利用未公开信息进行交易或操纵市场价格等方式获利。ST 摩登案中上市公司大股东是通过资金占用、侵占了上市公司资产,两种行为方式都具有隐蔽性。再次,投保机构提起的代位诉讼案件具有很强的专业性和高度的复杂性,对案件审理要求较高,这点与代表人诉讼案件也具有相似性。最后,投保机构提起的股东代位诉讼案件数量有限,适用集中管辖,并不会给管辖法院带来诉讼压力。

鉴于此,本文建议,将来可出台司法解释等文件明确投保机构提起的股东代位诉讼适用集中管辖,该类案件由发行人住所地的省、自治区、直辖市人民政府所在的市、计划单列市和经济特区中级人民法院或者专门人民法院管辖。

(四)利益衡平"考量":公益与效率的兼顾追求

例如 ST 摩登案中,中证投服中心的诉讼目的并非为获取私利,而是促使控股股东瑞丰集团及相关责任人返还侵占资金,恢复上市公司正常运营,稳定市场秩序。从投保机构的公益性质出发,其资金来源多为财政拨款、专项基金等公共渠道,旨在维护广大投资者权益,保障资本市场公平正义,而非追求商业盈利。针对投保机构代位诉讼相关费用的承担、减免以及补偿,仍有待立法予以明确。

就诉讼费而言,对于投保机构诉讼费缓交,国内部分地区已出台相应规定,例如郑州市中级人民法院 2021 年 11 月 29 日发布的《投资者权益保护案件诉讼费收取工作意见(试行)》,其中第 9 条规定:"公司股东依据公司法第 151 条第 2 款、第 3 款规定直接提起诉讼的案件,可以申请诉讼费缓交,暂不预交诉讼费。"但诉讼费管理实务存在地域差异,针对投保机构提出的公益诉讼,能否缓交、免缴诉讼费,仍待出台相关规定统一规范,化解实践分歧。

就律师费等支出而言,投保机构因公益诉讼而支出的律师费等成本,应在个案中如何处理,究竟应由败诉方还是被代表的公司承担,亦亟须明确。此外,亦可探索设立专项投资者保护维权基金,在投保机构胜诉但无法从败诉方足额获得费用补偿时,由专项基金按一定比例(如 80%)先行补偿,使得投保机构在维护投资者权益过程中无后顾之忧,能持续有力地发挥其监督制衡作用,净化资本市场生态。

四、立体化追责的前景展望

(一) 监管强化:源头防控与违规震慑

近年来,证监会高度重视提升财务造假违法违规成本和涉及的投资者保护工作,积极推动构建行政执法、民事追责、刑事打击"三位一体"的立体化追责体系。2024年 7 月 5 日,证监会联合公安部等六部门发布《关于进一步做好资本市场财务造假综合惩防工作的意见》,其中亦明确要"加大全方位立体化追责力度。包括加快出台上市公司监管条例,强化行政追责威慑力。推动出台背信损害上市公司利益罪司法解释,加强对'关键少数'及构成犯罪配合造假方的刑事追责。完善民事追责支持机制,推动简化登记、诉讼、执行等程序,加强对投资者赔偿救济,提高综合违法成本"。

ST 摩登案不仅是全国首例中证投服中心针对上市公司资金占用提起的股东代位诉讼案件,也是完善立体化追责体系的实践例证。ST 摩登案中,先是由广东证监局作出[2022]1 号《行政处罚决定书》,对 ST 摩登公司、其控股股东瑞丰集团以及董监高三人作出行政处罚;而后中证投服中心代表 ST 摩登公司提起的本次股东代位诉讼获得一审、二审胜诉判决,敲定控股股东以及 ST 摩登公司董监高在不同范围内的赔偿责任;而相关的责任人员亦可能面临刑事追责。

期待在未来,证监会等监管部门能持续出台新的监管规定,在日常监管中前置监管端口、强化日常监督,运用大数据、人工智能精准监测控股股东行为,加大处罚力度、提高违法成本,筑牢市场准入、持续监管、违规惩戒全链条防线,从源头遏制侵权,净化市场生态。

(二) 投保机构赋能:能力提升与资源扩充

不论是在 ST 摩登案件,亦或是 ST 大智慧案、ST 华铁案、金力泰案等等,中证投服中心作为公益股东秉持"追首恶"理念提起代位诉讼,能够敦促各责任主体归位尽责,并通过示范效应的发挥,实现惩治违法和阻却违法的目的。尤其是在金力泰案件中,中证投服中心代上市公司向上海市奉贤区人民法院提起股东代位诉讼,请求两被告返还已收取公司支付的薪酬约135万元(税前)。在法院立案审查阶段,两被告主动向上市公司返还案涉期间的薪酬合计122万元(税后)。上述案件对于推动上市公司督促实控人、大股东、董监高对公司履职尽责具有典型示范意义。

然而,中证投服中心作为公益性投资者保护机构,仍面临资金不足、人手紧张等问题。在此,也期待后续能通过立法等手段,全方位支持投保机构发展,帮助投保机构充实专业人才、保障资金充裕,塑造权威、专业、高效的投资者保护中坚力量。

五、结　语

通过对ST摩登案的全面剖析,深刻揭示了投保机构股东代位诉讼在资本市场法律实践中的核心价值与复杂样态。此案例系统展现了控股股东侵权行为的多面性、诉讼进程中各类焦点问题的棘手性以及投保机构维权所面临困境的艰巨性,为深入研究投资者保护体系及资本市场法治环境提供了丰富且翔实的素材。

在后续的资本市场发展进程中,监管部门强化监管职能、构建完善立体化追责体系已然成为重要趋势。借助前沿技术手段实现对控股股东行为的精准监测与有效规范,进一步细化法律规则以明晰各类程序节点和责任界定,对于提升资本市场治理效能、维护市场秩序稳定具有关键意义。同时,亟须出台相应制度和举措,帮助投保机构在专业能力培育与资源整合拓展方面持续深耕,以增强其在维权诉讼中的应对能力与监督效能。

然而,不可忽视的是,当前在股东代位诉讼制度的实施与完善过程中仍面临诸多挑战与不确定性。无论是法律条文的具体适用解释,还是不同程序间的协调衔接,乃至维权成本的合理分担等问题,均需学界与实务界展开更为深入的研讨与探索。期望在未来的研究与实践中,各方能够基于ST摩登案等一系列典型案例,持续深化对资本市场法律制度的理解与优化,推动股东代位诉讼制度不断发展成熟,进而为投资者权益保护构筑更为坚实的法律屏障,促进资本市场在法治框架内稳健、有序运行,助力经济社会的可持续发展。

域外视野

市场操纵新论（下）*

汤姆C.W. 林** 著 伍 坚*** 杨亦好**** 译

摘要： 市场面临着一种全新且令人生畏的操纵模式。在这种新的市场操纵模式下，数百万美元可以在几秒钟内消失，无赖行为人可以阻止市值数十亿美元公司间的交易，而市值数万亿美元的金融市场也可以通过简单的鼠标点击或几行代码被扭曲。每个投资者和机构都面临风险。这正是我们金融市场所面临的岌岌可危的新现实。

本文讲述的是美国等糟糕的金融现实、危险的新市场操纵模式以及制定务实政策的必要性，以更好地应对日益增长的操纵金融市场的威胁。首先，本文概述了近期新金融技术的兴起和监管情况。文章对2010年的"闪电崩盘"（Flash Crash）和迈克尔·刘易斯（Michael Lewis）所著的《高频交易员》（Flash Boys）进行了仔细研究。接下来，文章对不断变化的市场操纵格局进行了调查。文章指出了传统的操纵方法，如"囤积居奇"（cornering）、"抢先交易"（front running）和"拉高抛售"（pumping-and-dumping），以及新的操纵方法，如"幌骗交易"（spoofing）、"试单"（pinging）和"大规模错误信息"（mass misinformation）。它解释了利用电子网络、社交媒体和人工智能等现代技术的新型网络市场操纵方案比传统方案更具危害性。然后，文章探讨了为什么这种新的市场操纵模式会给监管机构带来严峻的挑战。最后，它提出了三个务实性的建议，通过提高中介机构的诚信度、加强金融网络安全和简化投资策略来应对控制论市场操纵的新威胁。最终，这篇文章为重新思考和开展市场监管、市场运作和市场操纵问题提供了一个新颖且完善的框架。

---

* Tom C.W. Lin, The New Market Manipulation, Emory Law Journal 66, no.6（2017），available at https://papers.ssrn.com/sol3/papers.cfm?abstract_id=2996896#.本文翻译出版获得了作者授权，特此感谢。译文分两期发表。

** 坦普尔大学比斯利法学院法学副教授。

*** 华东政法大学经济法学院教授。

**** 华东政法大学硕士研究生。

关键词： 市场操纵　高频交易　市场监管

第三章　新旧市场操纵

广义上的市场操纵自金融市场诞生之初就已存在。[①] 在具有里程碑意义的 Santa Fe Industries v. Green 证券案中,美国最高法院指出,市场操纵"通常是指通过人为影响市场活动来误导投资者的行为,如洗售(wash sales)、对敲(matched orders)或操纵价格(rigged prices)。"[②]市场中既有正直的参与者,也有声名狼藉的参与者。洛克菲勒家族(Rockefellers)和经济大萧条时期的市场如此,"闪电崩盘"和《高频交易员》时期的市场也是如此。[③] 被操纵的市场不仅会扭曲一个市场的价格和交易,还会对其他市场和整个经济的资本分配、投资和储蓄产生重要影响。[④] 操纵市场的方式只受限于人类的想象力和狡猾程度。[⑤] 随着金融市场从人工操作发展到电子操作,市场操纵的方式也在发生着相应的演变,旧的市场操纵方式被新的市场操纵方式取代。[⑥] 为了更好地理解新出现的市场操纵方法,强调并比较一些新的方法和一些常见的传统市场操纵方法的区别,可能具有指导性意义。

一、传统市场操纵

传统的市场操纵通常是通过行为人在与市场中其他行为人的交易中利用扭曲的市场力量、欺骗、错误信息以及非法信息来实现的。一般来说,传统市场操纵的目的是扭曲某些金融工具或交易的自然价格,使操纵方获益。[⑦]

[①] *See* JERRY W. MARKHAM, LAW ENFORCEMENT AND THE HISTORY OF FINANCIAL MARKET MANIPULATION 9 – 14 (2014)(记载历史上的各种市场操纵事件).

[②] 430 U.S. 462, 476 (1977).

[③] *See* MARKHAM, *supra* note 137, at xiii – xiv.

[④] *See*, *e.g.*, Fox, Glosten & Rauterberg, *supra* note 7, at 196("股票市场的表现对我们经济中商品和服务的生产效率以及实体经济的增长率有着重要影响。股票作为普通人的投资储蓄场所也发挥着至关重要的作用。").

[⑤] Cargill, Inc. v. Hardin, 452 F.2d 1154, 1163 (8th Cir. 1971)("操纵的方法和技巧只受到人的独创性的限制。").

[⑥] *See*, *e.g.*, Tālis J. Putniņš, *Market Manipulation: A Survey*, 26 J. ECON. SURVS. 952, 955 – 62 (2012)(全面评述市场操纵理论研究).

[⑦] *See* James Wm. Moore and Frank M. Wiseman, *Market Manipulation and the Exchange Act*, 2 U. CHI. L. REV. 46, 50 (1934)["简而言之,'操纵'一词可适用于任何以故意提高、降低或固定证券价格为目的的做法……操纵会导致人为和受控的价格。"(省略脚注)]；Chester Spatt, *Security Market Manipulation*, 6 ANN. REV. FIN. ECON. 405, 407 (2014)("经典操纵中的投资者试图人为影响价格,以此获得潜在优势。").

这些传统的市场扭曲可以以各种形式表现出来。传统市场操纵中较为常见和突出的几种方法包括囤积居奇（cornering）、挤压（squeezing）、抢先交易（front running）、洗盘交易（wash trading）、拉高抛售（pumping-and-dumping）和基准失真（benchmark distortion）。

（一）挤压和囤积居奇（Squeezing and cornering）

囤积居奇（cornering）和挤压（squeezing）是利用市场力量扭曲金融工具价格的两种最古老的市场操纵形式。[①] 当一方或多方获得某种金融工具或商品的总供应量，然后主宰该金融工具或商品的市场价格，从而操纵市场的自然价格时，通常就会发生囤积居奇。[②] 挤压行为的运作方式与此类似。其通常发生在当一方或多方获得某种金融工具或商品的大量供应，然后利用其市场力量操纵市场价格，使其对自己有利。[③] 囤积居奇和挤压行为通常都需要大量资本来执行和维持，因为它们要求操纵方在特定市场中占据主导地位。[④]

由于法规和市场的发展，与过去相比，如今在公开资本市场上的囤积居奇和挤压行为已经不那么普遍。就法规的发展而言，《谢尔曼反托拉斯法》（Sherman Antitrust Act）、《期货交易法》（Futures Trading Act）、《谷物期货法》（Grains Future Act）、《证券交易法》（Securities Exchange Act）和《商品交易法》（Commodity Exchange Act）等里程碑式立法的最初通过和逐步实施，取缔了各种各样的在这些法律通过之前较为普遍的囤积居奇和挤压行为。[⑤] 除了法律方面的发展，金融市场的发展也使各方更难在特定市场上获得完全或主导地位，从而实施囤积居奇和挤压计划。作为一个粗略的宏观经济指标，道琼斯工业平均指数在1916年1月约为90，而在2016年1月则超过了16 000，在一个世纪内呈现出超过17 000%的指数增长，这还没有考虑通货膨胀的因素。[⑥] 重要上市公司的金融工具市场也因其巨大的价值而更难被挟仓和挤压。例如，2017年，苹果公司的市值一度超过8 000亿美元，脸书公司（Facebook）的市值超过

---

① See, e.g., MARKHAM, supra note 137, at 17 – 25（描述了涉及挤压和囤积居奇的各种历史操纵事件）；FED. TRADE COMM'N, REPORT ON THE GRAIN TRADE VOL. Ⅶ: EFFECTS OF FUTURE TRADING 244 (1926)（讨论20世纪20年代粮食工业的垄断）.

② MARKHAM, supra note 137, at 3.

③ Id.

④ Id.

⑤ See id. at 44, 50 – 51, 76 – 90（论各种具有里程碑意义的市场操纵立法的通过及其影响）.

⑥ Dow Jones—100 Year Historical Chart, MACROTRENDS, http://www.macrotrends.net/1319/dow-jones-100-year-historical-chart［https://perma.cc/72NE-CTAR］（last visited Mar.31, 2017）.

4 000 亿美元。① 然而,尽管由于法规和市场的发展,囤积居奇和挤压行为有所减少,但在流动性不足的情况下,当一个或多个特定主体可以获得主导地位时,这些操纵性计划仍然存在于离散市场中。②

（二）抢先交易（Front running）

抢先交易是一种操纵手段,即一方(通常是经纪商)在执行交易时,注意到同一金融工具或相关金融工具即将出现影响市场波动的交易。在这种计划中,经纪人违反对客户的义务,将自己的交易优先于市场波动顺序,从而使自己获益。③ 抢先交易通常被认为是非法的,是一种证券欺诈行为。④ 证券法规明文禁止证券交易商在大宗证券交易中进行抢先交易。⑤

抢先交易行为扭曲了市场交易的公平进行,允许掌握即将进行的交易内幕信息的各方当事人可以操纵市场以谋取私利,这违反了法律也违背他们对客户的义务。⑥ 例如,如果一名经纪商在收到沃伦·巴菲特（Warren Buffett）的大额卖单之后——但在处理之前——就为自己的账户执行了卖单,而该份大额卖单很可能会使高盛集团（Goldman Sachs）的股票的价格向下波动,那么经纪商就可以对高盛集团的股票进行提前操纵。同样,经纪商也可以通过与受惠方分享他对即将发生的订单的了解,来推动抢先交易,使其能够通过及时的交易从而快速获利。⑦

（三）洗盘交易（Wash Trading）

洗盘交易是一种操纵手段,即一方或多方执行虚假订单,目的是在市场上人为制造交易量和价格变动,以谋取自身利益。⑧ 洗盘交易可以抬高金融工具的价格,因为

---

① See Anita Balakrishan, *Apple Market Cap Tops $800 Billion for the First Time*, CNBC.COM (May 8, 2017, 1:45 PM), http://www.cnbc.com/2017/05/08/apple-market-capitalization-hits-800-billion.html ［https://perma.cc/8N9Z-7VTR］; Jonathan Taplin, *Is It Time to Break Up Google?*, N.Y. TIMES (Apr.22, 2017), https://www.nytimes.com/2017/04/22/opinion/sunday/is-it-time-to-break-up-google.html［截至 2017 年 4 月 20 日,脸书（Facebook）的市值为 4 140 亿美元］.

② See JOHN L. TEALL, FINANCIAL TRADING AND INVESTING 336 (2013)(关于选择囤积居奇和挤压事故的讨论).

③ See THOMAS LEE HAZEN, THE LAW OF SECURITIES REGULATION 574 (6th ed. 2009)(解释抢先交易的变化);Jerry W. Markham, *"Front-Running"—Insider Trading Under the Commodity Exchange Act*, 38 CATH. U.L. REV. 69, 70 – 71 (1988)(定义抢先交易).

④ See TEALL, *supra* note 151, at 330 – 31; Fox, Glosten & Rauterberg, *supra* note 7, at 227 n.87("根据普通法、联邦法律和行业自律标准,传统的抢先交易是被禁止的。").

⑤ See FINRA RULE 5270 (FINRA 2013); Exchange Act Release No.34 – 14156, 1977 WL 190058, at *1 (Nov.9, 1977).

⑥ See HAZEN, *supra* note 152, at 574.

⑦ See HOWARD M. FRIEDMAN, SECURITIES REGULATION IN CYBERSPACE § 16 – 79 (3d ed. 2001 & Supp. 2008).

⑧ TEALL, *supra* note 151, at 337.

操纵方以不断上涨的价格执行一笔又一笔的交易,从而导致不知情的无辜当事人以人为抬高的价格购买这些金融工具。① 相反,洗盘交易也可以是一种促使价格下跌的手段。无论在哪种情况下,操纵者都不会面临真正的金融风险,而只会从他们制造价格和交易量的虚假变动的欺诈手段中获利。② 虽然洗盘交易通常是为了操纵价格,但也可能是为了从交易所和经纪人等供应商处获得回扣。③ 长期以来,国会和法院都对洗盘交易深恶痛绝,认为这是对金融市场正常和公平运作的非法威胁。④

(四)拉高抛售(pumping-and-dumping)

拉高抛售的运作方式通常是,操纵者先获得某种金融工具(如股票)的头寸,然后通过欺诈性手段人为地抬高股票价格,再以抬高的价格将其头寸卖给毫无戒心的其他人,而价格往往在卖出后暴跌。⑤ 价格低廉的证券,即所谓的"垃圾股",在监管较少、流动性较差的场外交易市场交易中,由于其价值较低且缺乏相关信息,特别容易受到这些骗局的影响。⑥ 在金融市场,尤其是涉及证券的市场中,拉高抛售的骗局已经存在了几个世纪。⑦ 它最早可以追溯到 17 世纪的"南海泡沫"。⑧

更为现代的拉高抛售计划包括使用"锅炉房"(boiler rooms)、互联网聊天室、欺诈网站、社交媒体和垃圾邮件来人为地抬高证券价格,将其作为操纵计划的一部分。首先,"锅炉房"指的是通过激进手段推销证券,使证券欺诈行为永久化的操作。⑨ 这些激进手段包括高压冷呼叫(high pressure cold calling)、确保高回报,以及对所推销的证券公然撒

---

① See Charles R.P. Pouncy, *The Scienter Requirement and Wash Trading in Commodity Futures: The Knowledge Lost in Knowing*, 16 CARDOZO L. REV. 1625, 1637 (1995)("洗盘交易……是虚假交易的典型形式")。

② See MARKHAM, *supra* note 137, at 7 – 8.

③ See, *e.g.*, Amanat v. SEC, 269 F. App'x 217, 220 (3d Cir. 2008)(确认旨在产生供应商回扣的洗盘交易的非法性)。

④ See, *e.g.*, Wilson v. CFTC, 322 F.3d 555, 559 (8th Cir. 2003)(认为洗售"有害,因为它们在市场上造成了虚幻的价格波动");Graham v. SEC, 222 F.3d 994, 996, 1003 (D.C. Cir. 2000)(将洗售定性为非法操纵股市);SEC v. U.S. Envtl. Inc., 155 F.3d 107, 112 (2d Cir. 1998)(认定洗售违反联邦证券反欺诈法);Rosenberg v. Hano, 121 F.2d 818, 820 (3d Cir. 1941)("一个诚实的证券市场所依赖的,不仅仅是排除更低级的谎言形式,如洗售、匹配指令等。……这种评估要想值得信赖,就必须反映那些购买理由独立于其自身可能产生的影响且不受影响的人的诚实判断");Scopino, *supra* note 84, at 266("1936 年,随着《商品交易法》的通过,国会将洗售定为非法……")。

⑤ See Spatt, *supra* note 143, at 408["拉高抛售是指交易员通过向许多不成熟的(通常是散户)投资者传播虚假信息来推高股价,然后'抛售'交易员的股票,从而'抬高'公司的价格。"];"*Pump-and-Dumps*" and Market Manipulations, U.S. SEC. & EXCH. COMM'N.: FAST ANSWERS, http://www.sec.gov/answers/pumpdump.htm (last modified June 25, 2013)("一旦这些骗子'抛售'股票并停止炒作,股价通常会下跌,投资者就会赔钱。")。

⑥ MARKHAM, *supra* note 137, at 257.

⑦ *Id.*

⑧ 1 JERRY W. MARKHAM, A FINANCIAL HISTORY OF THE UNITED STATES: FROM CHRISTOPHER COLUMBUS TO THE ROBBER BARONS (1492 – 1900), at 97 – 99 (2002).

⑨ HAZEN, *supra* note 152, at 618 – 19.

谎。^① 通过电影《锅炉房》和《华尔街之狼》,这些策略在流行文化中得到了很好的体现。^②

其次,互联网的出现为实施拉高抛售行为创造了新的途径。欺诈者通过聊天室、网站、社交媒体和电子邮件推销证券,目的是以虚高的价格向毫无戒心的人兜售几乎毫无价值的证券。^③ 最后,新的信息技术大大降低了欺诈性推销的成本,使老练的骗子和业余爱好者(如高中生)都能通过拉高抛售来操纵市场。^④

多年来,政策制定者和监管机构一直试图通过执法、新监管和新立法来严厉打击拉高抛售行为。例如,美国证券交易委员会已对多起拉高抛售案件进行了审判。^⑤ 美国证券交易委员会还成立了互联网执法办公室,以打击这些操纵市场的意图。^⑥ 此外,考虑到许多计划都涉及"垃圾股",1990 年美国国会通过了《证券执法救济和小额股票改革法》(the Securities Enforcement Remedies and Penny Stock Reform Act),以更好地保护投资者和市场免受拉高抛售阴谋的影响。^⑦

(五)基准失真(Benchmark Distortion)

基准失真一般通过操纵与市场上各种金融工具和产品相关的有影响力的标准或指标来实现。^⑧ 通过扭曲基准的准确性,操纵方可以扭曲附属的金融工具与产品,使其对自己有利,从而损害市场中诚实参与者的利益。^⑨

金融市场高度依赖基准,将其作为业绩和价值的信息衡量标准。^⑩ 道琼斯指数和

---

① *Id.*; 3 JERRY W. MARKHAM, A FINANCIAL HISTORY OF THE UNITED STATES: FROM THE AGE OF DERIVATIVES INTO THE NEW MILLENNIUM (1970–2001), at 53–54 (2002); JOEL SELIGMAN, THE TRANSFORMATION OF WALL STREET: A HISTORY OF THE SECURITIES AND EXCHANGE COMMISSION AND MODERN CORPORATE FINANCE 24 (1982).

② BOILER ROOM (New Line Cinema 2000); THE WOLF OF WALL STREET (Paramount Pictures 2013).

③ Nancy Toross, Comment, *Double-Click on This: Keeping Pace with On-Line Market Manipulation*, 32 LOY. L.A. L. REV. 1399, 1418–21 (1999); OFFICE OF INV'R EDUC. & ADVOCACY, U.S. SEC. & EXCH. COMM'N, INVESTOR ALERT: SOCIAL MEDIA AND INVESTING—AVOIDING FRAUD 1 (2012), http://www.sec.gov/investor/alerts/socialmediaandfraud.pdf.

④ *See* MICHAEL LEWIS, NEXT: THE FUTURE JUST HAPPENED 27–28 (2002)(记录一名高中生发起的有利可图的市场操纵计划);JERRY W. MARKHAM, A FINANCIAL HISTORY OF MODERN U.S. CORPORATE SCANDALS: FROM ENRON TO REFORM 27–29 (2006)(讨论涉及不同复杂度特征的拉高抛售方案).

⑤ *E.g.*, SEC v. Whittemore, 659 F.3d 1, 4 (D.C. Cir. 2011); United States v. Blinder, 10 F.3d 1468, 1471 (9th Cir. 1993); SEC v. Park, 99 F. Supp. 2d 889, 892 (N.D. Ill. 2000); SEC v. Berliner, Litigation Release No.20537, 93 SEC Docket 214 (Apr.24, 2008); SEC v. Ampudia, Litigation Release No.20071, 90 SEC Docket 1178 (Apr.6, 2007).

⑥ U.S. SEC. & EXCH. COMM'N, ENFORCEMENT INTERNET PROGRAM: AUDIT No.352 (2003), http://www.sec.gov/about/oig/audit/352fin.htm.

⑦ Pub. L. No.101–429, 104 Stat. 931 (1990).

⑧ Andrew Verstein, *Benchmark Manipulation*, 56 B.C. L. REV. 215, 217–18 (2015).

⑨ *Id.* at 218.

⑩ Gabriel Rauterberg & Andrew Verstein, *Index Theory: The Law, Promise and Failure of Financial Indices*, 30 YALE J. ON REG. 1, 5–6 (2013).

标准普尔 500 指数代表了美国股市的价值和表现。[①] 国内生产总值(GDP)概括了一个国家的经济情况。[②] 消费者物价指数(CPI)通过估算一篮子普通商品和服务的价格变化来代表生活成本。[③] 伦敦银行同业拆借利率(The London InterBank Offered Rate,简称 LIBOR)衡量着银行之间的利率。[④] 这些基准和其他金融基准经常与市场上交易的众多金融工具挂钩。例如,许多被广泛持有的共同基金、指数基金和交易所交易基金都与道琼斯指数和标准普尔 500 指数直接挂钩。[⑤] 同样,债券的价格也直接受伦敦银行同业拆借利率的影响,因为它为许多债券的定价设定了基准。[⑥]

鉴于基准对金融市场的重要性,那些试图操纵市场的主体发现基准是具有吸引力的目标。与试图直接扰乱特定市场相比,扭曲基准所需的资金更少,影响更大。[⑦] 例如,如果一方通过直接交易对其有利的债券和货币来操纵价值数万亿美元的公司债券或外汇市场,将会极其昂贵与烦琐,因为这样做需要大量资金和精力。然而,一些重要的当事人可以串通一气,扭曲关键的利率和外汇基准。因此,如果串通者能够操纵关键基准,那么他们就能间接操纵与这些关键基准相关的所有公司债券、外汇合约、掉期交易以及衍生品。[⑧] 事实上,2012 年至 2015 年间,巴克莱银行(Barclays)、花旗集团(Citigroup)、德意志银行(Deutsche Bank)、摩根大通银行(JPMorgan Chase)、苏格兰皇家银行(Royal Bank of Scotland)和瑞银集团(UBS)等众多大型金融机构因多年来参与通过伦敦银行同业拆借利率和外汇汇率操纵利率而支付了数十亿美元的罚款。[⑨]

---

① See HERBERT B. MAYO, INVESTMENTS: AN INTRODUCTION 345, 349 – 50 (10th ed. 2011)(解释道琼斯工业平均指数和标准普尔 500 指数).

② See id. at 376(定义国内生产总值).

③ See id. at 380 – 81(解释消费者价格指数).

④ STEPHEN BLYTH, AN INTRODUCTION TO QUANTITATIVE FINANCE 27 (2014).

⑤ See GARY L. GASTINEAU, THE EXCHANGE-TRADED FUNDS MANUAL 108 – 10 (2d ed. 2010)(讨论广泛持有的与道琼斯工业平均指数和标准普尔 500 指数挂钩的交易所交易基金).

⑥ See BLYTH, supra note 180, at 128 – 29.

⑦ Verstein, supra note 174, at 224 – 25.

⑧ See, e.g., Kristin N. Johnson, Governing Financial Markets: Regulating Conflicts, 88 WASH. L. REV. 185, 188 – 89 (2013)(讨论伦敦银行同业拆借利率操纵对各种金融工具市场的影响).

⑨ See DAVID ENRICH, THE SPIDER NETWORK: THE WILD STORY OF A MATH GENIUS, A GANG OF BACKSTABBING BANKERS, AND ONE OF THE GREATEST SCAMS IN FINANCIAL HISTORY 4 – 6 (2017); In re LIBORBased Fin. Instruments Antitrust Litig., 962 F. Supp. 2d 606 (S.D.N.Y. 2013); Michael Corkery & Ben Protess, Rigging of Foreign Exchange Market Makes Felons of Top Banks, N.Y. TIMES (May 20, 2015), https://www.nytimes.com/2015/05/21/business/dealbook/5-big-banks-to-pay-billions-and-plead-guilty-in-currency-andinterest-rate-cases. html?_r = 0 [https://perma.cc/R5VA-PGKS]; Ben Protess & Jack Ewing, Deutsche Bank to Pay $2.5 Billion Fine to Settle Rate-Rigging Case, N.Y. TIMES (Apr.23, 2015), https://www.nytimes.com/2015/04/24/business/dealbook/deutsche-bank-settlement-rates.html?_r=0 [https://perma.cc/HF9F-2TLU].

二、新的市场操纵

与传统市场操纵中的人类主角不同,新的市场操纵通常利用新兴高科技金融市场的电子通信、信息系统和算法平台,不公正地扭曲与金融工具或交易有关的信息和价格。其核心是,这些扭曲行为以及后果干预了市场上的人类与计算机化信息和通信系统间的联系。它们破坏了金融市场中人类与机器之间的沟通方式。因此,本文将这种新的市场操纵方式称为控制论市场操纵(cybernetic market manipulation)。[1] 虽然控制论市场操纵与其传统市场操纵的目标大致相同,但由于现代金融市场下绝无仅有的关联性和前所未有的价值,控制论市场操纵的影响要大得多。在某些情况下,控制论市场操纵是利用新的金融技术来实施旧的非法计划。在另一些情况下,它代表着利用新的金融技术来实施新的非法计划。控制论市场操纵中比较常见和突出的几种方法是试单(pinging)、幌骗(spoofing)、电子抢先交易(electronic front running)和大规模错误信息(mass misinformation)。

(一)试单和幌骗(Pinging and Spoofing)

试单和幌骗是两种新的市场操纵方法,它们利用市场上的新金融技术来扭曲金融市场的普通价格发现过程。

通过试单,计算机平台在几分之一秒内提交并取消某一特定金融工具的大量小额订单,以诱导市场中的其他人对试单行为作出反应,并向试单方透露他们的交易意图。[2] 由于大多数试单情况下的订单在执行前就被已经取消,因此试单可以让发起方在几乎没有风险的情况下识别出有价值的信息。[3] 例如,诚实的艾比想要以每股 50 美元以下的价格购买 100 000 股的 Acme 股份,而不诚实的约翰则使用试单手段,发出了许多小额订单,以各种价格卖出 Acme 股票,但并不打算执行这些订单。诚实的艾比对不诚实的约翰的订单做出反应,并透露了她偏好的交易量和价格。由于诚实的艾比在不知情的情况下将自己的偏好透露给了狡猾的交易对手,因此她很可能最

---

[1] *See Cybernetics*, Oxford Dictionary, https://en.oxforddictionaries.com/definition/cybernetics(将控制论定义为"机器和生物的通信和自动控制系统的科学");Norbert Wiener, Cybernetics or Control and Communication in the Animal and the Machine 12 – 16 (2d ed. 2013)(介绍和解释控制论理论).

[2] *See* Irene Aldridge, High-Frequency Trading: A Practical Guide to Algorithmic Strategies and Trading Systems 201 (2d ed. 2013)(突出试单和类似的策略);*see also* Brown, *supra* note 57, at 113(试单过程的定义与探讨).

[3] Brown, *supra* note 57, at 113.

终会为自己的整个订单支付每股 50 美元或更高的价格,而不是以不同的价位实现自己的大额订单。如果大规模、持续性地进行试单,投资者和市场可能会损失大量资金。[1]

在幌骗交易中,计算机平台以超出当前善意限制的价格下达金融工具的订单,"惊吓"其他的市场参与者,使他们作出有利于欺骗方的反应。[2] 仅仅为了操纵市场上诚实的参与者,幌骗行为允许发起方在无意执行订单的情况下,扭曲市场上的正常价格。[3] 例如,如果花旗集团(Citigroup)股票的交易价格在每股 59.98 美元至 60.05 美元之间,欺诈一方会提交并取消多个限价订单,以 59.90 美元的价格卖出 100 000 股的股票,以诱骗市场中的其他人在股票价格下跌前减仓。2010 年,美国金融业监管局(FINRA)对 Trillium 经纪服务公司处以 100 万美元的罚款,原因是该公司通过其高频交易程序实施了非法欺骗行为。[4] 如前所述,对萨劳的部分指控称,他利用幌骗手段操纵与标准普尔 500 指数期货挂钩的市场,并引发了"闪电崩盘"。[5]

试单和幌骗行为之所以能够发生,是因为市场运作从人工演变为了计算机化企业。[6] 利用智能算法运行的自主高速超级计算机的崛起使这两种操纵市场的方法成为可能并有利可图,因为试单和幌骗手段都需要以秒为单位快速提交并取消大量订单。[7] 以分钟或小时为单位汇总和执行交易的人类交易员和经纪人的速度太慢,无法以盈利的方式执行这些计划,因为订单数量太过庞大。[8] 高频交易平台和算法交易平台可以利用执行速度较慢的毫无戒心的投资者和其他毫无戒心的拥有执行代码的计算机交易员,实施这些操纵手段,在每笔交易中获得几分之一的利润,从而获得数十

① See, e.g., Gregory Scopino, The (Questionable) Legality of High-Speed "Pinging" and "Front Running" in the Futures Market, 47 CONN. L. REV. 607, 622 – 28 (2015).

② See Commodity Exchange Act, 7 U.S.C. §6c(a)(5)(C) (2012)(定义幌骗交易);François-Serge Lhabitant & Greg N. Gregoriou, High Frequency Trading: Past, Present, and Future, in THE HANDBOOK OF HIGH FREQUENCY TRADING 155, 161 (Greg N. Gregoriou ed., 2015)(解释幌骗的机制);Dina El Boghdady, Is High-Frequency Trading a Threat to Stock Trading, or a Boon?, WASH. POST (Oct.25, 2012), https://www.washingtonpost.com/business/economy/is-high-frequency-trading-a-threat-to-stocktrading-or-a-boon/2012/10/25/9c39ff96-1865-11e2-a55c-39408fbe6a4b_story.html?tid=wp_ipad&utm_term=.e5d92d4bf62f [https://perma.cc/Q4BX-GM9D]("计算机程序试图通过同时发出数百万份报价来引诱机构投资者,看看他们能从哪里得到好处,然后迅速取消……").

③ Massimiliano Marzo, Designing a Trading Market, in MARKET MICROSTRUCTURE IN EMERGING AND DEVELOPED MARKETS 159, 171 (H. Kent Baker & Halil Kiymaz eds., 2013).

④ Press Release, Fin. Indus. Regulatory Auth., FINRA Sanctions Trillium Brokerage Services, LLC, Director of Trading, Chief Compliance Officer, and Nine Traders $2.26 Million for Illicit Equities Trading Strategy (Sept.13, 2010), http://www.finra.org/newsroom/2010/finra-sanctions-trillium-brokerage-services-llc-director-trading-chief-compliance.

⑤ See supra Part I.A.2.

⑥ Carol Clark & Rajeev Ranjan, How Do Broker-Dealers/Futures Commission Merchants Control the Risks of High Speed Trading? 3 (Fed. Reserve Bank Chi., Policy Discussion Paper No.2012 – 3, 2012).

⑦ Id.; PATTERSON, supra note 2, at 62 – 63, 208 – 09.

⑧ See Surowiecki, supra note 46("人类交易者永远无法快速合成订单簿中的所有信息,但机器人可以。").

亿美元的利润。①

随着高频交易和算法系统在金融市场的兴起,学者和监管机构最近就试单和幌骗等手段进行了大量辩论和讨论。② 政策制定者和监管机构已经采取了许多重要的前期措施,以更好地理解和管理新的操纵策略。③ 事实上,具有里程碑意义的《多德·弗兰克华尔街改革和消费者保护法案》(Dodd-Frank Wall Street Reform and Consumer Protection Act)的通过明确禁止了金融市场中的各种破坏性和操纵性的行为,例如幌骗。④ 由于肆无忌惮的市场参与者继续寻找操纵市场的新方法,这些针对试单和幌骗行为的初步举措的效果仍有待观察。

(二)电子抢先交易(Electronic Front Running)

电子抢先交易与传统的抢先交易既有相似之处又存在着不同。与传统的模式一样,电子抢先交易试图通过在已知的未来价格变化之前执行交易来操纵市场,从而在价格变动指令执行后获利。⑤ 传统的抢先交易是通过经纪商以人工形式小批量地抢先交易,与之不同的是,电子化的抢先交易是利用新的高科技机制,让经纪商以不公平的手段窥探到一个交易场所的订单流,并在另一个交易场所领先于这些订单流而使自己获利。⑥

新金融技术使电子抢先交易成为可能。利用新的金融技术,一方可以在一个交易场所看到价格变化或交易,并在新价格反映到另一个交易场所之前,竞相执行有利的交易。新的金融技术还使某些拥有特权的主体能够在其他主体的订单流执行之前,通过特殊的机制或者一种被称为"闪电订单"(flash orders)的程序查看其他主体的订单流。⑦ 通过"闪电订单",交易所或电子交易平台会在往市场广泛提供信息之前,将订单信息优先闪送给某些人(通常是那些支付了费用的人)。⑧ 订单的"闪送"通常在公布前的几分之一秒,但由于新的金融技术可以在几毫秒内工作,那些能快速

---

① LEWIS, *supra* note 8, at 45 – 46.

② *E.g.*, Concept Release on Equity Market Structure, Exchange Act Release No.34 – 61358, 75 Fed. Reg. 3594, 3609 (Jan.21, 2010) (codified at 17 C.F.R. pt. 242); *Computerized Trading: What Should the Rules of the Road Be?: Hearing Before the Subcomm. on Sec., Ins., & Inv. of the S. Comm. on Banking, Housing, & Urban Affairs*, 112th Cong. 41 – 45 (2012)(美国股票交易主管 Andrew M. Brooks 的关于 T. Rowe Price 的声明);Clark & Ranjan, *supra* note 194, at 3; Scopino, *supra* note 189, at 610 – 14.

③ *See*, *e.g.*, *supra* Part II.B(调查早期监管反应).

④ *See* Commodity Futures Trading Commission, Antidisruptive Practices Authority, 76 Fed. Reg. 14,943, 14,944 (Mar.18, 2011)(描述《多德·弗兰克法案》所禁止的破坏性做法).

⑤ *See* Fox, Glosten & Rauterberg, *supra* note 7, at 226 – 33(试论电子抢先交易的机理及其启示).

⑥ LEWIS, *supra* note 8, at 45.

⑦ *See* TEALL, *supra* note 151, at 87; Yesha Yadav, *Insider Trading and Market Structure*, 63 UCLA L. REV. 968, 998 – 99 (2016)(讨论市场中某些高频交易者的特殊数据访问和利用).

⑧ LEWIS, *supra* note 8, at 45.

窥探到信息的人自然可以更快地获利。[1] 1978 年,美国证券交易委员会允许进行"闪电订单",那是处于交易所大厅由人工的交易员进行交易的时代,而并没有预料到如今会处于在暗池和电子交易所中进行自主、高速算法程序交易的时代。[2]

近年来,监管机构和政策制定者对闪电订单和电子抢先交易进行了审查,但并未禁止这些做法。[3] 美国证券交易委员会在 2009 年提出了一项规则,以废除"闪电订单"的做法,但该规则从未被采纳。[4] 有人认为,虽然"闪电订单"存在提前交易和操纵的风险,但也有助于提高市场流动性,降低市场交易成本。[5] 虽然尚未发布全面的禁止性规定,但一些私人交易所(如 IEX)已经禁止了这种做法,然而其他某些交易所则继续允许这种做法。[6]

（三）大规模错误信息(mass misinformation)

不法分子现在可以利用新媒体技术和新金融技术,通过将不良数据、假新闻和错误信息传播到一个依靠准确信息而繁荣的市场,以前所未有的规模扰乱和扭曲金融市场。[7] 本文将这种控制论市场操纵的新方法称为大规模错误信息。通过大规模的错误信息计划,各方可以通过虚假的监管文件、虚构的新闻报道、错误的数据和黑客攻击来操纵市场。[8] 由于新的金融市场非常依赖于相互联系的信息与通信系统,一个信息源的失真在短期内会对整个市场产生巨大的、极不稳定的连锁效应,而从长远来看则会对整个市场产生动摇信心的不良影响。[9] 事实上,2016 年,美国情报界将网络

---

① THIERRY FOUCAULT, MARCO PAGANO & AILSA RÖELL, MARKET LIQUIDITY: THEORY, EVIDENCE, AND POLICY 212 (2013).

② *Fact Sheet: Banning Marketable Flash Orders*, U.S. SEC. & EXCHANGE COMMISSION (Sept.7, 2009), https://www.sec.gov/news/press/2009/2009-201-factsheet.htm.

③ *See, e.g., Dark Pools, Flash Orders, High-Frequency Trading, and Other Market Structure Issues: Hearing Before the Subcomm. on Sec., Ins., and Inv. of the S. Comm. on Banking, Hous., & Urban Affairs*, 111th Cong.1 (2009)(杰克·里德主席的开幕词).

④ Elimination of Flash Order Exception from Rule 602 of Regulation NMS, Exchange Act Release No.34－60684, 74 Fed. Reg. 48,632, 48,632 (Sept.23, 2009).

⑤ *See* MARKHAM, *supra* note 137, at 323; TEALL, *supra* note 151, at 88.

⑥ *See* ALDRIDGE, *supra* note 187, at 211("目前,大多数交易所都自愿禁止'闪电订单',但一些交易所,如 DirectEdge,仍坚持执行闪单。").

⑦ *See, e.g.,* Zohar Goshen & Gideon Parchomovsky, *The Essential Role of Securities Regulation*, 55 DUKE L.J. 711, 714 (2006)(论准确的信息在证券市场中的重要性);Sabrina Tavernise, *As Fake News Spreads Lies, More Readers Shrug at the Truth*, N.Y. TIMES (Dec.6, 2016), https://www.nytimes.com/2016/12/06/us/fake-news-partisan-republican-democrat.html[https://perma.cc/HN24-ZKY4].

⑧ *See, e.g.,* BARRY VENGERIK ET AL., FIREEYE, HACKING THE STREET? FIN4 LIKELY PLAYING THE MARKET 3 (2014), https://www.fireeye.com/content/dam/fireeye-www/global/en/current-threats/pdfs/rpt-fin4.pdf.

⑨ *See* PATTERSON, *supra* note 2, at 9－10(强调新的高速电子金融市场中"恶性自我强化反馈循环"的风险); Hope, *supra* note 91; Story & Bowley, *supra* note 112("也有可能,由于新闻和交易的速度更快,股票今天的波动速度更快,因此过去可能会在几天内出现的价格下跌和飙升现在会在几个小时内浓缩。").

和技术攻击,包括使用虚假数据操纵交易金融工具的人工智能系统,列为全球主要威胁。① 此外,传统的拉高抛售行为对鲜为人知、流动性差的证券最为有效,而大规模的虚假信息对众所周知、广泛持有的证券最为有效,因为虚假的信息与众多主体息息相关。

对苹果、脸书或通用电气(General Electric)等广泛持股的公司来说,大规模信息错误计划如果成功,可能会产生数十亿美元的货币影响,并影响大量投资者,因为这些公司在退休账户中占了很大比重。此外,与许多其他操纵市场的方法不同,大规模的错误信息可能是为了个人利益,也可能是为了非营利性的破坏。由于其双重动机以及广泛影响,大规模错误信息可能成为市场价值和投资者信心方面最具破坏性的市场操纵形式。

近代史上的一些事件展现了利用大规模错误信息来操纵市场的各种方式。2000年,一名精通技术的大学生在网上制作并传播了一篇关于美国证券交易委员会调查 Emulex 公司的虚假新闻稿,导致该公司股票从每股 104 美元跌至 43 美元,市值损失 22 亿美元。② 2013 年,黑客潜入美联社(the Associated Press)的推特账户,谎称白宫遭到攻击,当自动程序根据该虚假新闻进行交易时,导致了 1 360 亿美元市值的损失。③ 2014 年,俄罗斯黑客入侵纳斯达克(NASDAQ)管理交易数据和流程的主计算机系统。④ 同年,一群被称为 FIN4 的网络罪犯入侵了华尔街的公司以及其他美国公司的计算机系统,目的是窃取市场动态信息,操纵全球金融市场。⑤ 2015 年,保加利亚的一名男子通过美国证券交易委员会的 EDGAR 电子归档系统提交了对雅芳公司(Avon)和洛矶山巧克力公司(Rocky Mountain Chocolate)的虚假收购要约,以操纵这两家公司的股价。⑥ 雅芳公司的股价因虚假申报上涨超过 20%,并被暂时停止交易。⑦ 2015 年的晚些时候,一群欺诈者创建了一个假冒彭博新闻社的

---

① James R. Clapper, Director of National Intelligence, Worldwide Threat Assessment of the U. S. Intelligence Community, February 9, 2016, https://www.dni.gov/files/documents/SASC_Unclassified_2016_ATA_SFR_FINAL.pdf [https://perma.cc/2YY5-4PTN].

② MARC GOODMAN, FUTURE CRIMES 140 – 41 (2015).

③ Chozick & Perlroth, *supra* note 48.

④ *See* Michael Riley, *How Russian Hackers Stole the Nasdaq*, BLOOMBERG BUSINESSWEEK (July 21, 2014, 4: 11 PM), https://www.bloomberg.com/news/articles/2014-07-17/how-russian-hackers-stole-the-nasdaq [https://perma.cc/7ZUH-EBTW]; *see also* FIREEYE, APT28: A WINDOW INTO RUSSIA'S CYBER ESPIONAGE OPERATIONS? 3 – 6 (2014).

⑤ *See* VENGERIK ET AL., *supra* note 212, at 3; Perlroth, *supra* note 3.

⑥ Goldstein, *supra* note 3.

⑦ *Id.*

网站,吹嘘对推特的根本不存在的收购。① 该虚假新闻报道导致推特股价上涨7%,在骗局曝光后股价暴跌。② 如前所述,2015年,美国司法部还披露了对一个全球网络犯罪集团的指控,该集团利用黑客攻击和传播虚假信息,策划了大规模的拉高抛售行为。③

随着金融市场对新媒体技术和新金融技术的融合越来越敏感,操纵市场的大规模虚假信息行为肯定会变得更加普遍。未来几年,金融市场可能会出现更加大胆和创新的手段,用不良数据和虚假信息扰乱和扭曲市场。

第四章 监 管 挑 战

金融市场的技术变革经常带来监管方面的挑战,因为面对尖锐的新的金融现实,旧的规则和法律开始黯然失色。④ 控制论市场操纵的出现,带来了与资源、侦查和执法相关的政策与监管的挑战。⑤

一、资 源

控制论市场操纵带来的主要监管挑战之一是资源问题。特别是,监管机构可能缺乏足够的资源来更好地击破利用新兴的高科技来扭曲市场的阴谋手段。⑥ 私营公司为了追求更大利润,经常投资于新的技术和更优的专业知识,推动自身在新市场中蓬勃发展,而监管机构却缺乏类似的资金动力,并且经常受到政治因素的限

---

① Michael J. de la Merced & Matthew Goldstein, *Twitter Shares Jump After Faked Bloomberg Report*, N.Y. Times (July 14, 2015), https://www. nytimes. com/2015/07/15/business/dealbook/twitter-shares-jumpafter-fake-bloomberg-report.html [https://perma.cc/WJ99-G9AQ].

② *Id.*

③ Massive Network Intrusions Press Release, *supra* note 4; *see also* Indictment, United States v. Shalon, S1 15 Cr.333 (S.D.N.Y. 2015), http://www.justice.gov/usao-sdny/file/792506/download; Indictment, United States v. Murgio, 15 Cr. 769 (S.D.N.Y. 2015), http://www.justice.gov/usao-sdny/file/792511/download; Goldstein & Stevenson, *supra* note 4.

④ *See, e.g.*, Tara Bhupathi, *Technology's Latest Market Manipulator? High Frequency Trading: The Strategies, Tools, Risks, and Responses*, 11 N.C. J.L. & Tech. 377, 377–78 (2010)("快速的技术进步……导致法律界要么选择在司法上调整旧的法律和政策以适应新的数字形势,要么选择在立法上创造新的理论来应对不可预见的挑战。").

⑤ *See, e.g.*, Yadav, *supra* note 203, at 1030("从市场基础设施的角度来看,很明显,传统学说不足以应对日益增长的创新的复杂性。").

⑥ Timothy Lavin, *Monsters in the Market*, The Atlantic (July/August 2010), https://www.theatlantic.com/magazine/archive/2010/07/monsters-in-the-market/308122/ [https://perma.cc/874V-52QL].

制。① 此外,私营企业还花费了大量资源去游说决策者制定有利于他们的规则,而监管机构同样缺乏类似的游说影响力。②

在当今纷繁复杂、技术先进的市场中,缺乏足够的资源会导致在技术和专业知识方面的监管不足,从而难以在当前复杂且技术先进的市场中对抗大量的控制论市场操纵计划。③ 就技术而言,监管机构根本没有足够的资源来跟上新市场中私人参与者的步伐。④ 尽管近年来监管机构通过市场信息数据分析系统(MIDAS)和全国自动交易交易所(NEAT)等举措,在提升其过时的技术能力方面取得了长足的进步,但与金融业私营公司的技术能力相比,监管机构仍继续处于落后地位。⑤ 例如,2017 年有报道称,美国商品期货交易委员会缺乏资源来检查他们从重要的期货和商品交易所之一的芝加哥商品交易所集团(CME Group)接收的每日交易数据。⑥ 由于技术上的差异,监管机构经常使用 20 世纪的工具来打击 21 世纪的市场不当行为。⑦ 在专业知识方面,由于缺乏资源,监管机构往往会失去许多专家而这些专家会流向私营企业。私

---

① See, e.g., Testimony on Budget and Management of the U.S. Securities and Exchange Commission: Hearing Before the H. Comm. on Fin. Servs., & the Subcomm. on Capital Mkts., Ins., and Gov't-Sponsored Enters. of the H. Comm. on Fin. Servs., 112th Cong. (2011) (Robert Khuzami et al., Dirs. 的陈述, Sec. Exch. Comm'n), http://www.sec.gov/news/testimony/2011/ts031011directors.htm("在过去的十年里,美国证券交易委员会在保持足够的人员配置水平和预算以执行其核心任务方面面临着重大挑战。美国证券交易会经历了三年的预算冻结或减少……这迫使该机构裁员 10%。同样,该机构对新的或增强的 IT 系统的投资下降了约 50%……");Arthur Levitt Jr., Don't Gut the S.E.C., N.Y. TIMES (Aug.7, 2011), http://www.nytimes.com/2011/08/08/opinion/dont-gut-the-sec.html [https://perma.cc/J9TR-YE6B] (对美国证券交易委员会的资金和政治限制发表意见);Mark Maremont & Deborah Solomon, Behind SEC's Failings: Caution, Tight Budget, '90s Exuberance, WALL ST. J. (Dec.24, 2003, 12:01 AM), https://www.wsj.com/articles/SB107223513870781900 [https://perma.cc/7SF8-ER98]; James B. Stewart, Common Sense; As a Watchdog Starves, Wall St. Is Tossed a Bone, N.Y. TIMES (July 16, 2011), http://www.nytimes.com/2011/07/16/business/budget-cuts-to-sec-reduce-its-effectiveness.html [https://perma.cc/WTY4-PCTU](讨论美国证券交易委员会等金融监管机构的小额预算).

② See JEFF CONNAUGHTON, THE PAYOFF: WHY WALL STREET ALWAYS WINS 113 (2012); ROBERT G. KAISER, ACT OF CONGRESS: HOW AMERICA'S ESSENTIAL INSTITUTION WORKS, AND HOW IT DOESN'T 127-41 (2013); Roberta S. Karmel, IOSCO's Response to the Financial Crisis, 37 J. CORP. L. 849, 853 (2012)("在受监管行业对立法者有如此大的权力和影响力的情况下,即使监管机构意识到市场标准不足的危险,也缺乏参与强有力监管的政治意愿。");Rebecca M. Kysar, The Sun Also Rises: The Political Economy of Sunset Provisions in the Tax Code, 40 GA. L. REV. 335, 392 (2006)["通过竞选捐款和游说者,这些(利益)团体从政客那里寻求有利于他们的立法投票。"];Eric Lipton & Ben Protess, Banks' Lobbyists Help in Drafting Financial Bills, N.Y. TIMES (May 23, 2013, 9:44 PM), https://dealbook.nytimes.com/2013/05/23/banks-lobbyists-help-in-drafting-financial-bills/?_r=0 [https://perma.cc/Z7ET-Y3NH].

③ See PATTERSON, supra note 2, at 230("新的层次结构将是关于谁拥有最强大的计算机、市场之间最快的联系、最复杂的算法,以及市场管道是如何组合在一起的内部知识。").

④ See MARKHAM, supra note 137, at 406-07; Nathaniel Popper & Ben Protess, To Regulate Rapid Traders, S.E.C. Turns to One of Them, N.Y. TIMES (Oct.7, 2012), http://www.nytimes.com/2012/10/08/business/sec-regulators-turn-to-high-speed-trading-firm.html [https://perma.cc/NS3C-YRPW].

⑤ See, e.g., supra Part II.B(讨论美国证券交易委员会的新的技术进步).

⑥ Matthew Leising, Hunting for Dirty Deeds in the $34 Trillion U.S. Futures Market, BLOOMBERG BUSINESS WEEK (Feb.16, 2017, 2:11 PM), https://www.bloomberg.com/news/articles/2017-02-16/hunting-for-dirty-deeds-in-the-34-trillion-u-s-futures-market [https://perma.cc/66RU-DHBU].

⑦ See Patterson, supra note 122.

营企业愿意并有能力以每年数百万美元的价格聘请专业人才,而政府监管机构只能支付这一金额的一小部分。[1] 由于专业知识的差距,监管机构可能难以获取最新的知识,无法充分了解操纵市场的所有新方式。[2]

总之,影响监管技术和专业知识的资源不对称是监管机构在打击市场上新出现的操纵手段时所面临的关键挑战之一。

二、检　测

对于资源受限的监管机构来说,新兴的控制论市场操纵模式尤其具有挑战性,因为市场运行速度加快、市场数据泛滥、市场碎片化,要发现这些模式非常困难。[3]

第一,当今许多交易的速度前所未有的快,这使得监管机构特别难以查明正在进行的市场操纵计划。在与高速通信网络连接的自主超级计算机的推动下,价值数万亿美元的交易以毫秒为单位进行。[4] 因此,市场价格的大幅波动可能只会持续几毫秒。[5] 如今,高频交易账户的交易量和资金价值,以每天数千亿美元计。[6] 近年来,高频交易占所有外汇交易的30%,占所有欧洲股票交易的35%至40%,占所有美国股票交易的60%。[7] 市场对速度的重视为那些拥有资源的私营企业带来了竞争优势,它们可以获得更好的技术和地段,从而缩短延迟时间,提高执行

① See, e. g., U. S. Gov't Accountability Office, GAO - 11 - 654, Securities and Exchange Commission: Existing Post-Employment Controls Could Be Further Strengthened (2011), http://www.gao.gov/new.items/d11654.pdf(研究美国证券交易委员会与私营部门之间的旋转门); Michael Smallberg, Dangerous Liaisons: Revolving Door at SEC Creates Risk of Regulatory Capture (2013), http://pogoarchives.org/ebooks/20130211-dangerous-liaisons-sec-revolvingdoor. pdf; James Q. Wilson & John J. Dilulio, Jr., American Government: Institutions And Policies 278 (11th ed. 2008)("每年都有数百人离开联邦政府的重要职位,到私营行业担任利润更高的职位。").

② Patterson, supra note 2, at 230.

③ For a general discussion of the historical development of the U.S. financial marketplace, see DeYoung, supra note 85, at 41; Mester, supra note 85, at 67 - 72; Scopino, supra note 84, at 223 - 25; Wilmarth, supra note 85.

④ Fabozzi, Focardi & Jonas, supra note 104, at 8 - 10.

⑤ Neil Johnson et al., Sci. Reports 3: 2627 DOI: 10.1038/SREP02627, Abrupt Rise of New Machine Ecology Beyond Human Response Time (2013).

⑥ See Korsmo, supra note 7, at 541 - 42; Eric Dash & Christine Hauser, As Dizzying Week Ends on Wall St., Dangers Linger, N. Y. Times (Aug. 11, 2011), http://www.nytimes.com/2011/08/13/business/daily-stockmarket-activity.html [https://perma.cc/M5AQ-SMU4].

⑦ See, e. g., Bowley, supra note 55; Fabozzi, Focardi & Jonas, supra note 104, at 8; Neil Shah, High-Speed Traders Dive into Forex Despite Doubts, Wall St. J. (Apr.25, 2011, 11:59 AM), http://online.wsj.com/article/SB10001424052748704677404576284921020282968.html [https://perma.cc/P3ZF-J4TA].

速度。[1]

尽管最近采取了提升技术能力的措施,但在交易规模越来越大、交易速度越来越快的市场中,金融监管机构仍然缺乏充足的条件来跟上私营企业的步伐。[2] 据估计,在过去几十年间,仅在美国,股票的平均投资期就从数年大幅缩短到数月,再缩短到数秒。[3] 鉴于市场惊人的速度和规模,监管机构目前没有能力对每笔交易进行实时监控,以发现可疑的操纵活动。监管机构不是对控制论市场操纵计划进行预先的检测和预防,而是侧重于对大量交易数据进行事后调查,以辨别市场操纵。[4] 随着金融技术的不断发展,对监管机构来说,检测控制论市场操纵计划将会变得更加具有挑战性。

第二,数字数据和信息的影响力与日俱增,使得监管机构更难查明新的市场操纵方法。[5] 如今的金融市场比以往任何时候都更受数据驱动,对数据更加敏感。美国资本市场一个普通交易日可产生超过一万亿字节的数据。[6] 处理大量数据的计算机算法程序是当今市场上许多金融交易的幕后推手。[7] 这些程序可用于分析堆积如山的数据,识别出有价值的机会,并在没有任何人工协助的情况下进行相应的投资。[8] 由于市场对数据的敏感度越来越高,不道德的行为人就有更多机会通过扭曲数据或通过无数媒介传播不良信息来操纵市场。

尽管金融监管机构的信息技术能力有了显著提升,但面对金融市场乃至整个经

---

[1] See Concept Release on Equity Market Structure, Exchange Act Release No.34－61358, 75 Fed. Reg. 3594, 3610 (Jan.21, 2010) (codified at 17 C.F.R. pt. 242)(讨论房地产和金融技术在市场上共存的重要性);BROWN, supra note 57, at 63(解释房地产和技术如何影响财务执行速度).

[2] See David Schneider, Trading at the Speed of Light, IEEE SPECTRUM, Oct.2011, at 11, 11－12; WissnerGross & Freer, supra note 120(研究交易接近光速时的套利机会).

[3] PATTERSON, supra note 2, at 46("在第二次世界大战结束时,股票的平均持有期为四年。到 2000 年为八个月。到 2008 年为两个月。而到 2011 年为二十二秒……").

[4] Philips & Brush, supra note 134.

[5] See, e.g., Salil K. Mehra, Antitrust and the Robo-Seller: Competition in the Time of Algorithms, 100 MINN. L. REV. 1323, 1351 (2016)(讨论反垄断法中算法程序带来的类似困难).

[6] Enough Already!, NANEX, http://www.nanex.net/Research/Emini2/EMini2.html (last updated Apr.2, 2012)

[7] See, e.g., ROBERT A.G. MONKS & ALEXANDRA REED LAJOUX, CORPORATE VALUATION FOR PORTFOLIO INVESTMENT: ANALYZING ASSETS, EARNINGS, CASH FLOW, STOCK PRICE, GOVERNANCE, AND SPECIAL SITUATIONS 229 (2011); FINANCIAL CRISIS INQUIRY REPORT, supra note 88, at 44.

[8] See Concept Release on Risk Controls and System Safeguards for Automated Trading Environments, 78 Fed. Reg. 56,542, 56,573 app. 2 (Sept.12, 2013)("包括高频交易者在内的自动化交易系统可以在几毫秒内进入市场并执行交易,而无须人工参与。");Charles Duhigg, Stock Traders Find Speed Pays, in Milliseconds, N.Y. TIMES (July 23, 2009), http://www.nytimes.com/2009/07/24/business/24trading.html [https://perma.cc/J4A8-36QH]("算法计算机程序可以在其他投资者眨眼之前发现趋势,在几毫秒内改变订单和策略。").

济领域的数据革命,他们仍然缺乏更好地检测到控制论市场操纵计划的能力。① 据报道,2013 年全球 90% 的数据是在前两年产生的。② 另外,据估计目前全球绝大多数的信息都是以数字方式存储的。③ 此外,算法程序正在年复一年地学习处理更广泛种类和数量的数据。市场动态数据不仅指金融信息,还包括社交媒体数据、地图数据、消费者数据以及其他传统上被认为与金融无关的信息。④ 随着越来越多的数字化数据可用于作为市场引擎的算法程序,缺乏足够技术的监管机构将面临进一步挑战,因为有人试图通过扭曲数字化数据来操纵金融市场。

第三,除了市场速度和市场数据的增加之外,市场的日益碎片化也将使监管机构更加难以发现新的控制论市场操纵模式,因为有更多的渠道可以进行市场操纵。主流的传统金融场所,如纽约证券交易所和纳斯达克等公共证券交易所,在当今分散的金融市场中已经不那么重要。⑤ 2015 年 7 月,当纽约证券交易所停止交易数小时后,股票市场继续运行,没有受到任何严重干扰,因为大量市场活动已经在其他交易场所进行。⑥ 在其他时期,纽约证券交易所的失败会导致美国大部分股票交易的停止。⑦ 在如今这个分裂的市场中,情况已不再如此。2016 年,美国注册的全国性交易所超过二十家,证券和期货的交易场所总共约有七十个。⑧ 此外,越来越多的市场活动在被称为

---

① *Cf.* Viktor Mayer-Schönberger & Kenneth Cukier, Big Data: A Revolution That Will Transform How We Live, Work, and Think 6–10 (2013); Nate Silver, The Signal and the Noise: Why So Many Predictions Fail—But Some Don't 9–10 (2012); Andrew McAfee & Erik Brynjolfsson, *Big Data: The Management Revolution*, Harv. Bus. Rev. 61, 62–68 (2012).

② Åse Dragland, *Big Data, For Better or Worse: 90% of World's Data Generated over Last Two Years*, ScienceDaily (May 22, 2013), www.sciencedaily.com/releases/2013/05/130522085217.htm.

③ *See* Don Peck, *They're Watching You at Work*, The Atlantic (Dec. 2013), https://www.theatlantic.com/magazine/archive/2013/12/theyre-watching-you-at-work/354681/ [https://perma.cc/2P8WTCNY]("现在,世界上98%以上的信息都是以数字方式存储的,自 2007 年以来,这些数据的数量已经翻了四番。").

④ *See* Robert S. Kricheff, Data Analytics for Corporate Debt Markets: Using Data for Investing, Trading, Capital Markets, and Portfolio Management 55–60 (2014); Frank Ohlhorst, Big Data Analytics: Turning Big Data into Big Money 37–46 (2013).

⑤ *See* Langevoort & Thompson, *supra* note 7, at 347("如今,在传统交易所之外,流动性变得更加可能。在新的世纪里,廉价的信息和低通信成本扩大了市场……");Michael J. de la Merced, *An Offline N.Y.S.E. Makes Barely a Ripple in a Day's Trading*, N.Y. Times (July 8, 2015), https://www.nytimes.com/2015/07/09/business/dealbook/an-offline-nyse-makes-barelya-ripple-in-a-days-trading.html [https://perma.cc/V6QA-PFYH]("然而,投资者根本不需要依赖传统交易所进行股票交易……现在,许多华尔街公司都在自己的系统内进行交易。").

⑥ de la Merced, *supra* note 253.

⑦ *Id.*

⑧ Michael MacKenzie, Kara Scannell & Nicole Bullock, *Share Trades: Murky Pools*, Fin. Times (June 27, 2014), https://www.ft.com/content/a22603c4-fde1-11e3-acf8-00144feab7de [https://perma.cc/XAE3-BUVC](报道称"美国有 70 个交易场所,包括 40 个暗池");*Fast Answers*, U.S. Sec. & Exchange Commission, http://www.sec.gov/divisions/marketreg/mrexchanges.shtml (last modified Aug.30, 2012).

"暗池"的私人电子场所进行。[1] 事实上,美国的大多数股票,包括在纳斯达克和纽约证券交易所上市的股票,都是在暗池中进行交易的,而不是在公共交易所进行的。[2] 暗池的监管与注册交易所不同。与传统交易场所相比,暗池还能在监管相对较少的情况下,为流动性相对较差的金融工具的复杂财务安排提供便利。[3] 由于这些动态因素,暗池可能已经成为操纵和欺诈行为的温床。例如,2016 年,巴克莱银行(Barclays)和瑞士信贷(Credit Suisse)同意为各自暗池的不法行为共支付 1.543 亿美元。[4]

尽管,自上一次金融危机以来监管机构获得了新的权力,但在这个日益碎片化的全球市场中,监管机构仍然缺乏及时发现市场操纵行为的资源与工具。[5] 随着市场越来越分散,在发现和阻止新的市场操纵模式方面,监管机构将面临进一步挑战。

总之,监管机构发现和阻止新形式的控制论市场操纵行为,将会是一项挑战,因为他们缺乏资源和技术,无法对速度越来越快、数据量越来越大、中介机构越来越分散的市场进行智能的监控。如果没有适当的资源和工具,要求监管机构检测和防止新的市场操纵计划,就好比要求他们在沙漠中遇到沙尘暴时,蒙着眼睛寻找特定的沙粒。

三、执　法

除了与资源和检测有关的监管挑战之外,新的市场操纵模式也给监管机构带来

---

① *See* Regulation of Non-Public Trading Interest, Exchange Act Release No. 34 – 60997, 97 SEC Docket 472, 473 (June 28, 2010)("这种交易利益被认为是非公开的或'黑暗的',主要是因为它不包括在向公众广泛传播的 NMS 股票的合并报价数据中。");SAL ARNUK & JOSEPH SALUZZI, BROKEN MARKETS: HOW HIGH FREQUENCY TRADING AND PREDATORY PRACTICES ON WALL STREET ARE DESTROYING INVESTOR CONFIDENCE AND YOUR PORTFOLIO 62 (2012)("在过去十年中,暗池和自动检测系统的数量也急剧增加。如今,几乎每三只股票中就有一只在场外交易。目前大约有 40 只这样的暗池,股票在没有向公众展示订单的情况下进行交易。");Philips, *supra* note 56; Mary L. Schapiro, Chairman, U.S. Sec. & Exch. Comm'n, Statement on Dark Pool Regulation Before the Commission Open Meeting (Oct. 21, 2009)(transcript available at http://www.sec.gov/news/speech/2009/spch102109mls.htm).

② *See* Nathaniel Popper, *Public Exchanges Duel with Newcomers over Trade Transparency*, N.Y. TIMES (June 26, 2012), http://www.nytimes.com/2012/06/27/business/stock-exchanges-duel-with-newcomers-overtrade-transparency.html [https://perma.cc/CFE9-R2UA]; Nelson D. Schwartz & Louise Story, *Surge of Computer Selling After Apparent Glitch Sends Stocks Plunging*, N.Y. TIMES (May 6, 2010), http://www.nytimes.com/2010/05/07/business/economy/07trade.html [https://perma.cc/44EX-6VAY].

③ *See* Steven L. Schwarcz, *Regulating Shadow Banking*, 31 REV. BANKING & FIN. L. 619, 627 – 28 (2012).

④ Liz Moyer, *Barclays and Credit Suisse to Settle 'Dark Pool' Inquiries*, N.Y. TIMES (Jan. 31, 2016), https://www.nytimes.com/2016/02/01/business/dealbook/barclays-and-credit-suisse-to-settle-dark-poolinquiries.html [https://perma.cc/7HAL-CTKF].

⑤ 例如,根据多德·弗兰克法案,监管机构被授予监督市场破坏性行为的权力,但这些权力的全面实际执行仍有待时日。*See* Antidisruptive Practices Authority, 76 Fed. Reg. 14,943, 14,944 (Mar. 18, 2011).

了执法挑战,因为长期以来应对市场操纵的法律并不适合解决扭曲和扰乱市场的新控制论方法。① 特别是,法律历来侧重的是怀有操纵市场不良意图的人类行为者实施的计划,而不是主要利用自主计算机系统实施的计划。② 虽然人们可以尝试根据新的金融现实,对传统的法律理解进行转化。但依旧很难声称,针对自然人的法律应当自然无缝地适用于自主的人工智能系统。③

根据《商品交易法》或《证券交易法》,与许多形式的市场不当行为一样,明知或故意长期以来一直是操纵市场违法行为的关键组成部分。④ 事实上,美国商品期货交易委员会、美联储和美国证券交易委员会在 1984 年的一份联合报告中指出,意图要素对所有市场操纵指控都至关重要。⑤ 在过去,监管机构可以通过同谋者的证词来确定意图要素,而当被指控的关键实体是一个使用人工智能的自主算法程序时,意图的确认就变得更加困难,因为该程序在初始安装后几乎没有任何的人工输入。⑥

令监管机构的执法问题更加复杂的是,在没有操纵市场的必要恶意之下,一些控制论策略可以说是合法的交易与投资举措,很难与非法市场操纵者的手段区分开来。⑦ 例如,许多人认为,没有操纵市场意图的试单和幌骗行为是许多交易者和算法

---

① See Markham, supra note 137, at 390 - 91; Scopino, supra note 84, at 222["如今,联邦监管机构面临着一项非常不同但在某些方面相似的任务:监控人工智能算法交易机器人(通常被称为'算法机器人')的行为,以持续打击市场上的价格操纵和破坏性交易……"];Yesha Yadav, The Failure of Liability in Modern Markets, 106 Va. L. Rev. 1031, 1034 - 39 (2016)(论传统的证券责任制度如何在现代市场中失去意义).

② See, e.g., Markham, supra note 137, at 400 - 06; Scopino, supra note 84, at 250["在涉及操纵、滥用市场行为或金融欺诈的大多数民事索赔中,故意或应受谴责的精神状态是必不可少的因素。就法律而言,只有人类和商业实体才被视为'人'。值得注意的是,这忽略了计算机和软件程序……"(脚注省略)].

③ See, e.g., Samir Chopra & Laurence F. White, A Legal Theory For Autonomous Artificial Agents 153 - 63 (2011); Lawrence B. Solum, Legal Personhood for Artificial Intelligences, 70 N.C. L. Rev. 1231, 1231 - 33 (1992).

④ See Markham, supra note 137, at 375 - 76(解释明知意图在市场操纵索赔中的重要性);Scopino, supra note 84, at 233("根据加拿大电子协会,许多诉讼理由都需要证明参与不当活动的人的行为具有应受谴责的精神状态。");Yadav, supra note 262, at 1053("追查欺诈和操纵行为的标志在于要求证明被告有意撒谎或故意改变证券市场价格。").

⑤ See Board of Gov. of Fed. Res., et al., Study of the Effects on the Economy of Trading in Futures and Options Pursuant to Section 23(a) of the Commodity Exchange Act as Amended VII - 3 (Dec.1984); Markham, supra note 137, at 375(强调 1984 年联合报告承认意图是操纵市场的核心因素).

⑥ See Scopino, supra note 84, at 233("计算机化的交易机器人在没有特定人类指导的情况下,在不断修改自己的算法同时,从事破坏性的交易行为,这种情况下,需要意图的行动理由是无效的……").

⑦ See Verstein, supra note 174, at 272("事实证明,学者认为定义'操纵'一直是一个难题……");see also Ledgerwood & Carpenter, supra note 10, at 260(论反操纵法规实施的难点);Tara E. Levens, Comment, Too Fast, Too Frequent? High Frequency Trading and Security Class Actions, 82 U. Chi. L. Rev. 1511, 1515 (2015)(解释某些合法的交易程序和模式如何看起来类似于操纵阴谋).

交易程序用来向市场掩盖其真实动机的合法策略。[①] 事实上,学者们长期以来一直在争论是否应该对各种形式的市场操纵行为进行监管,因为这些行为难以识别,而且在没有监管的情况下可能会被市场力量纠正。[②]

虽然监管机构可以尝试直接执行传统法律来对抗新的操纵方法,或使用《多德·弗兰克法案》以及其他新授权下的权力,但短期内难以形成有意义的范例,尤其是在解决意图的问题上。[③] 这并不意味着现有的反欺诈和反操纵的法律法规不能适应新的金融市场现实,只是它们尚未被如此采用。像美国证券交易委员会的基本规则10b-5条[④]和商品期货交易委员会的新规则第180.1条[⑤]这样强有力的规则,最终可能会适应新的市场现实。[⑥] 与此同时,监管机构可以利用《市场准入规则》(the Market Access Rule)等要求适当监管的规则,间接地对抗新的市场操纵计划,同时避开意图这一棘手问题。[⑦] 尽管如此,在新的先例、原则和规则牢固确立之前,监管机构在打击新的市场操纵方式时仍将面临巨大的执法挑战。[⑧]

[①] *See*, *e.g.*, Frank H. Easterbrook, *Monopoly, Manipulation, and the Regulation of Futures Markets*, 59 J. Bus. S103, S118 (1986)(表明在交易中隐瞒自己的真实动机并不一定等同于操纵市场);Jerry W. Markham, *Manipulation of Commodity Futures Prices—The Unprosecutable Crime*, 8 YALE J. ON REG. 281, 356-57 (1991)(关于确立操纵市场价格的具体意图的举证责任沉重而发表意见).

[②] *See* Franklin Allen & Douglas Gale, *Stock-Price Manipulation*, 5 REV. FIN. STUD. 503, 506 (1992)(认为自然的市场供求力量会使股市操纵自食其果);Daniel R. Fischel & David J. Ross, *Should the Law Prohibit "Manipulation" in Financial Markets?*, 105 HARV. L. REV. 503, 544 (1991)(认为不应将非竞争性操纵性交易作为法律问题加以禁止);Merritt B. Fox, Lawrence R. Glosten & Paul C. Tetlock, *Short Selling and the News: A Preliminary Report on an Empirical Study*, 54 N.Y.L. SCH. L. REV. 645, 653 (2009-2010)("操纵期货即使能获利,也不可能获利很多,因为实现套期保值所需的买单会推高价格,就像最初卖空促成的卖单推低价格一样".);Albert S. Kyle & S. Viswanathan, *How to Define Illegal Price Manipulation*, 98 AM. ECON. REV. 274, 274 (2008)(主张缩小非法市场操纵的定义范围);Steve Thel, *$850,000 in Six Minutes—The Mechanics of Securities Manipulation*, 79 CORNELL L. REV. 219, 261 (1994)(表明某些贸易导向形式的操纵是"自我否定"的).

[③] *See* Antidisruptive Practices Authority, 78 Fed. Reg. 31,890, 31,895 (May 28, 2013)(声明鉴于缺乏与大宗商品和期货市场相关的先例,美国商品期货交易委员会将利用证券法先例处理某些市场操纵指控);MARKHAM, *supra* note 137, at 397(强调了在缺乏明确的法律法规和有意义的先例的情况下,利用多德·弗兰克法案下的新授权的困难).

[④] 17 C.F.R. §240.10b-5 (2017).

[⑤] 17 C.F.R. §180.1 (2017).

[⑥] *See*, *e.g.*, Blue Chip Stamps v. Manor Drug Stores, 421 U.S. 723, 737 (1975)(将第10b-5条规则比作"一棵从立法橡子长成的司法橡树");John C. Coffee, Jr., *Introduction: Mapping the Future of Insider Trading Law: Of Boundaries, Gaps, and Strategies*, 2013 COLUM. BUS. L. REV. 281, 317("规则10b-5旨在发展以应对欺诈者的聪明才智.");Scopino, *supra* note 189, at 686-90(主张可能适用现有法律来打击新形式的市场操纵,如试单和电子抢先交易).

[⑦] *See*, *e.g.*, 15 U.S.C. §78o(b)(4)(E) (2012)(对券商实行"合理监管");*In re* FXDirectDealer, LLC, CFTC No.13-34, 2013 WL 11069513, at *1 (Sept.18, 2013); *In re* Forex Capital Mkts., LLC, CFTC No.12-01, 2011 WL 4689390, at *1 (Oct.3, 2011); 17 C.F.R. §240.15c3-5 (2017); 17 C.F.R. §166.3 (2017)(需要商品市场的严格监管);Scopino, *supra* note 84, at 284("CFTC已经提起诉讼,声称违反了第166.3条的规定,注册者的员工未能勤勉地监督负责编程、监督或控制其电子交易平台的员工.").

[⑧] Jonathan Mayer, *Cybercrime Litigation*, 164 U. PA. L. REV. 1453, 1505-07 (2016).

第五章　影响和建议

在新兴的高科技金融市场中,控制论市场操纵的出现将对机构、监管者和投资者产生诸多影响。虽然关于市场操纵新模式的更大监管问题的辩论尚未达成共识,但可以采取一些初步措施来应对相关机构、监管者和投资者面临的迫在眉睫的影响。特别是,在近期可以采取加强金融中介机构的诚信、改善金融网络安全、保障普通投资者投资的行动。

一、中介机构诚信

由于监管机构面临严重的资源限制,控制论市场操纵方法的出现所带来的一个重要影响是,金融中介机构将加大力度保护市场的神圣性,使其免受干预和扭曲。[①]因此,政策制定者应该接受本文所称的中介机构诚信这一组织原则,以帮助指导中介机构制定最佳的行为规范,保护市场免受操纵的威胁。

金融中介机构必须成为对抗市场操纵的更加强有力的哨兵,因为操纵的企图往往发生在中介机构层面,而不是市场层面。[②]金融市场确实是一个由各种类型和规模的中介机构组成的市场。[③]中介机构是现代金融中的一个现存事实。[④]投资银行、商业银行、共同基金、证券交易所、清算所、经纪公司和其他中介机构构成了现代金融基础设施。[⑤]由于金融中介机构是市场活动的场所,因此也是操纵市场的场所。例如,如果有人试图操纵谷歌母公司 Alphabet 的股价,他可能会试图操纵交易该公司股票

[①]　See Gregory Scopino, *Preparing Financial Regulation for the Second Machine Age: The Need for Oversight of Digital Intermediaries in the Futures Market*, 2015 COLUM. BUS. L. REV. 439, 518 – 19(倡导加强对新兴金融"数字中介"的监管关注);*see also* Jonathan Zittrain, *A History of Online Gatekeeping*, 19 HARV. J.L. & TECH. 253, 253 – 54 (2006)(在网上活动的背景下提出类似的论点).

[②]　See Yadav, *supra* note 262, at 1090 – 94(倡导赋予交易所权力以更好地帮助监管金融市场).

[③]　Tom C.W. Lin, *Infinite Financial Intermediation*, 50 WAKE FOREST L. REV. 643, 661 (2015).

[④]　See Gary Gorton & Andrew Winton, *Financial Intermediation*, in 1A HANDBOOK OF THE ECONOMICS OF FINANCE: CORPORATE FINANCE 431, 433 (George M. Constantinides, Milton Harris & René M. Stulz eds., 2003)("金融中介是世界上所有经济体的普遍特征.");Kathryn Judge, *Intermediary Influence*, 82 U. CHI. L. REV. 573, 614 – 24 (2015)(论金融中介机构在市场中的影响力).

[⑤]　See BENTON E. GUP, BANKING AND FINANCIAL INSTITUTIONS: A GUIDE FOR DIRECTORS, INVESTORS, AND COUNTERPARTIES 23 – 24 (2011)(界定金融中介在现代金融中的重要作用).

的证券交易所或交易平台的机制,而不是整个 Alphabet 股票市场本身。通过直接、实际的交易操纵整个 Alphabet 股票市场是极其困难的,因为 Alphabet 股票市值在 2016 年一度达到 5 500 亿美元左右,因此要想对股票进行有意义的操纵,需要相当大的购买力,并能承受巨大的成本。[1] 与其操纵 Alphabet 股票市场,不如利用幌骗、电子抢先交易或洗盘交易等各种方法,在极短的时间内操纵特定暗池或交易所的股票交易。因此,金融中介机构是操纵市场的关键场所。

为了更好地打击常发生在中介层面的市场操纵行为,政策制定者应采用中介机构诚信的组织原则。此处所说的这一原则主张中介机构在与交易对手和其他市场参与者的行为中,采取有利于私人监督、投资者中立、增强安全性和公平准入的做法。在实践中,该原则反对允许某些市场参与者能特别获取其他参与者订单流的行为,反对允许不公平执行交易或允许放宽某些市场参与者的安全协议的行为。在实践中,这一原则还将鼓励中介机构采用新技术,在各自的职权范围内打击市场操纵行为,从而促进竞争性的私人秩序解决方案(private ordering solutions),更好地应对控制论市场操纵下新出现的危险。

该原则强调在中介机构层面进行监管,以打击新的市场操纵模式,这赋予了私人监管机构和个人一定的权力,但这并没有完全与现行做法相背离,因为交易所和自律组织历来在金融市场中发挥着重要的监管作用。[2] 金融监管机构已经要求金融中介机构进行合理、勤勉的监管。[3] 此外,为了应对市场上的新威胁和新规则,许多金融公司已经在合规、技术和网络安全方面投入了大量资源。[4] 因此,该原则并不是对现有做法的根本性偏离,而是赋予现有做法权力并对其进行更新,以最大限度地减少其对金融市场的监管干扰。

在传统银行业的模拟世界和网络空间的数字世界都有类似的金融中介诚信的法律原则,尽管并不完全一一对应。首先,中介诚信原则类似于传统银行业模拟世界中

---

[1] See Jonathan Taplin, *Forget AT&T. The Real Monopolies Are Google and Facebook*, N.Y. TIMES (Dec.13, 2016), https://www.nytimes.com/2016/12/13/opinion/forget-att-the-real-monopolies-are-google-andfacebook.html?_r=0 [https://perma.cc/55NU-Q5V5]; Verstein, *supra* note 174, at 220("对操纵者来说,操纵的交易会带来巨大的成本和风险。").

[2] See Birdthistle & Henderson, *supra* note 132, at 12–24; Karmel, *supra* note 132, at 151–55; *see also* Rory Van Loo, *Rise of the Digital Regulator*, 66 DUKE L.J. 1267, 1318–19 (2017)(讨论私人中介机构如何在更加数字化的市场中发挥重要的监管作用).

[3] See, *e.g.*, 15 U.S.C. § 78o(b)(4)(E) (2012) (requiring reasonable supervision of broker-dealers); 17 C.F.R. § 166.3 (2017)("每个……注册人,除了没有监督职责的关联人员外,必须认真监督其合伙人、高管、员工和代理人的处理……").

[4] Tom C.W. Lin, *Compliance; Technology; and Modern Finance*, 11 BROOK. J. CORP. FIN. & COM. L.159, 164–68, 177–78 (2016).

的公平借贷原则。公平借贷原则旨在确保各方在与银行机构①打交道时都能公平地获得服务,与此类似,中介诚信原则也旨在确保通过金融中介进行交易的市场参与者作出诚实的行为。其次,中介诚信原则与网络空间数字世界的网络中立原则也有相似之处。② 正如网络中立原则旨在保障互联网的公平准入与公平竞争一样,中介诚信原则也寻求保障金融市场的可信度和可靠性。

这里提出的中介机构诚信原则是一个初步建议,作为政策制定者的早期组织概念,帮助他们利用新的规则、法规和指引来应对新的市场操纵模式带来的挑战。政策制定者和监管机构应与主要的市场利益相关者合作,以该原则为"北极星",制定详细的规则和指导方针,以解决围绕着市场操纵的复杂问题。③ 众所周知,解决市场操纵问题的大部分难题在于新规则和条例的实际起草、通过、实施、执行。不过,中介诚信的组织原则可以作为一个重要的指路标,为打击新形式的市场操纵行为建立更好的监管框架。

二、金融网络安全

控制论市场操纵的出现将导致对金融网络安全越来越迫切的重视,因为新的操纵方法经常利用网络手段达到不正当的目的。例如,许多操纵大规模错误信息的恶性阴谋都是在网络空间策划并发起的。④ 此外,由于当今金融市场的大部分业务都是在相互关联的私人的网络空间基础设施上进行的,因此政策制定者和监管机构应当制定政策,鼓励金融机构更及时地改善其网络安全。⑤

现代金融市场是一个真正的高科技市场,许多关键业务和交易都在电子网络空间中进行。⑥ 因此,在网络空间中,不管是授权的主体还是未经授权的主体经常试图扰乱和操纵市场。⑦ 仅在过去几年中,其他国家和网络犯罪分子就多次试图操纵市

---

① See COMPTROLLER OF THE CURRENCY, COMPTROLLER'S HANDBOOK: FAIR LENDING 3 – 7 (2010)(记载联邦公平贷款的法律法规).

② See TIM WU, THE MASTER SWITCH: THE RISE AND FALL OF INFORMATION EMPIRES 202 n.* (2010)("中立性的理想是一个平等对待其承载的所有内容的网络,对内容的性质或用户的身份漠不关心……中立性原则认为,关于如何使用媒体的重大决策最好留给网络的'末端',而不是信息的载体。").

③ See Thel, supra note 270, at 280(鼓励对与市场操纵相关的复杂问题进行谨慎的法律干预).

④ See supra Part III.B.3.

⑤ See Kristen E. Eichensehr, The Cyber-Law of Nations, 103 GEO. L.J. 317, 350 – 51 (2015)("私人拥有支持网络领域的大部分基础设施。").

⑥ See, e.g., PATTERSON, supra note 2, at 8 – 10.

⑦ See, e.g., Tom C.W. Lin, Financial Weapons of War, 100 MINN. L. REV. 1377, 1405 – 08 (2016)(强调"网络金融武器"的威胁).

场,使美国市场遭受损失。① 例如,2017 年春季,一场利用勒索软件发动的大规模全球网络攻击影响了全球数以千计的组织和企业,其中还包括中国的金融机构和证券市场。② 为了打击这些破坏性行动和新的市场操纵模式,需要更加重视金融领域的网络安全。③ 由于金融市场的大部分技术基础设施都是相互关联、由私人持有和运营的,因此政策制定者、监管机构以及私营企业都需要更好地开展协同工作,以加强金融网络安全,防范控制论市场操纵。④ 良好的网络安全要求市场上的所有公司和交易方都具备强有力的网络安全保障措施。如果一家公司拥有强大的网络安全能力,而其交易方和供应商却不堪一击,那是远远不够的。

最近,美联储、联邦存款保险公司(Federal Deposit Insurance Corporation)和货币监理署(Office of the Comptroller of the Currency)联合提议改进网络安全标准,这将有助于加强金融市场的网络安全。⑤ 此外,监管方面的创新,如由联邦调查局成立的国家网络取证与培训联盟(National Cyber-Forensics & Training Alliance)将政府与私营机构的资源和专业知识相结合,共同应对网络安全威胁,为公共部门和私营机构未来共同努力树立了良好的榜样。⑥

---

① *See* VENGERIK ET AL., *supra* note 212, at 3; Nicole Perlroth & Quentin Hardy, *Bank Hacking Was the Work of Iranians*, *Officials Say*, N.Y. TIMES (Jan. 8, 2013), http://www.nytimes.com/2013/01/09/technology/online-banking-attacks-were-work-of-iran-us-officials-say.html [https://perma.cc/7TK3-A3BK]; Riley, *supra* note 217, at 40; David E. Sanger, David Barboza & Nicole Perlroth, *Chinese Army Unit Is Seen as Tied to Hacking Against U.S.*, N.Y. TIMES (Feb. 18, 2013), http://www.nytimes.com/2013/02/19/technology/chinasarmy-is-seen-as-tied-to-hacking-against-us.html [https://perma.cc/4TLA-6WYG].

② Gerry Mullany & Paul Mozur, *Cyberattacks Spreads in Asia*; *Thousands of Groups Affected*, N.Y. TIMES (May 15, 2017), https://www.nytimes.com/2017/05/15/world/asia/china-cyberattack-hack-ransomware.html [https://perma.cc/75Y9-MFPW].

③ *See* Sarah Bloom Raskin, Deputy Sec'y U.S. Dep't Treasury, Remarks at the Harvard Law School Forum on Corporate Governance and Financial Regulation: Protecting Financial Cyberspace (Dec. 16, 2016), https://corpgov.law.harvard.edu/2016/12/16/protecting-financial-cyberspace/.

④ *See*, *e.g.*, SHANE HARRIS, @WAR: THE RISE OF THE MILITARY-INTERNET COMPLEX xxii (2014)("保护计算机网络并对其发起攻击,需要私营部门的参与,无论是否愿意。");Nathan Alexander Sales, *Regulating Cyber-Security*, 107 NW. U.L. REV. 1503, 1550–52 (2013)(论用软硬兼施的方式改善网络安全);Bruce P. Smith, *Hacking, Poaching, and Counterattacking: Digital Counterstrikes and the Contours of Self-Help*, 1 J.L. ECON. & POL'Y 171, 173 (2005); Christopher S. Yoo, *Cyber Espionage or Cyberwar?: International Law*, *Domestic Law*, *and Self-Protective Measures*, *in* CYBERWAR: LAW & ETHICS FOR VIRTUAL CONFLICTS 175, 192–93 (Jens David Ohlin, Kevin Govern & Claire Finkelstein eds., 2015)(强调"改进软件工程"的必要性).

⑤ Dept. of Treasury, Office of the Comptroller et al., Enhanced Cyber Risk Management Standards (Oct. 19, 2016), https://www.federalreserve.gov/newsevents/pressreleases/files/bcreg20161019a1.pdf.

⑥ *See* NATIONAL CYBER-FORENSICS & TRAINING ALLIANCE, https://www.ncfta.net/ (last visited Jan. 27, 2017); Nicole Hong, *Private-Public Collaboration Puts Pittsburgh at Fore of Cybercrime Fight*, WALL ST. J. (Aug. 13, 2015, 7:30 PM), http://www.wsj.com/articles/private-public-collaboration-puts-pittsburgh-at-fore-ofcybercrime-fight-1439508624 [https://perma.cc/B9SP-8C9U].

政府需要在网络安全方面采取深思熟虑的行动,因为纯粹基于市场的方法可能是不够的,私营企业经常受到盈利和减少开支的驱动,缺乏适当的激励措施来积极主动、及时地投入和提升其网络安全能力。[1] 虽然一些公司在网络安全方面进行了大量投资,但许多公司并没有这样做。[2] 此外,即使有所改进,也往往是在出现重大安全漏洞之后,以被动的形式逐个公司进行的,换句话说,是为了应对上一次威胁,而不是预防下一次威胁。[3] 因此,需要更好地利用公共政策,提供强有力的激励措施,解决市场在金融网络安全方面的不足,并鼓励新兴技术(如区块链)的进一步创新,以更好地保护市场。[4]

联邦政府可利用各种政策手段,激励私人的金融公司以更积极的方式改善其网络安全。[5] 例如,合适的税收政策可以鼓励金融业机构及时加强网络防御。政策制定者可以通过税收抵免、奖金折旧和增加扣除项等方式,鼓励金融机构更换升级过时、脆弱的信息系统,并加大对更好、更安全系统的投资。[6] 在最近的金融危机之后,政策制定者利用类似的税收政策刺激私营企业加快和扩大资本投资,以帮助推动经济活

---

① *See, e.g.*, STEWART BAKER, SHAUN WATERMAN & GEORGE IVANOV, McAFEE, IN THE CROSSFIRE: CRITICAL INFRASTRUCTURE IN THE AGE OF CYBER WAR 14 (2010); NY STATE DEPT. OF FIN. SERVS., REPORT ON CYBER SECURITY IN THE BANKING SECTOR 11 (2014)(强调资源限制和过时的软件是金融网络安全的持续挑战); Derek E. Bambauer, *Ghost in the Network*, 162 U. PA. L.REV. 1011, 1036 (2014)("理性的供应商将相应地在安全投资上节省开支,至少在利润率上是这样,因为他们可能无法通过与更高质量相关的更高价格来收回这些成本。"); Nicole Perlroth, *Hacked vs. Hackers: Game On*, N.Y. TIMES (Dec. 2, 2014, 9:31 PM), https://bits. blogs. nytimes.com/2014/12/02/hacked-vs-hackers-game-on/?mtrref = www. google. com&gwh = 9AFA0DE127E6E327C29F32D15D18F29D&gwt = pay&assetType = nyt_now [https://perma.cc/S4YB-R7A6](关于网络安全缺乏紧迫性的报告).

② *See, e.g.*, JOEL BRENNER, AMERICA THE VULNERABLE: INSIDE THE NEW THREAT MATRIX OF DIGITAL ESPIONAGE, CRIME, AND WARFARE 239 (2011)(论美国企业在网络安全方面的投资不足); JPMORGAN CHASE & CO., ANNUAL REPORT 2014, at 142 (2015)("2014 年,该公司花费了超过 2.5 亿美元,约有 1 000 人专注于网络安全工作,预计这些工作在未来几年将大幅增长。").

③ *See, e.g.*, Daniel Huang, Emily Glazer & Danny Yadron, *Financial Firms Bolster Cybersecurity Budgets*, WALL ST. J. (Nov. 17, 2014, 1:05 PM), https://www. wsj. com/articles/financial-firms-bolstercybersecurity-budgets-1416182536 [https://perma.cc/EGP8-8H79]; Jessica Silver-Greenberg & Matthew Goldstein, *After JPMorgan Chase Breach*, *Push to Close Wall St. Security Gaps*, N.Y. TIMES (Oct.21, 2014, 4:57 PM), https://dealbook.nytimes.com/2014/10/21/after-jpmorgan-cyberattack-a-push-to-fortify-wall-streetbanks/ [https://perma.cc/AD47-MF2A].

④ *See* DON TAPSCOTT & ALEX TAPSCOTT, BLOCKCHAIN REVOLUTION: HOW THE TECHNOLOGY BEHIND BITCOIN IS CHANGING MONEY, BUSINESS, AND THE WORLD 39-41 (2016)(讨论区块链技术对金融企业的安全效益).

⑤ Derek E. Bambauer, *Schrödinger's Cybersecurity*, 48 U.C. DAVIS L. REV. 791, 848-50 (2015).

⑥ *See, e.g.*, GARY GUENTHER, CONG. RESEARCH SERV., RL31852, THE SECTION 179 AND BONUS DEPRECIATION EXPENSING ALLOWANCES: CURRENT LAW AND ISSUES FOR THE 114TH CONGRESS (2015), https://fas. org/sgp/crs/misc/RL31852. pdf; JANE G. GRAVELLE, CONG. RESEARCH SERV., R43432, BONUS DEPRECIATION: ECONOMIC AND BUDGETARY ISSUES (2014), https://fas.org/sgp/crs/misc/R43432.pdf; INTERNAL REVENUE SERV., PUB. No.946, HOW TO DEPRECIATE PROPERTY 3-24 (2013); James M. Williamson & John L. Pender, *Economic Stimulus and the Tax Code: The Impact of the Gulf Opportunity Zone*, 44 PUB. FIN. REV. 415 (2014).

动的开展。① 此外,除了税收政策工具外,联邦政府还可以利用其庞大的采购权来加强金融网络安全,防范市场操纵。② 例如,联邦政府可以通过对符合特定网络安全基准的金融机构表示合同优先选择,从而大幅改善金融网络安全,而这些基准将随着时间的推移不断监测和更新。③ 作为世界上最大的商品和服务购买者之一,联邦政府的合同偏好可以使主要金融公司和整个金融市场的网络安全得到显著改善。④ 需要注意的是,联邦政府已经对其许多供应商提出了一些特定的网络安全要求,但它肯定还可以做得更多来提升其网络安全需求,以反映市场上的最新威胁。⑤

总之,对更好、更谨慎的金融网络安全的需求将是控制论市场操纵的重要影响因素之一。政策制定者和监管机构必须深思熟虑,创造性地使用他们所掌握的各种工具,鼓励私营企业采取更加及时主动的姿态来提高金融网络安全,以防范新出现的市场操纵威胁。

三、投 资 策 略

新的市场操纵模式的出现可能带来的一个重要影响是普通投资者从他们认为被控制和操纵的市场中大量撤出,从而使市场中其他类型的投资者享有特权。⑥《高频交易员》、"闪电崩盘"以及近期市场上发生的其他事件打消了任何关于股市对所有投资者来说都是一个稳定、公平的竞争环境的想法。它所传达的信息与监管机构多年来的声明和告知背道而驰。⑦ 近年来的民意调查和评论显示,美国人对股票市场公平

---

① *See* Consolidated Appropriations Act 2016, Pub. L. No.114 – 113, 129 Stat. 2242, 3040 (2015); Tax Increase Prevention Act of 2014, Pub. L. No.113 – 295, 128 Stat. 4010 (2014).

② *See*, *e.g.*, Daniel P. Gitterman, *The American Presidency and the Power of the Purchaser*, 43 PRESIDENTIAL STUD. Q. 225, 225 – 29 (2013).

③ *See* Bambauer, *supra* note 303, at 1062 – 63.

④ *See id.*; Gitterman, *supra* note 306, at 225 – 29.

⑤ *See* Implementation of Information Technology Security Provision, 77 Fed. Reg. 749, 750 – 51 (Jan.6, 2012) (codified at 48 C.F.R. pts. 501, 539, 552); *Improving Cybersecurity Protections in Federal Acquisitions*, OFF. FED. CHIEF INFO. OFFICER, https://policy.cio.gov/cybersecurity-protections-in-federal-acquisitions/ (last visited Mar.17, 2017).

⑥ *See*, *e.g.*, Tom C.W. Lin, *Reasonable Investor(s)*, 95 B.U. L. REV. 461 (2015)(调查市场上各种类型的投资者).

⑦ *See* Selective Disclosure and Insider Trading, Securities Act Release No.33 – 7881, 65 Fed. Reg. 51,715, 51,715 (Aug.24, 2000)(建议所有投资者都应该"与市场内部人士公平竞争");Hu, *supra* note 52, at 840 – 42(讨论美国证券交易委员会如何鼓励股票市场投资);Donald C. Langevoort, *The SEC, Retail Investors, and the Institutionalization of the Securities Markets*, 95 VA. L. REV. 1025, 1026 (2009)(讨论"在温顺者和特权者之间创造公平竞争环境"的监管工作);Lauren E. Willis, *Against Financial-Literacy Education*, 94 IOWA L. REV. 197, 272 – 75 (2008).

性的信心大幅下降。① 尽管如此,普通投资者仍然在投资者总群体中占很大比例。②

普通投资者如果想寻求更好的回报,与其完全退出直接投资市场,不如在高科技、高速发展的新金融市场中采取枯燥、低成本、低速度的投资策略。③ 为了在这个动荡不安的高科技市场上最大限度地实现长期回报,普通投资者应通过低成本指数基金、交易所交易基金或追踪大市场的共同基金进行投资。这种直截了当的投资建议并不新颖;约翰·博格尔(John Bogle)、沃伦·巴菲特(Warren Buffett)和伯顿·马尔基尔(Burton Malkiel)等著名投资者多年来一直倡导这种方法。④ 幸运的是,近年来,越来越多的投资者将资金转向被动型基金。⑤ 然而,尽管这种方法看似简单明了,但许多普通投资者每年仍会为了跑赢市场而损失数十亿美元。新的市场操纵模式的出现可能会使普通投资者更难在短期(按小时或按天计算)的基础上直接参与市场竞争。

即使没有传统的市场操纵和新形式的市场操纵,金融市场的神话与现实之间也存在着严重的不协调,这给普通投资者描绘了一个非常不利的前景。从理论上讲,每个投资者都有同样的机会在一个规范、高效、公平的市场中竞争,以获得正向收益。⑥ 这是因为,在高效资本市场的理论领域,普通投资者与高频交易者等更老练的投资者之间没有明显的区别,因为每个人都拥有同样的理性与能力。⑦ 事实上,与高频交易者这样的老练的投资者相比,普通投资者可能非常生疏和愚钝。⑧ 此外,即使普

---

① Fox, Glosten & Rauterberg, *supra* note 7, at 194.

② *See* U. S. CENSUS BUREAU, U. S. DEP'T OF COMMERCE, STATISTICAL ABSTRACT OF THE UNITED STATES 2012, at 746 t.1201 (131st ed. 2012), http://www2.census.gov/library/publications/2011/compendia/statab/131ed/2012-statab.pdf; Alicia Davis Evans, *A Requiem for the Retail Investor*, 95 VA. L.REV. 1105, 1117 (2009)("散户投资者的市场参与度虽然相对于机构有所下降,但从绝对数量上看却在增长。").

③ RICHARD FERRI, THE POWER OF PASSIVE INVESTING: MORE WEALTH WITH LESS WORK, at x – xviii (2011).

④ *See*, *e.g.*, BURTON G. MALKIEL, A RANDOM WALK DOWN WALL STREET: THE TIME-TESTED STRATEGY FOR SUCCESSFUL INVESTING 399 – 401 (2012); Letter from Warren E. Buffett, Chairman of the Bd., Berkshire Hathaway Inc., to Berkshire Hathaway Shareholders 23 – 25 (Feb.25, 2017), http://www.berkshirehathaway.com/letters/2016ltr.pdf.

⑤ Sarah Krouse et al., *Why Passive Investing Is Overrunning Active*, *in Five Charts*, WALL ST.J. (Oct.17, 2016, 10:30 AM), http://www.wsj.com/graphics/passive-investing-five-charts/?mod=wsjapp [https://perma.cc/7N6L-HK6N].

⑥ *See*, *e.g.*, Eugene F. Fama & James D. MacBeth, *Long-Term Growth in a Short-Term Market*, 29 J. FIN.857, 859 & n.7 (1974)(假设投资者理论上具有"同质预期").

⑦ *See*, *e.g.*, Merton H. Miller, *The History of Finance*, 25 J. PORTFOLIO MGMT., Summer 1999, at 95, 97(解释现代投资组合理论的假设,即"投资者对回报、差额和协变量都有相同的期望").

⑧ *See* Shlomo Benartzi & Richard H. Thaler, *Naive Diversification Strategies in Defined Contribution Saving Plans*, 91 AM. ECON. REV. 79 (2001) (finding poor investment practices by ordinary investors); Jill E. Fisch & Tess Wilkinson-Ryan, *Why Do Retail Investors Make Costly Mistakes? An Experiment on Mutual Fund Choice*, 162 U. PA. L. REV. 605, 606 (2014)("越来越多的证据表明,散户投资者会犯可预测的、代价高昂的错误。").

通投资者和老练的投资者一样技术娴熟、见多识广,拥有更好资源的老练投资者也能比普通投资者更快地执行交易。[①] 因此,使用笔记本电脑交易的普通投资者不应期望与拥有更好技术和更多信息的投资者竞争。大量研究表明,普通投资者不应试图在股市中挑选赢家和输家。[②] 简而言之,普通投资者不应期望从市场中获得超常回报。

根据著名投资管理公司贝莱德的图表,相对于其他专注于股票、债券、黄金、国际股票、住宅、石油和通货膨胀的投资策略而言,普通投资者积极管理型投资长期回报率相当惨淡:[③]

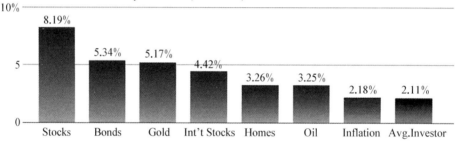

THE AVERAGE INVESTOR UNDERPERFORMS
20-Year Annualized Returns by Asset Class(1996-2015)

表 1　普通投资者相对于其他资产类别的收益(1996—2015 年)

普通投资者不应选择短期策略,而是应该采取被动、长期、低成本的投资策略。为了最大限度地提高长期回报,投资者应投资于低成本的指数基金和共同基金,这些基金以标准普尔 500 指数和罗素 2000 指数(Russell 2000 index)等为基准来追踪整个市场。[④] 现代投资组合理论认为,整个市场的多元化以及低廉的交易费用可以使投资

① See Fabozzi, Focardi & Jonas, supra note 104, at 10(强调市场上执行速度更快的优势);Matthew Baron, Jonathan Brogaard & Andrei Kirilenko, The Trading Profits of High Frequency Traders (Nov. 2012)(未发表的手稿), conference.nber.org/confer//2012/MMf12/Baron_Brogaard_Kirilenko.pdf.

② See, e.g., Brad M. Barber & Terrance Odean, Trading Is Hazardous to Your Wealth: The Common Stock Investment Performance of Individual Investors, 55 J. FIN. 773, 785 - 88 (2000); Andrea Frazzini & Owen A. Lamont, Dumb Money: Mutual Fund Flows and the Cross-Section of Stock Returns, 88 J. FIN. ECON. 299, 319 (2008)("个人投资者做错事的能力惊人。");Ronald C. Lease, Wilbur G. Lewellen & Gary G. Schlarbaum, The Individual Investor: Attributes and Attitudes, 29 J. FIN. 413, 429 - 31 (1974); Don A. Moore et al., Positive Illusions and Forecasting Errors in Mutual Fund Investment Decisions, 79 ORG. BEHAV. & HUM. DECISION PROCESSES 95, 110 - 12 (1999); Felix Salmon, Stop Selling Bonds to Retail Investors, 35 GEO. J. INT'L L. 837, 837 (2004).

③ Investing and Emotions, How the Average Investor Stacks Up, BLACKROCK, https://www.blackrock.com/investing/literature/investor-education/investing-and-emotions-one-pager-va-us.pdf (last visited Sept.11, 2016).

④ See, e.g., JOHN C. BOGLE, THE LITTLE BOOK OF COMMON SENSE INVESTING: THE ONLY WAY TO GUARANTEE YOUR FAIR SHARE OF STOCK MARKET RETURNS 45 - 53 (2007).

者降低风险敞口,并在长期内最大限度地获得复合收益。[①] 事实上,多年来的大量证据表明,这种被动的投资方法最有可能为大多数投资者带来以年或几十年为单位的长期最佳回报,而不是以小时和天为单位。[②] 投资并不一定是一项奖励最快速、最积极参与者的事业。从长远来看,脾气好、有耐心的投资者往往能取得不错的收益。此外,由于出现了越来越多的控制论市场操纵手段,促使市场短期扭曲,而长期被动的投资方法可以免受这种短期操纵的影响。长期被动型投资者几乎不用担心试单、幌骗交易、洗盘交易或大量错误信息,因为这些短期操纵通常对公司的长期估值几乎没有任何影响。[③] 值得注意的是,市场上大多数投资者的资金大规模转移至被动型基金,可能会对市场动态和公司治理产生深远影响。[④] 尽管如此,在这些影响显现出来并被证明对投资者有害之前,这一建议对大多数普通投资者来说仍然是明智之举。

总之,新的控制论市场操纵模式的出现可能会阻碍许多普通投资者直接参与到他们认为对其不利的市场之中。与其完全退出直接投资市场,更多的普通投资者应该采取一种枯燥的、低成本的、被动的投资策略,这种策略更倾向于可持续的长期价值,而不是快速的短期收益,他们的许多同行已经开始这样做了。

结　　论

在快速发展的金融市场中,控制论市场操纵的新方法将在未来几年对政策制定者和监管机构带来一些最棘手的挑战。利用新的金融技术、电子通信和信息系统,以牺牲大多数人的利益为代价,不公平地为少数人谋取特权的市场操纵方法的出现,将

---

① See IAN AYRES & BARRY NALEBUFF, LIFECYCLE INVESTING: A NEW, SAFE, AND AUDACIOUS WAY TO IMPROVE THE PERFORMANCE OF YOUR RETIREMENT PORTFOLIO 1 – 3 (2010)(强调投资多样化的重要性); Nicolas P.B. Bollen & Jeffrey A. Busse, *Short-Term Persistence in Mutual Fund Performance*, 18 REV. FIN. STUD. 569, 594 – 95 (2005)(主张"天真的买入并持有方法"); Edwin J. Elton & Martin J. Gruber, *Modern Portfolio Theory, 1950 to Date*, 21 J. BANKING & FIN. 1743, 1744 (1997); Harry Markowitz, *Portfolio Selection*, 7 J. FIN. 77, 87 – 91 (1952); Leo E. Strine, Jr., *Can We Do Better by Ordinary Investors? A Pragmatic Reaction to the Dueling Ideological Mythologists of Corporate Law*, 114 COLUM. L. REV. 449, 480 – 82 (2014)(讨论指数基金和共同基金如何保护普通投资者).

② See LARRY E. SWEDROE, KEVIN GROGAN & TIYA LIM, THE ONLY GUIDE YOU'LL EVER NEED FOR THE RIGHT FINANCIAL PLAN: MANAGING YOUR WEALTH, RISK, AND INVESTMENTS 82 – 93 (2010)(总结支持被动投资的证据); Ben Hall, *The Importance of Asset Allocation and ETFs*, 4 J. INDEX INVESTING 24 (2013); Burton G. Malkiel, *Returns from Investing in Equity Mutual Funds 1971 to 1991*, 50 J. FIN. 549 (1995).

③ See BENJAMIN GRAHAM, THE INTELLIGENT INVESTOR: A BOOK OF PRACTICAL COUNSEL 477 (2006).

④ Sarah Krouse, David Benoit & Tom McGinty, *Meet the New Corporate Power Brokers: Passive Investors*, WALL ST. J. (Oct.24, 2016, 10: 41 AM), https://www.wsj.com/articles/the-new-corporate-powerbrokers-passive-investors-1477320101 [https://perma.cc/YST8-4YDH].

威胁到我们金融市场的诚信度。每个投资者和机构都可能面临遭受直接损失和间接损失的风险。

本文指出并探讨了新金融市场即将面临的挑战以及新出现的操纵市场的行为。文章对新形式的市场扭曲（本文称之为控制论市场操纵）进行了独创性的研究，解释了这些破坏行为对市场的潜在危害，并提出了一些务实的政策建议，以更好地保护投资者，防止金融市场受到操纵。在整个分析过程中，本文意识到了对快速发展的金融市场进行监管的需求，但同时也注意到需要采取高效且周到的举措来应对扭曲市场的迫在眉睫的威胁。最后，本文希望成为一个前期的运作框架，以便我们对新的金融现实和新的市场操纵行为进行思考并采取紧急行动。